船舶系泊安全保障技术的创新研究与应用

高　峰
沈文君
胡　克
李　焱
金瑞佳
张慈珩
编著

河海大学出版社
HOHAI UNIVERSITY PRESS
·南京·

内容简介

本书在总结分析国内外已有船舶系泊研究技术的基础上，围绕船舶系泊模拟试验方法与技术研发创新应用、船舶系泊运动响应预警预报系统的研究开发、双船及多船型间多浮体系泊运动特性研究、面向智慧港口的码头智能系靠泊辅助系统研发四个方面，通过理论分析、试验测试和自主研究开发等手段，提高与完善了船舶系泊研究技术方法，并对软、硬件进行了创新研究，改善了试验研究条件，并结合十余项具体工程案例，总结分析了综合海域环境条件下的船舶系泊安全的影响以及安全保障措施，并将相关创新成果在工程中进行了实践应用。

图书在版编目(CIP)数据

船舶系泊安全保障技术的创新研究与应用 / 高峰等编著. -- 南京 ：河海大学出版社，2021.12

ISBN 978-7-5630-6982-8

Ⅰ. ①船… Ⅱ. ①高… Ⅲ. ①船舶一系泊一安全管理一研究 Ⅳ. ①U675.92

中国版本图书馆 CIP 数据核字(2021)第 105318 号

书　　名 船舶系泊安全保障技术的创新研究与应用
书　　号 ISBN 978－7－5630－6982－8
责任编辑 张陆海
特约编辑 王丹妮
特约校对 高尚年　王典露
封面设计 张育智　刘　冶
出版发行 河海大学出版社
地　　址 南京市西康路 1 号(邮编:210098)
电　　话 (025)83737852(总编室)
(025)83722833(营销部)
经　　销 江苏省新华发行集团有限公司
排　　版 南京布克文化发展有限公司
印　　刷 苏州市古得堡数码印刷有限公司
开　　本 718 毫米×1000 毫米　1/16
印　　张 15
字　　数 285 千字
版　　次 2021 年 12 月第 1 版
印　　次 2021 年 12 月第 1 次印刷
定　　价 80.00 元

前言
Preface

近年来，随着对港口作业安全要求的不断提升，相关科研试验的技术内容也更加贴近实际船舶系泊的真实情况，这使得系靠泊船舶的安全保障措施研究也变得更加普及，而随之带来的一些创新技术的研究开发工作则得到更多关注与重视。系泊于码头或近海水域中的船舶，在风浪流、系泊方式与平面布置等综合环境条件下的的运动响应特性是一个复杂的综合性问题，与诸多因素有关，且具有较大的随机性，因此这类问题的标准与规范值的确定也一直在不断地更新和完善中。随着人们对安全保障的日趋重视，如何保证系泊船舶的安全与有效运行已得到行业的重点关注。船舶大型化、码头开敞式/深水化趋势，以及风浪流条件特别是涌浪特征的威胁，导致预报预警难，从而断缆等事故难以杜绝。而全球经济一体化要求船舶周转加快、船舶营运经济效率更高更安全，且未来港口面临智慧、绿色、安全的发展需求，这些均使得船舶系泊这种延续了千年的传统作业问题愈加复杂化。在此背景下，保证系泊船舶的安全日益引起国内外的关注与重视，该领域的创新技术研发与应用也在不断地发展与进步，设计、科研紧密结合，在传统技术手段基础上通过自主研发与引进先进仪器设备相结合，不断提高与完善船舶系靠泊领域的设计与研究方法。

本书依托多项科研课题与具体工程的研究成果为基础，对综合环境下的船舶系泊安全的影响因素和安全保障措施开展研究，并取得创新性科研成果，且得到工程应用，相关成果已在大连港、天津港、舟山港等国内沿海港口以及印度尼西亚、巴基斯坦等为代表的 21 世纪海上丝路沿线等海外工程建设中得到应用，取得了很好的工程效果，如优化缩短泊位长度和系缆布置方案、提出长周期波码头损失作业天数评估方法等。对保障船舶作业和系泊安全、防止海损事故的发生，以及提高港口码头的运行效率起到了积极的促进作用，为今后的类似工程提供参考和借鉴，并在“一带一路”沿线的港口建设中应用前景广阔，为相关规范的修订积累技术资料和提供科学参考依据，同时也为港口船舶管理相关专业提供培训指导和参考案例。全文共分为七个章节，第 1 章是绪论，由高峰撰写；第 2 章由李焱、沈文君、赵鹏、周志博、张维撰写；第 3 章由沈文君、高峰、李焱、张慈珩、谭忠华、徐亚男、胡传琦撰写;第4章由胡克、沈文君、欧阳锡钰、杨会利、黄美玲撰写;第5章由沈文君、高峰、胡克、金瑞佳、齐作达、戈龙仔、姜云鹏撰写;第6章由高峰、胡克、张亚敬、彭程、刘针撰写;第7章由高峰撰写。全书由高峰、沈文君、胡克定稿。

本课题由于编著整理涉及内容多、工作量大。在研究过程中,得到了顾问专家组陈汉宝、孟祥玮、耿宝磊研究员的悉心指导,专题委托单位和协作单位也给予了积极协助与配合,得到了中交水运规划设计院有限公司、中交第一航务工程勘察设计院、中交第二航务工程勘察设计院、中交第三航务工程勘察设计院、中交第四航务工程勘察设计院、燕山大学机械工程学院和瀚涛软件科技(上海)有限公司等单位的大力支持,使得我们在有限的时间内完成了全部研究工作。书中也借鉴和参考了国内外相关研究成果,书后附有参考文献目录。在此,一并表示由衷的感谢。

本书由交通运输行业重点科技面上项目“沿海港口船舶进出口与靠停泊及装卸作业安全信息综合管理平台研发”(2018-MS3-087)、“码头双浮体结构系泊安全精细化模拟技术研究”(2018-MS1-012)、中央级公益性科研院所基本科研业务费专项资金项目“船舶安全系泊智能辅助系统研发”(TKS170217)、“基于长周期涌浪作用下的大型船舶系泊特性研究”(TKS130203)以及“系泊船模六自由度运动非接触式测量系统研制”(TKS100211)等基金资助完成。

本书中涉及的图片不作为地图使用,仅为模型计算建模需要的示意图。由于编写时间有限,作者对船舶专业领域的认知水平相对有限,因此部分结论难免存在不足,如有不当之处,敬请读者予以批评指正。

作 者

2021年11月于天津

目录
Contents

1 绪论

1.1 研究背景与意义

随着全球经济一体化进程的不断加快，世界海运贸易业正得到空前的发展。船舶无疑是各国乃至全世界经济、文化交流的重要工具之一，如今世界经济正向全球化发展，水路运输由于具有运量大、成本低等优势，在货物运输中起到了越来越重要的作用。世界各国对能源和原材料的需求越来越大，国际航运市场更趋激烈，在这种环境下，航运企业必须通过控制和降低成本，为承运人提供个性化、专业化的增值服务才可能获得生存和发展的空间，这无疑促进了新技术、新船舶不断涌现，船舶与港口的建设也迅速走向大型化、专业化。据 ISL(不来梅航运经济与物流所)历年统计资料，近年的世界航运业发展迅速，充分表现在货运量与商船队的数量上，尤其突出地表现在船舶大型化方面。表 1.1 给出了 10 年来世界船队运力的增长情况，从表中艘数与载重量的增长率可以看出，世界商船队运力的增长比船舶艘数的增长快，意味着船舶呈明显大型化趋势，且各种船型的运力增减不一。其中，集装箱船、液化气船、散货船以及油船的增长率位列前四位，特别是集装箱船的大型化最为显著(如图 1.1 所示)，这是航运业适应规模经济要求的反映。

表 1.1 世界船队运力的增长情况

年度	单位	油船	化学品船	液化气船	散货船	兼用船	集装箱船	杂货船	共计
1996	艘	6 611	1 283	952	5 560	222	1 747	17 306	33 681
	万 DWT	27 402.4	806.6	1 460.4	23 265.1	2 470.4	4 323.4	10 041.4	69 769.7
1997	艘	6 758	1 317	999	5 747	244	1 930	17 515	34 510
	万 DWT	27 963.1	838	1 540.7	24 462.2	2 137.1	4 820.5	10 002.9	71 764.5
1998	艘	6 885	1 329	1 009	5 903	236	2 170	17 438	34 970
	万 DWT	28 478.2	858.7	1 594.5	25 658.5	1 936.4	5 506.8	9 833.8	73 866.9

续表

年度	单位	油船	化学品船	液化气船	散货船	兼用船	集装箱船	杂货船	共计
1999	艘	7 030	1 310	1 031	5 822	227	2 363	17 165	34 948
	万 DWT	28 906.6	850.1	1 638.3	25 344.4	1 812.4	6 070.9	9 948.4	74 571.1
2000	艘	7 195	1 294	1 058	5 763	215	2 437	17 228	35 190
	万 DWT	29 608.1	841.3	1 713.2	25 554.1	1 614.1	6 329.6	10 006.1	75 666.5
2001	艘	7 225	1 307	1 088	5 779	205	2 564	17 115	35 283
	万 DWT	30 035.2	868.8	1 841.5	26 604.5	1 503.9	6 871.5	9 917.4	77 642. 8
2002	艘	7 311	1 291	1 114	5 907	197	2 726	16 770	35 316
	万 DWT	30 323.4	848.9	1 899.4	27 706.7	1 410.8	7 613.1	9 612.8	79 415.1
2003	艘	7 397	1 290	1 120	5 970	183	2 905	16 668	35 533
	万 DWT	30 524.8	833.4	2 109.5	28 406.6	1 278.9	8 374.4	9 675.4	81 203
2004	艘	7 565	1 328	1 139	5 977	173	3 036	16 487	35 705
	万 DWT	31 782.7	879.1	2 083.5	28 951.0	1 210.7	9 021.4	9 518.7	83 447.1
2005	艘	7 650	1 312	1 164	6 190	157	3 220	16 263	35 956
	万 DWT	33 675.9	911.4	2 252.6	30 884.9	1 031.8	9 919	9 534.6	88 210.2
2006	艘	7 863	1 354	1 184	6 494	137	3 514	16 544	37 090
	万 DWT	35 353.7	994.3	2 242.7	33 363.3	808.7	11 168.3	9 741.7	93 672.7
共加（%）	艘	19.94	5.53	24.37	16.8	−38.29	101.14	−4.41	125.08
	万 DWT	29.02	23.27	53.57	43.4	−39.12	158.32	−2.98	265.48
年加（%）	艘	1.75	0.54	2.2	1.56	−4.71	7.24	−0.45	8.47
	万 DWT	2.58	2.11	4.38	3.67	−4.84	9.96	−0.3	17.56

船舶大型化在油船发展中表现突出，如今 10 万 t 以上的油轮正快速增长，30 万 t 油轮也可停靠在我国大型港口内。世界干散货船主要承运矿石、煤炭等大宗干散货，目前最大的矿石船达到 45 万 t。集装箱船已由 20 世纪 60 年代的第一代 400～700 TEU 的小型船发展至如今的万箱船时代，如图 1.1 所示。同样，LNG 船型也趋向大型化，船龄趋向年轻化，1975 年前大多数 LNG 船舶舱容量小于 10 万 m^3，随着技术发展至今，LNG 船舶的舱容已不断增加，目前 LNG 船舶舱容量已超过 20 万 m^3，其最大舱容已达 26.6 万 m^3，船舶总长达 345 m。在卡塔尔发现全球最大的凝析气田后，建造了 Q-Flex 船型和 Q-Max 这类超大型 LNG 船型，如图 1.2所示。船舶大型化带来的显著影响是体现在运输条件上。船舶吨位越大，对港口码头尺度、仓储容量、航道水深与集疏运能力等条件的要求越高。世界各国的港口当局也正在作出不懈努力，以适应船舶大型化对上述运输条件提出的要求。

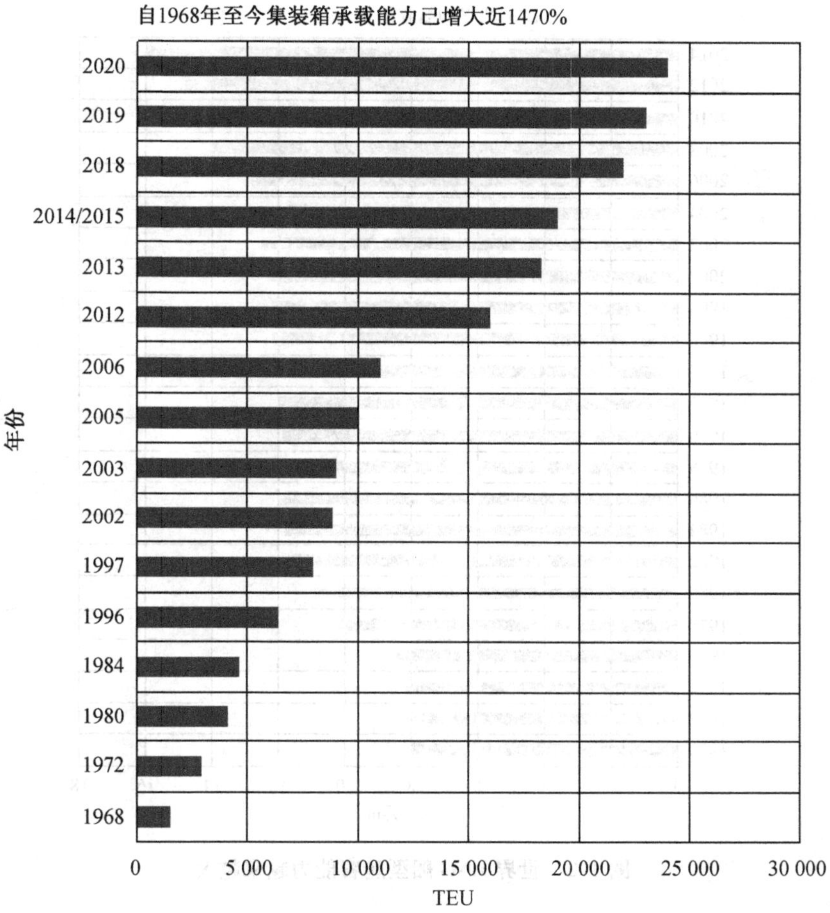

图 1.1　世界集装箱船型 52 年的大型化趋势

我国近年港口航道建设中，10 万 t 以上矿石泊位、原油泊位分别达到 23 个和 16 个，大连、天津、青岛、上海、宁波、厦门、深圳等港口都有众多的第六代集装箱泊位，天津、日照、湛江等港都有 20 万 t 级的深水航道等，反映了我国适应船舶大型化方面的努力。再如 2015 年，交通运输部、国家发展与改革委员会联合印发《关于港口接靠 40 万吨矿石船有关问题的通知》，为适应船舶大型化趋势，综合考虑适应产业布局和运输需求，以及利用现有设施、合理控制码头数量与规模、避免对现有运输体系造成较大不利影响两方面的因素，在现有运输体系基础上进行布局优化与完善，即有 4 个港口（大连港、唐山港、青岛港、宁波—舟山港 4 个港口五个港区）将向 40 万 t 矿石船“开绿灯”。

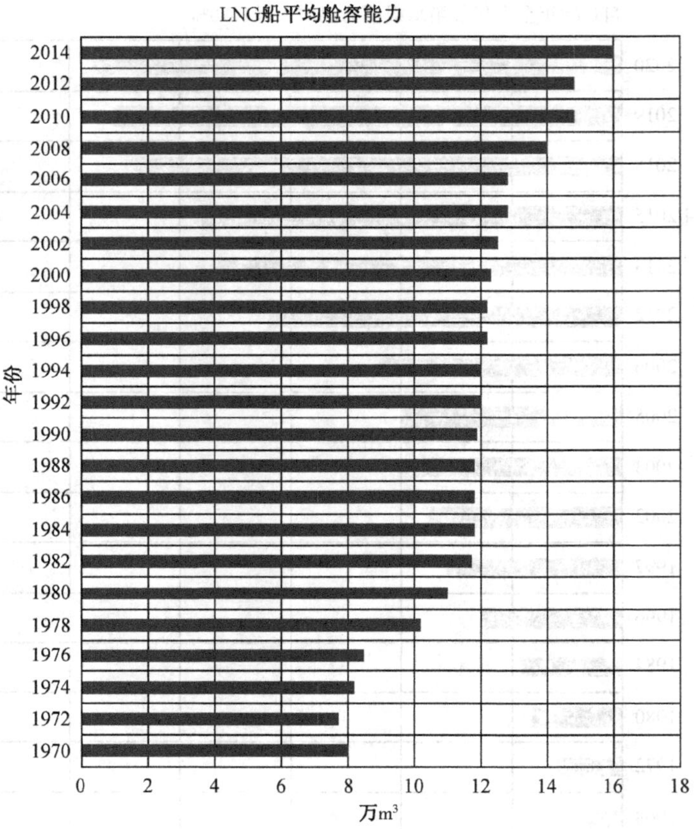

图 1.2　世界 LNG 船型舱容能力越来越大

从港口建设的技术角度看，为了满足大型船舶的停靠要求，绝大部分的大型泊位不可避免地要建设在开敞和半开敞的深水水域，除了投资巨大外，也带来了停靠船舶的安全问题，其中大型船舶停靠、离泊的合理作业方式和断缆防护对策研究是码头设计中的重要问题。由于自然条件优良且适合建港的岸线大部分已被开发利用，深水港口不得不在自然条件更为恶劣的外海建设和运营，且多为开敞式码头，同时停靠的大型船舶体积庞大，吃水深，上层建筑物高耸，在风、浪、流的作用下，受力面积大，系泊船舶的运动响应及对码头的撞击力也随之增大。系泊船舶运动幅度过大会影响码头正常装卸作业，码头平面布置和缆绳布局不合理会造成部分缆绳受力过大甚至断缆事故，对码头的安全生产构成严重的威胁。据不完全统计，每年都有上百起人身伤亡事故是在带缆作业时发生。断缆风险同时威胁船员及其他码头作业人员的生命安全，每年都会因为各种原因导致船员、带缆工等缆绳作业人员的伤害事故发生，重伤甚至是死亡事故也是屡见不鲜。此类事故在国内外并非少见，如 1987 年 8 月 13 日，巴拿马籍货轮“大鹰海”号在系泊于宝钢码头时，因受强风与急流的冲击，全船系缆全部崩断，船体在急流的冲击下，冲向引桥，撞毁桥墩四组及桥面 200 多米，船身四处破裂，直接与间接损失超过全损金额。1996 年，北仑港矿石码头栈桥被撞，我国援建的毛里塔里亚以及波兰等地也发生过类似恶性事件。2000 年 8 月，“普罗旺斯”(M/TPROVENCE)轮载 13 万 t 原油停靠青岛港 62＃泊位，用 16 根缆绳系泊。因首缆断开，其余缆绳松脱，船头外移，短短1 min左右的时间 3 台输油臂及专用登船舷梯被强大的外力拉开，输油臂严重损坏，登船梯受损严重，码头停产 31 天。2006 年 7 月 15 日晨，30 万 t 级原油船“伟大联盟”号(MAJESTICUNITY)靠泊大连港 30 万 t 原油码头。由于受潮流和涌浪影响，船舶缆绳松脱/断开，油轮漂离码头，在大连新港海域搁浅，搁浅时船上载有 26 万 t 原油。我国某 30 万 t 矿石卸船码头投产初期 1 年之内接靠船舶 468 艘，发生断缆 31 艘次。2017 年 6 月，一艘名为 Neptune Thelisis 的滚装船在斯洛文尼亚 Luka Koper 港“铲翻”了码头岸吊，事故原因是首缆绳断裂，船舶随即被风吹离码头后回转时撞到了码头，导致岸吊倒塌。2017 年 8 月，长江南通段由于船舶卸载之后增加了船体干舷受风面积，加之风力瞬时加大到 8 级以上，缆绳受力过大，导致断缆……除此之外，还有不少断缆事故由于损失较小或未公布而没有引起重视(图 1.3)。

图 1.3　大型邮轮码头系泊艏横缆与艏缆依次断缆瞬间

如何保证系泊船舶的安全日益引起国内外的关注与重视，并通过大量的理论和试验研究得到了一定安全保证和优化，并在实际应用中不断积累经验，取得了良好的效果。全球经济一体化要求船舶周转加快，激烈的竞争也要求船舶营运的经济效率更高、更安全。因此，采用何种系泊方式、初始力设置多少合理、如何及时调整系泊缆力分配、高效的码头系泊管理，才能保证船舶与系泊设备的安全以及什么时候必须要离港抛锚避风，都是港口码头设计与运营管理中日益重视和急需解决的问题。如果不提前了解危害程度、不做好应对措施，一旦发生事故，后果不堪设想，因此，在港船舶的作业和系泊安全日益受到人们的重视。

系泊在港口或近海水域中的船舶，其作为浮体的运动响应与载荷分布是一个较复杂的综合性问题，它与诸多因素有关，且具有较大的随机性，其标准值的确定也很复杂。风、浪、流综合作用下的系泊船舶运动响应是水动力环境、船舶自身特性、系缆布置方式、护舷、码头结构、泊位长度以及相邻船舶影响等各个因素综合作用的结果。为此，交通运输部天津水运工程科学研究所组建研究团队，通过自主研究开发和引进先进技术等方法，不断提高与完善综合海域环境下的船舶系靠泊研究技术手段与升级相关软硬件条件，并结合十余项具体工程案例，系统性地研究和总结了综合海域环境条件下的船舶系泊安全的影响以及安全保障措施，并取得一系列创新性研究成果，且其中大部分已得到工程实际应用，对提升技术水平、优化方案设计、保障船舶系泊作业安全和推进行业进步和相关规范标准的建立起到了积极的促进作用，产生了巨大的经济和社会效益。

1.2 国内外研究现状与概况

1.2.1 系泊船舶运动量

系泊船舶在波浪作用下通常可以通过 6 个自由度的运动来描述，即在 3 个平面上的横荡、纵荡和垂荡，以及绕 3 个轴的横摇、纵摇和艄摇，如图 1.4 所示。船舶的纵移、横移、升沉、纵摇、横摇和回转运动量是反映系泊系统特征的关键参量，也是衡量港口泊稳条件的重要指标。

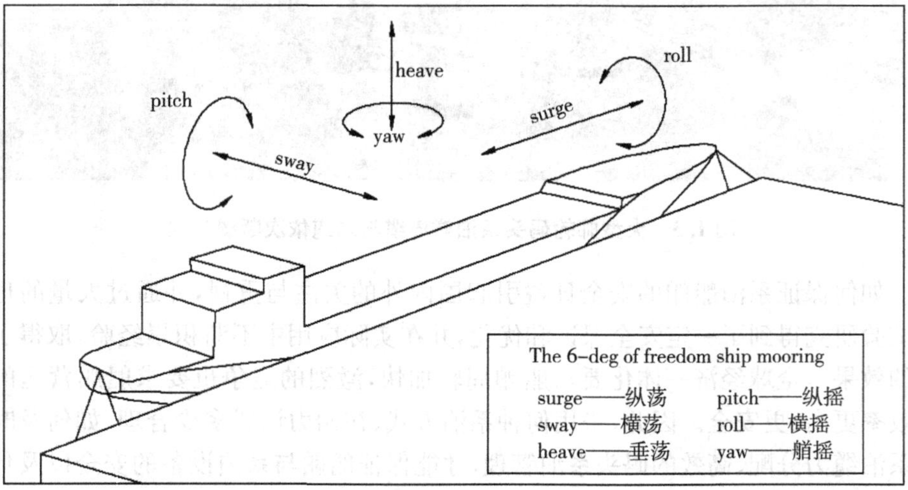

图 1.4　系泊船舶六个方向运动示意图

国外在20世纪即进行过按船舶类型(散货船、集装箱船、油船、杂货船等)区分的港口装卸安全作业与系泊的运动量标准的研究。国际航运协会(PIANC)于1990年至1994年组织十几个国家的多名专家组成工作小组,专门研究了港口系泊船舶的运动量,对船舶安全作业所允许的船舶运动量范围建立了一个推荐标准[36],如表1.2所示。

表1.2 国际航运协会不同船舶安全作业推荐允许运动范围标准(PIANC,1995)

船型	装卸设备	允许运动量					
		纵移(m)	横移(m)	升沉(m)	回转(°)	纵摇(°)	横摇(°)
渔船 10~3 000 GRT	起重机	0.15	0.15				
	提升设备	1.0	1.0	0.4	3	3	3
	吸泵	2.0	1.2				
近海货船 <10 000 DWT	船机	1.0	1.2	0.6	1	1	2
	装卸船	1.0	1.2	0.8	2	1	3
渡轮滚装船	侧向跳板	0.6	0.6	0.6	1	1	2
	首、尾跳板	0.8	0.6	0.8	1	1	4
	Linkspan	0.4	0.6	0.8	3	2	4
	钢轨滑道	0.1	0.1	0.4		1	1
杂货船	—	2.0	1.5	1.0	3	2	5
集装箱船	100%效率	1.0	0.6	0.8	1	1	3
	50%效率	2.0	1.2	1.2	1.5	2	6
散船	抓斗卸船机	2.0	1.0	1.0	2	2	6
	连续卸船机	1.0	0.5	1.0	2	2	2
	装船机	5.0	2.5		3		
油船	装卸臂	3.0	3.0				
液化气船	装卸臂	2.0	2.0		2	2	2

注:1. 横移为0至最大值,其他均为正负最大值;
2. 在开敞水域,油船装卸臂允许最大纵移5 m。

日本在其最新《港口设施技术标准·解说》[27]中分列了不同船舶安全作业所允许的船舶运动范围,如表1.3所示。挪威、国际港口协会也提出不同类型船舶卸货时所允许的运动范围,分别如表1.4、表1.5所示。

表 1.3　不同装卸工艺船舶所允许的运动范围

船舶种类	纵移(m)	横移(m)	升沉(m)	回转(°)	纵摇(°)	横摇(°)
一般货物运输船	±1.0	±0.75	±0.5	±1.5	±1.0	±2.5
杂货运输船	±1.0	±0.5	±0.5	±1.0	±1.0	±1.0
矿石运输船	±1.0	±1.0	±0.5	±1.0	±1.0	±3.0
油船(外航)	±1.5	±0.75	±0.5	±2.0	±2.0	±4.0
油船(内航)	±1.0	±0.75	±0.5	±1.5	±1.5	±3.0
集装箱船(LO/LO)	±0.5	±0.3	±0.3	±0.5	±0.5	±1.5
渡轮,集装箱船(RO/RO),汽车运输船	±0.3	±0.6	±0.3	±0.5	±0.5	±1.0

表 1.4　挪威提出的不同类型船舶装卸时所允许的运动范围

船型	纵移(m)	横移(m)	升沉(m)	纵摇(°)	横摇(°)
油船	±2.3	±1.0	±0.5	±4.0	±3.0
矿石船(抓斗装卸)	±1.5	±0.5	±0.5	±4.0	±2.0
滚装船(侧向跳板)	±0.5	±0.3	±0.3	±3.0	±2.0
滚装船(尾斜跳板)	±0.2	±0.2	±0.1	0	0
滚装船(首或尾直跳板)	±0.1	0	±0.1	0	0
杂货船	±0.1	±0.1	0	0	0
液化天然气	±0.1	±0.5	±0.5	±3.0	±2.0

表 1.5　国际港口协会提出的散货船和集装箱船安全装卸时所允许的运动范围

船型	纵移(m)	横移(m)	升沉(m)	纵摇(°)	横摇(°)
散货船	±1.5	±1.0	±0.5	±3.0	±3.0
集装箱船	±0.5	±1.0	±0.5	±2.0	±2.0

Per Bruun 在 *Port Engineering* 中提出了船长大于 200 m 的大型船舶在长周期波作用下卸货时,船舶摆动周期 60～120 s 的情况下,其允许的最大位移量,如表 1.6 所示。英国海工规范[18]采用了与国际航运协会推荐标准基本类似的船舶运动量范围,如表 1.7 所示。

表 1.6 Per Bruun 提出不同类型船舶装卸时所允许的运动范围

船型	允许运动量				附注
	纵移（m）	横移（m）	升沉（m）	回转（°）	
油船	±2.0	+0.5（离码头）	±0.5	1	纵移最重要
散装矿石船（起重机装卸）	±1.5	+1.0（离码头）	±0.5	1～2（不重要）	纵移最重要
散粮船	±0.5	+0.5（离码头）	0	1～2（不重要）	纵移、横移最重要
液化天然气船	非常小	非常小	非常小	非常小	所有运动量均属危险
集装箱船	±0.2	±0.3（离码头）	±0.3	0	
滚装船（尾斜跳板）	±0.3	±0.2（离码头）	±0.1	0	为了使操作最有效，全部运动均需停止
滚装船（首尾跳板）	±0.1	0	±0.1	0	

美国军方也在其 *UNIFIED FACLLITIES CRITERIA*（*UFC*）*DESIGN*：*MOORINGS* 中直接引用了国际航运协会推荐标准，同表 1.2 的标准。

表 1.7 英国海工规范中不同装卸工艺船舶所允许的运动范围

船型	装卸设备	允许运动量					
		纵移（m）	横移（m）	升沉（m）	回转（°）	纵摇（°）	横摇（°）
渔船 10～3 000 GRT	起重机	0.15	0.15	0.4	3	3	3
	提升设备	1.0	1.0				
	吸泵	2.0	1.0				
近海货船 <10 000 DWT	船机	1.0	1.2	0.6	1	1	2
	装卸桥	1.0	1.2	0.8	2	1	3

续表

船型	装卸设备	允许运动量					
		纵移(m)	横移(m)	升沉(m)	回转(°)	纵摇(°)	横摇(°)
渡轮，滚装船	侧向跳板	0.6	0.6	0.6	1	1	2
	首、尾跳板	0.8	0.6	0.8	1	1	4
	Linkspan	0.4	0.6	0.8	3	2	4
	钢轨滑道	0.1	0.1	0.4		1	1
杂货船		2.0	1.5	1.0	3	2	5
集装箱船	100%效率	1.0	0.6	0.8	1	1	3
	50%效率	2.0	1.2	1.2	1.5	2	6
散货船	抓斗卸船机	2.0	1.0	1.0	2	2	6
	连续卸船机	1.0	0.5	1.0	2	2	2
	装船机	5.0	2.5		3		
油船	装卸臂	0.5 2.0	0.5～2.0				
液化气船	装卸臂	0.5	0.5				

另外，根据目前最新版的英国标准 *Maritime works-Part 1-1:General-Code of practice for planning and design for operations*(BS 6349-1-21:2013)中，基于国际航运协会(PIANC)推荐值进行了修订，具体参数如表 1.8 所示。

表 1.8 最新版英标提出的安全系泊最大运动量指导标准

船型	装卸设备	运动量					
		纵移[A)](m)	横移[A)](m)	升沉[A)](m)	回转[A)](°)	纵摇[A)](°)	横摇[A)](°)
渔船	起重机	0.15	0.15	0.4	3	3	3
	提升设备	1.0	1.0				
	吸泵	2.0	1.2				
近海货船	船机	1.0	1.2	0.6	1	1	2
	装卸船	1.0	1.2	0.8	2	1	3
杂货船		2.0	1.5	1.0	3	2	5

续表

船型	装卸设备	运动量					
		纵移A) (m)	横移A) (m)	升沉A) (m)	回转A) (°)	纵摇A) (°)	横摇A) (°)
散货船	抓斗卸船机	2.0	1.0	1.0	2	2	6
	连续卸船机	1.0	0.5	1.0	2	2	2
	装船机	5.0	2.5		3		
油船	装卸臂	0.5—2.0B)	0.5—2.0B)				
液化气船	装卸臂	0.5—2.0B)	0.5—2.0B)				

注:(1) 运动量是指最大峰值至峰值(除了横移是 0 至峰值);

(2) 这些值是基于 PIANC 推荐值的修改,虽然装载作业臂可能被设计用来支持大幅度纵移、横移和升沉等,但臂的安全操作范围可能更小,极限开关可能在较低的运动时触发紧急关闭系统。

我国则在上述基础上,于 2009 年系统性地开展了以船舶运动量表示的作业标准专题研究,确定了适合于我国实际情况的大型码头船舶运动量作业标准[20]。我院目前的系泊试验主要遵循 PIANC 推荐值,并基于装卸方式参考国内推荐标准。

对于船舶系泊问题,通常情况下是用物理模型试验对实际情况进行模拟,得到所需参数,为实际工程提供允许系泊及装卸作业的条件。模型试验是检验解析理论和数值方法正确性的主要依据。杨宪章[4]指出,试验中采用不规则波浪更能客观地反映系泊船舶在天然海况下的运动响应,而且波浪入射角不同所引起的运动响应相差很大。经过模型试验发现,系泊船舶对于低频长周期波浪的响应较为敏感,港口建成后很难消除或者大幅度减小长周期波浪对系泊船舶的影响。高峰等[22]人通过物理模型试验分析了不同系缆方式下的船舶在浪、流共同作用下的运动量,比较了不同系缆方式的优缺点。郭剑锋[23]等人在某 LNG 码头物理试验的基础上研究了两种系泊船舶的运动量,以优化缆绳分布和减少系泊船舶运动为目的,对泊位长度以及系缆墩位布置进行了优化。为保障某大型开敞式原油码头船舶作业和系泊安全,李焱[24]等人采用整体物理模型,试验测量了不同风浪流组合下,系泊船的运动量、系缆力和撞击力,并分别以运动量和系缆力为衡量标准,分析得到不同风浪流条件下不同吨位油船的作业和系泊允许波高及周期。吴澎[25]等人研究了系泊状态下的不同尺度 LNG 船在多种工况下的运动量以及缆绳张力。优化了外海开敞式蝶形码头的长度以及墩位的布置,从而减小了系泊船舶的运动量并提高了缆绳力分布的均匀性。Lee S. K.[26]等人研究了系泊船舶在横浪作用下的慢变漂移运动,研究发现系泊船舶在横浪作用下的慢变漂移运动非常明显。水深在一定范围之内,系泊船舶的水平运动量随着吃水的减小而增大。Ligteringen 和 Moes[27]在分析了长周期波浪作用下系泊船舶物理模型和原型测试后,得出了系泊船舶的横摇、纵移以及横移运动量在长周期波浪作用下的估算公式。

Charles Fournier[28]利用物理模型试验研究了智利 Mejillones 港中系泊船舶的运动,并结合 PIANC 提出的系泊船舶在安全作业下的运动标准给出了在该泊位中的系泊船舶安全作业标准。

由于试验中许多因素是不可模拟和不可控制的,而且具有费用高,周期长等缺点,而数值模拟需要时间短,经济效益好,可以随时增加分析功能,且通用性好。因此,数值模拟手段也逐渐被越来越多的科研工作者采用。Sakakibara Shigeki 和 Kubo Masayoshi[29]利用数值计算研究系泊船舶运动受护舷以及缆绳弹性间系泊体系的不对称系数的影响。研究结果显示,系泊船舶运动响应幅值随系泊体系不对称系数的增大而增大。因此,必须用非对称性较弱或者对称的系泊方式来代替非对称系泊以减少系泊船舶的运动量。Robert Grant[30]等分析了系泊船舶在低频波浪中的运动,结果表明系泊船舶的运动幅值随着组成波群的基波波浪周期的增大而增大。目前为止,虽然还没有系统证明,但通过以往研究可以发现护舷布置和系缆方式越不对称、船舶受到的缆绳约束越弱、护舷的柔性越好,系泊船舶的运动量就越大。系泊船舶受到的主要作用力来自风、浪、流,由于存在很大的随机性,系泊船舶大多数情况下会受到多种环境因素的耦合作用。Van der Molen 等[31]人利用六自由度模型对澳大利亚北部海湾系泊 LNG 船的系泊载荷和运动响应进行了数值模拟研究,结果表明船艏与涌浪方向成 15°角时,系泊船舶的运动形式以艏摇为主,并且艏摇运动引起了很大的横缆力,最后提出了系泊船舶在涌浪作用下艏摇运动的估算公式。Sakakibara Shigeki[32-33]等人通过数值模拟研究了系泊船舶对于海啸的响应。研究结果显示,系泊船舶在海啸前期便受到非常大的影响,其纵移、横移以及垂荡运动会因为海啸引起的港内大的水位差而变得非常大,同时也导致了巨大的系缆力。海啸发生时随着港内水位差的进一步加大,系泊船舶的运动量及系缆力也进一步加大。邹志利和 Bowers[34]用数值模拟研究了系泊船舶在港内的运动响应,系泊船舶的六个运动量也同物理试验符合较好,并指出长周期波浪是引起港内系泊船舶大幅度运动的主要原因,护舷以及缆绳的原因使得系泊船舶的运动呈现出非常强烈的非线性特性。

1.2.2 系泊船舶系缆力

除了将运动量作为码头系泊安全标准外,船舶缆绳系缆力的大小作为评价系泊船舶稳定性的重要指标,也直接影响着船舶的装卸、靠泊和码头结构物的安全,并且一直受相关研究人员的关注。由于船舶系缆力不仅受到风、浪、流等自然条件的影响,还受到船型、吨位、载重量等船舶自身因素,以及缆绳材料、系缆方式、护舷材料、护舷布置以及码头结构等一系列因素的影响。系缆力是系泊船舶在自然条件下船体、系缆体、码头以及护舷之间相互作用的复杂问题。

系缆力是由于系泊船舶在外界作用下发生运动而引起的，纵观前人的研究，主要基于两种方法：(1) 通过物理模型，通过安置在缆绳上的力学传感器来实时记录缆绳的受力情况；(2) 利用理论知识，通过建立系泊船舶的数学模型并计算出系泊船舶在特定工况下的运动，再结合缆绳材料的自身特性来计算出缆绳张力，然后再通过相应的物理模型试验来确定该数值方法的准确性以及适用性。

国内外研究人员对于系泊船舶系缆力都进行了大量研究，但侧重点有所不同。国外学者从 20 世纪 70 年代中期便开始利用计算机程序对系泊船舶在风、浪、流作用下的运动量以及缆绳系缆力进行计算研究。荷兰海事工程研究所的 Gerard van Oortmerssen 便率先利用边界元方法模拟系泊船舶，并通过物理试验进行验证。此外，相对于数值模拟，物理模型试验研究的使用更为广泛。Kubo Masayoshi 和 Volker Barthel[22]通过物理模型试验，对减小系泊船舶的运动量和对船舶系缆的优化提出了建议和措施。我国对于此类研究起步稍晚，对于系缆力的研究主要从 20 世纪 90 年代开始，主要通过物理模型试验对许多实际工程进行研究。早期国内进行相关试验研究的主要有大连理工大学、交通运输部天津水运工程科学研究院(如图 1.5)、水利部南京水利科学研究院以及中交天津港湾工程研究院有限公司、河海大学等研究单位与院校，试验多以木质或玻璃钢材质船模进行，比尺一般在 1∶60 左右，主要研究对象为大型船舶(如矿石、LNG 等)。

陈一中等人通过物理模型试验研究了 25 万 t 级系泊油轮在不同潮位不同流速下的系缆力，研究表明影响系缆力的最大因素是流速，并且发现缆绳的系缆力中艏艉缆力以及倒缆力是主要的。温路过利用大量物理模型试验，研究了不同风、浪、流工况组合对不同船型以及码头布置的影响以及各种因素对船舶系缆力的影响。同时还研究了无因次横摇周期与无因次系缆力之间的关系。研究结果显示，波浪周期会较大程度地影响缆绳系缆力，在所统计的试验上来看，波浪周期越大，缆绳力也越大；波浪方向会较大程度地影响缆绳分布力；船舶无因次横摇周期与无因次缆力之间存在较好的线性关系。李焱等人在某 25 万 t 级矿石码头试验的基础上研究了单浪、单流以及浪流耦合作用下缆绳系缆力受不同船舶载度、水位以及流、浪夹角的影响并优化了码头工程的布置。高峰等人在某 25 万 t 级开敞式码头实际工程试验的基础上研究了不同系缆方式对系缆力的影响，通过比较不同系缆方式下系缆力的大小给出了相对优化的系缆方式。张日向等人根据实际工程的靠泊试验测定了系泊船舶在不同波浪、潮流以及风况作用下的系缆力。研究了系缆力受缆绳初张力、船舶载重吨等因素的影响。蒋庆对 8 万、15 万、20 万 t 这三种 LNG 船以及 15 万、30 万、45 万 t 这三种油船进行了系泊物理模型试验，研究了船舶系缆力受不同船型、不同吨位和不同载重量的影响。研究结果表明：波高越大，系缆力也越大。卢西伟基于规范对某 20 万 t 油船进行了物理模型试验，研究了

图 1.5　几种典型 LNG 船与其对应模型

在不同周期、不同波高以及不同流速、流向下船舶的系缆力以及运动量，在泊位长度上对开敞式蝶形码头进行了优化。刘必劲[35]等人通过大量物理模型试验数据并结合量纲分析研究了在波浪作用下大型开敞式码头系泊船舶的系缆力，并针对 4：2：2 的布缆方式推导出了波浪周期、波高、波浪入射角、船舶载重吨以及船舶自由振动周期与系缆力之间的关系：

$$F = C_1 Mg \frac{H}{D}(1 - C_2 \cos\theta) \left(\frac{T}{T_0}\right)^x \tag{1-1}$$

式中：F 为系缆力；C_1 为综合因素影响因子；M 为船舶载重吨；g 为重力加速度；H 为波高；D 为船舶吃水；C_2 为角度影响因子；θ 为波浪入射角；T 为波浪周期；T_0 为船舶横摇周期；x 是将试验结果进行回归分析后得到的不同缆绳所对应的系数。

后来随着计算机的发展以及研究的深入，数值模拟也逐渐开始崭露头角。王翔等[36]利用软件 Hydro-star 和 Ariane 分析了外海开敞式码头中 5 万 t 级油船在不同风、浪、流耦合工况作用下产生的系缆力，对系缆力分布等进行了优化。舒斌等[37]人在某大型船舶专用码头的系泊试验基础上，利用系泊分析软件 OPTIMOOR 对 30 万 t 级 VLCC、1000TEC 集装箱船、38.3 万 t 级矿砂船的系缆力进行了分析，通过比较不同系缆方式，优化了系缆柱的布置。任增金[38]在某 40 万 t 级矿石码头结构设计的基础上，对 40 万 t 和 15 万 t 这两种船型进行了数值模拟计算以及物理模型试验，分析了“一”字型码头发生断缆现象的原因，对横缆系船柱的布置进行了优化以提高缆绳力分布的均匀性。江周红等[39]人在江苏某 10 万 t 石化码头工程试验的基础上，借助系泊分析软件 OPTIMOOR 研究了缆绳张力的影响因素。结果表明：缆绳张力可以通过增加缆绳长度来降低，合适的初张力可以有效提高缆绳张力分布的均匀性，增加艉缆可有效减小整体系泊缆绳的载荷。杨兴晏等[40]人利用系缆力分析软件 OPTIMOOR 结合某 26.6 万 m^3 大型 LNG 码头工程实例，研究船舶在风、浪、流耦合作用下不同泊位长度对系缆力的影响，在对比了国内外规范建议的泊位长度的基础上给出了泊位长度的优化布置建议。孟祥玮[41]通过 Shipmooring 研究了波周期对系泊条件的影响，结果表明，当波高一定时，船舶系缆力最大值与波浪周期有直接关系。在船舶系泊设计时，必须十分注意长周期波与船舶运动共振现象的破坏作用。

图 1.6 为目前基于船舶系泊静力分析与动力分析的两款有代表性的系泊分析软件平台，即 TTI 公司的 OPTIMOOR 软件与荷兰 Alkyon 公司的 SHIP-MOORING 软件。OPTIMOOR 为美国 Tension Technology International（TTI）公司开发，采用的静力模型，即将外载荷按照静力考虑。计算风和水流荷载时，采用 OCIMF 推荐的公式及风和水流系数。对于波浪荷载，采用的方法是：通过用户给定的波高计算出波浪作用在船上的近似静力，然后把波浪力叠加到风载荷中。该软件的局限不仅在于荷载方面，而且通过该模型只能求出船舶在水平面内三个自由度方向的位移，即纵移、横移和回转。Ship-mooring 为典型的动力模型分析软件，软件按照 Cummins（1962）提出的方法在时域内求解船舶的运动方程，而系泊船舶的水动力荷载在频域内求解，然后采用 Oortmerssen（1976）提出的方法将频域内的水动力荷载转换到时域内。此外，该软件按照护舷三维的实际作用点进行计算，而不是采用通常的做法，把护舷当作一维作用力处理。但值得提出的是该软件在建模时不够方便灵活，计算船舶需先向软件方购买才可建模，无疑增加了科研成本。近年来，采用 Hydrostar/ARIANE 软件进行系泊计算的单位也越来越多，它由法国船级社（BUREAU VERITAS）开发，如图 1.7（a）所示，其可提供强大的绘图输出功能，同时它非常适合于深水和浅水系泊问题，全世界已有超过 50 家公司使用该软件进行系泊分析。另外，以开发 MIKE21 系列软件著称的丹麦 DHI 公司也研发成功 MIKE 21 MA 用以解决系泊相关问题的计算模拟，如图 1.7（b）所示。

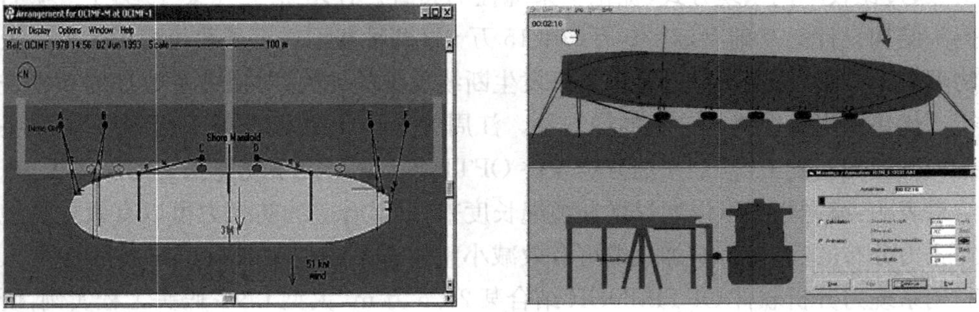

(a) OPTIMOOR　　　　(b) SHIP-MOORING

图 1.6　OPTIMOOR 与 SHIP-MOORING 软件平台

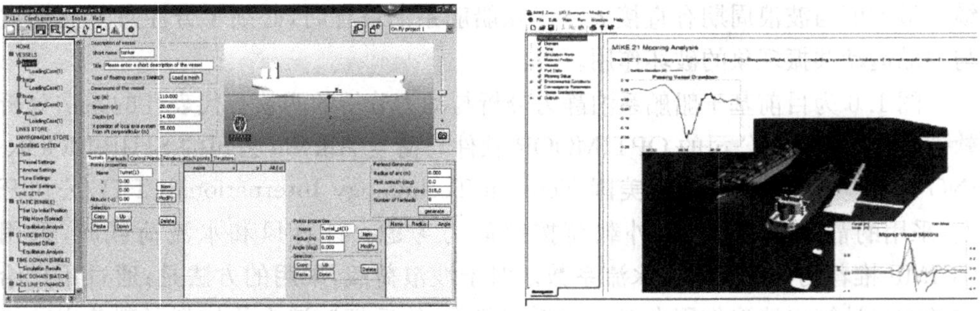

(a) ARIANE　　　　(b) MIKE 21 MA

图 1.7　ARIANE 软件平台

另外，美国 Ultramarine 公司开发的海工软件 MOSES，其计算系泊结构也较为方便，不仅可独自根据船型建模，还可自行计算生成水动力数据，并且直接修改其水动力数据，将其他软件的水动力计算结果，重新导入 MOSES 程序进行频域和时域分析。鉴于此特点及 MOSES 强大的语言编制功能和时域计算能力，越来越多的研究和设计人员开始使用该软件平台进行海洋工程浮体的系泊运动计算。

1.3　主要研究内容

船舶泊稳条件与系泊安全一直是港口工程设计与运营关注的重点，通过前期开展模型试验技术一直是解决工程复杂问题的重要手段，主要包括物理模型和数学模型试验，两种研究手段具有互补性，又不可相互替代，在对分析船-岸间协同的系泊问题中发挥着重要作用。近年来，随着对港口作业安全要求的不断提升，对相关科研试验的技术内容也更加贴近实际船舶系泊的真实情况，这其中对于系靠泊船舶的安全保障措施研究也变得更加普及，而随之带来的一些创新技术的研究开发工作则得到重视，我院通过对近年来研究过程中积累的相关技术成果进行梳理与总结，形成本研究，即综合环境下船舶系泊安全保障关键技术研究及应用。主要包括以下五个方面研究内容：

(1) 船舶系泊模拟试验方法与技术研发创新应用

其主要针对船舶系泊数值仿真和物理模型试验方法以及相关的技术应用情况进行了总结，主要包括船模试验设计、相似性与缆绳、护舷的率定以及风浪流环境的模拟，常用试验仪器设备，以及船舶浮体静/动力校准系统与运动仿真平台、三维运动捕捉系统和船模靠泊/拖航模拟试验装置、导缆装置研发等创新研发与应用。

(2) 海域综合环境下船舶系泊作业的影响研究

风、浪、流对船舶作用力的大小不仅与其大小和方向有关，还与船舶的装载度、码头前沿水深、泊位长度、船行波等条件密切相关，各种因素相互关联、相互影响，如风压力随着船舶水线上的暴露面积增大而增大，而流压力则随着船舶水线下的面积增大而增大，当风流共同作用时，两者有部分力相互抵消。在风、浪、流及船舶、码头等综合环境因素的共同作用下，对船舶产生的运动与荷载变化是一个复杂的响应过程。针对几个工程中典型问题开展了研究，如：长波涌浪控制下的系泊特性与泊稳标准、泊位长度与系缆方式对系泊作业安全的影响和船舶靠泊过程中最大撞击荷载计算方法等。

(3) 船舶系泊运动响应预警预报系统的研究开发

针对港口船舶停靠安全事故不能及时预警的情况，通过已经完成的我国及海外相关的船舶停靠作业时的水动力试验并进行总结，基于神经网络算法进行深度学习，建立港口码头船舶的实时监测和危险预警系统平台，通过对码头附近海洋环境监测，实现了对船舶停靠泊的危险状态的预警功能。未来还可以将该系统与船舶位移识别系统、环境监测系统、计算机技术和无线数字传输技术等进行融合，形成应用于国内外港口的船舶预警系统。

(4) 双船及多船型间多浮体系泊运动特性研究

针对双船并靠码头时水动力间相互干扰的复杂情况进行研究，采用数值模拟和物理模型试验两种方法，研究并揭示长周期波作用下，系泊船舶动力响应特性的变化规律，提出不同周期波浪作用下单船以及双船并靠时的安全作业标准。

(5) 面向智慧港口的码头智能系靠泊辅助系统研发

在对国内外研究现状的调查与整理分析基础上，通过水动力、船舶与机械自动化等多学科融合，探索与实现可在常见环境下自主实现与优化调整船舶系靠泊作业的智能化主动控制方案。研究开展了智能系泊系统的构型方案的设计、数值模拟计算、虚拟样机试验与小比例样机的研制开发，并在波浪试验水池开展了功能性验证与测试。

2 船舶系泊模拟试验技术研究与应用

长期以来，模型试验技术一直是解决工程复杂问题的重要手段，其主要包括物理模型和数学模型试验。物理模型试验是根据相似原理和相似准则，制造缩尺实物模型，以此模拟真实过程主要特征的实验方法[49]。数学模型是指将现实问题归结为相应的数学问题，并在此基础上利用数学的概念、方法和理论进行深入的分析和研究，从而从定性或定量的角度来分析实际问题，并为解决现实问题提供精确的数据或可靠的指导。物理模型较直观，能较好地反映出客观实际所表现出的现象和规律，但其有投入大、周期长，并受模型缩尺影响等缺点，数学模型则投入小，周期短，但受理论方法和计算机性能的限制，在模拟方法上通常做了一些假设或概化。两种研究手段具有互补性。

对于不同海域环境下的系泊船舶的运动响应问题是船舶、护舷与缆绳以及水体和环境荷载所组成的非常复杂的有阻尼非线性动力系统响应问题，这一系统的分析方法仍在不断的深入研究和发展中。其中，物理模型试验对于风、浪、流综合作用的模拟，能够反映船舶在各种动力作用下的直观情况，在现阶段的设计规划工作中，其试验成果已得到广泛认可。同时，物理模型试验具有造价高、周期长，且依赖相对较高的实验室环境与仪器设备等限制条件，而利用数模程序对系泊系统进行模拟计算的应用软件弥补了这一不足，且目前国际上已开发成熟的系泊系统分析计算软件通常都采用友好的用户界面形式，使软件的使用更简单、更准确，因此是未来解决船舶码头安全和作业效率问题的发展趋势，正日益得到工程界的广泛采用和肯定。

2.1 系泊物理模型试验技术

针对海域环境下船舶系泊物理模型试验一般是在波浪水池中进行，并考虑风、水流综合作用，必要时还需考虑过往船只的船行波影响等。研究内容即在给定的试验条件下，测定系泊船舶在不同载度下的横移、纵移、升沉、横摇、纵摇和回转 6 个自由度运动量，以及缆绳拉力与对码头护舷的撞击力/撞击能量等，主要通过试验达到分析系泊断缆风险、优化方案和提出相应安全措施的目标。由于国际航运业中，港口系泊作业的高风险和国际惯例性的规定，物理模型试验须严格遵循如下的规范和标准，其中既包括如《波浪模型试验规程》(JTJ/T 234—2001)等国内行业规范外，还应符合国际上通行的相关标准规定，如下所列。

(1) 交通运输部《液化天然气码头设计规范》(JTS 165—5—2016)；

(2) 交通运输部《波浪模型试验规程》(JTJ/T 234—2001)；

(3) 交通运输部《海港总体设计规范》(JTS 165—2013)；

(4) 交通运输部《港口与航道水文规范》(JTS 145—2015)；

(5) 交通运输部《港口工程荷载规范》(JTS 144—1—2010)；

(6) 交通运输部《开敞式码头设计与施工规范》(JTJ 295—2000)；

(7) OCMIF(*Mooring Equipment Guidelines 3rd Edition*),2008.

(8) BRITISH STANDARD(*Maritime works. General. Code of practice for planning and design for operations*),2013.

(9) PIANC(*Criteria for movements of moored ships in harbors: a practical guide*),1995.

遵照试验规程应采用正态整体物理模型，且模型长度比尺不应大于80。当试验中采用不规则波试验时，模型不规则波有效波高不应小于2 cm，谱峰值周期不应小于0.8 s。

2.1.1 一般相似准则

采用物理模型试验来研究系泊船舶的运动和动力特性，必须遵守力学相似定律，即模型与原型应几何相似、运动相似和动力相似。

(1) 几何相似

指两物体间形状的相似，即模型与原型对应的线性尺度的比例为一定的数值，几何相似的必要条件为

$$\frac{l_p}{l_m} = \lambda \tag{2-1}$$

$$\frac{A_p}{A_m} = \lambda_A = \lambda^2 \tag{2-2}$$

$$\frac{W_p}{W_m} = \lambda_W = \lambda^3 \tag{2-3}$$

式中：l、A、W 分别表示长度、面积及体积；下标 p 表示原型，下标 m 表示模型，λ 表示长度比值，λ_A 表示面积比尺，λ_W 表示体积比尺。

(2) 运动相似

指两物体运动的相似，即模型与原型对应点上的速度值成同一比例。运动相似的必要条件为

$$\frac{V_{p1}}{V_{m1}} = \frac{V_{p2}}{V_{m2}} = \cdots = \lambda_V = \lambda/\lambda_t \tag{2-4}$$

式中：V_p、V_m 分别表示原型和模型的速度；下标 1，2，…表示不同对应点的位置；λ_V 为速度比尺；λ_t 为时间比尺。

(3) 动力相似

$$\frac{F_{p1}}{F_{m1}} = \frac{F_{p2}}{F_{m2}} = \cdots = \lambda_F \tag{2-5}$$

式中：F_p、F_m 分别为作用在实船与模型对应点上的力；下标 1，2，…表示不同对应点的位置；λ_F 为力比尺。

2.1.2 船模相似性

在港口及水利工程中，可能遇到的作用力包括重力、惯性力、黏性力、摩阻力、表面张力和弹性力等。在理论上，动力相似体系中要求所有这些对应的力的方向应相互平行、大小成同一比例，但在模型试验中满足全部的动力相似条件是困难的，同时并非所有的相似条件都有同等重要的意义，如摩擦力在船舶摇晃运动的某些问题中仅起到次要作用。因此在满足试验的精度要求下，通常保证主要作用力相似条件即可。对于船舶系泊物理模型试验，由于黏性力等在试验中起次要作用，最有意义的是重力相似和惯性力之间的部分相似条件，因此一般只保证满足傅汝德数(Froude) $F_r = \frac{V}{\sqrt{gl}}$ 相等，即

$$\frac{V_p}{\sqrt{gl_p}} = \frac{V_m}{\sqrt{gl_m}} = F_r \tag{2-6}$$

式中：V_p、V_m 分别表示原型和模型的速度；l_p、l_m 分别表示原型和模型的长度；g 为重力加速度。

由于船舶摇荡是一种非定常运动，惯性力相似代表了不定常流动的相似条件，所以还应满足非定常流动的相似条件，即斯特洛哈尔数相等，其反映非定常运动的相似条件，即 Strouhal 数 $S_t = \frac{Vt}{l}$ 相等(对于船舶横摇，t 可以取横摇固有周期)，即

$$\frac{V_p t_p}{l_p} = \frac{V_m t_m}{l_m} = S_t \tag{2-7}$$

式中：V_p 、V_m 分别表示原型和模型的速度；；l_p 、l_m 分别表示原型和模型的长度；t_p 、t_m 分别表示原型和模型的时间。

由式(2-6)和式(2-7)可引出如下关系式：

$$\frac{V_p}{V_m}=\sqrt{\frac{l_p}{l_m}}=\sqrt{\lambda} \tag{2-8}$$

$$\frac{t_p}{t_m}=\frac{V_m}{V_s}\cdot\frac{l_p}{l_m}=\sqrt{\lambda} \tag{2-9}$$

在力学相似条件下，当忽略船模与实船试验时所处水的密度差别时，可以得到船模与实船质量、质量惯性矩等的关系。

质量关系

$$\frac{\Delta_p}{\Delta_m}=\frac{\rho_p W_p}{\rho_m W_m}=\frac{{L_p}^3}{{L_m}^3}=\lambda^3 \tag{2-10}$$

式中：Δ 表示质量；ρ 表示水的密度；W 表示水的体积；下标 p 表示原型，下标 m 表示模型。

质量惯性矩关系

$$\frac{\Delta_p L_p^2}{\Delta_m L_m^2}=\lambda^5 \tag{2-11}$$

线加速度关系

$$\frac{L_p}{t_p^2}:\frac{L_m}{t_m^2}=\frac{L_p}{L_m}\cdot\frac{t_m^2}{t_p^2}=1 \tag{2-12}$$

同理，可以求出船舶系泊物理模型试验中其他物理量原型与模型的比值关系，如表 2.1 所示。表中线性尺度的比值不仅指几何相似规律所确定的外表尺度，而且也指波高、船舶重心坐标、稳心半径、稳性高和船舶质量惯性半径等。

表 2.1　船舶系泊物理模型试验主要物理量比值关系

名称	比尺	名称	比尺
线性尺度	λ	排水量	λ^3
面积	λ^2	角度	1
体积	λ^3	惯性矩	λ^5
线速度	$\lambda^{1/2}$	线加速度	1

续表

名称	比尺	名称	比尺
时间(周期)	$\lambda^{1/2}$	角速度	$\lambda^{-1/2}$
频率	$\lambda^{-1/2}$	能量	λ^{4}
压强	λ	功率	$\lambda^{3.5}$
力	λ^{3}	动能、冲量	$\lambda^{3.5}$
流量	$\lambda^{5/2}$	动量矩	$\lambda^{4.5}$

因此,船模除了与实船几何相似外,还应遵循质量分布相似,这就要求:

船模排水量:

$$D_m = \frac{D_s}{\lambda_0^3} \tag{2-13}$$

船模重心的坐标:

$$x_{gm} = \frac{x_{gs}}{\lambda_0} \qquad z_{gm} = \frac{z_{gs}}{\lambda_0} \tag{2-14}$$

船模惯性矩(转动惯量):

$$(J_{\theta\theta})_m = \frac{(J_{\theta\theta})_s}{\lambda_0^5} \qquad (J_{\psi\psi})_m = \frac{(J_{\psi\psi})_s}{\lambda_0^5} \tag{2-15}$$

试验中要保证船模与实船的质量分布相似,船模应经过静力校准和动力校准。其中,静力校准确定其重量和重心位置,动力校准确定其对纵轴和横轴的质量惯性矩。实船的质量惯性矩数值通常是预先给定的,在缺乏相关资料时其数值可按近似公式计算,简单可取值如下:

纵向惯性半径:

$$K_{\psi\psi} \approx 0.25L \qquad J_{\psi\psi} = \frac{D}{g}K_{\psi\psi}^2 \tag{2-16}$$

横向惯性半径:

$$K_{\theta\theta} \approx 0.35B \qquad J_{\theta\theta} = \frac{D}{g}K_{\theta\theta}^2 \tag{2-17}$$

式中:L、B 分别为船长和船宽。

2.1.3 缆绳和护舷的相似条件

由于系泊船舶所受到的系缆力和撞击力还受到缆绳和护舷本身弹性的影响,

因此模型中还需考虑缆绳和护舷的弹性相似等。

(1) 缆绳的相似条件

几何相似：主要是长度相似，即原、模型船舶上的带缆点和码头上的带缆点之间的距离相似。

弹性相似：原、模型缆绳的受力—伸长关系相似。缆绳的受力与伸长关系是非线性的，并不遵循虎克定律。故缆绳弹性模量宜按原型缆绳实测值模拟。当无实测值时，模型缆绳的受力—伸长关系可用 Wilson 公式计算[52]

$$T_m = \frac{C_p d_p^2 \ (\Delta S/S)^n}{\lambda^3} \tag{2-18}$$

式中：T_m 为模型缆绳拉力，N；C_p 为原型缆绳弹性系数，无实测值时，尼龙缆取 $C_p=1.540\times10^4$ MPa，钢缆取 $C_p=26.94\times10^4$ MPa；d_p 为原型缆绳直径，m；$\Delta S/S$ 为原型缆绳相对伸长；n 为指数，尼龙缆可取 $n=3$，钢缆可取 $n=1.5$；λ 为模型长度比尺。

质量相似：即缆绳单位长度质量 M 的相似。通常原型缆绳的单位长度质量 M_p 可用下式表达

$$M_p = C_p d_p^2 \tag{2-19}$$

则模型缆绳单位长度的质量 M_m 为

$$M_m = \frac{C_p d_p^2}{\lambda^2} \tag{2-20}$$

式中：C_p 为空气中原型缆绳的质量比例系数，尼龙缆可取 $C_p=670$ kg/(m² · m)，钢缆可取 $C_p=3\ 670$ kg/(m² · m)；d_p 为原型缆绳直径，m；λ 为模型长度比尺。

(2) 护舷的相似条件

码头上的护舷通过其受力后的压缩变形起着吸收撞击能量，减小撞击力的作用，故其主要相似条件为原、模型受力—变形曲线相似，也即要求：

a. 几何相似：一般只要求受压方向尺度的几何相似，对于鼓型护舷则是原、模型护舷高度的相似；

b. 弹性相似：原、模型护舷的受力—变形曲线相似和吸收能量—变形曲线相似。

如图 2.1 为某工程试验中给出的船舶满载、高水位时系泊缆绳模拟结果，从中可知模拟效果较好。护舷模型主要模拟护舷的反力—变形曲线，模拟结果见图 2.2，从中可知模拟效果较好。

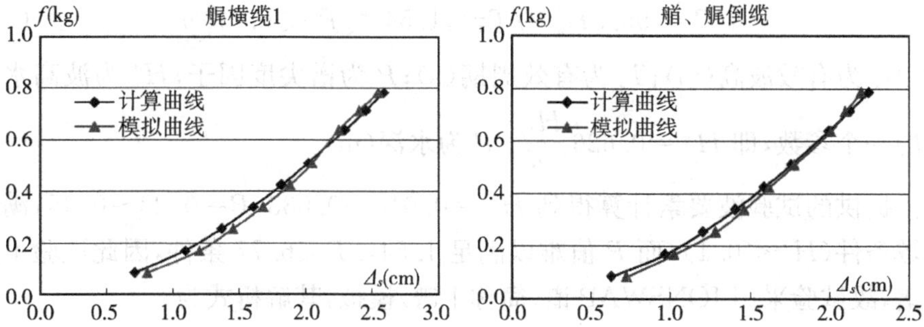

图 2.1　船舶满载、高水位时系泊缆绳模拟结果

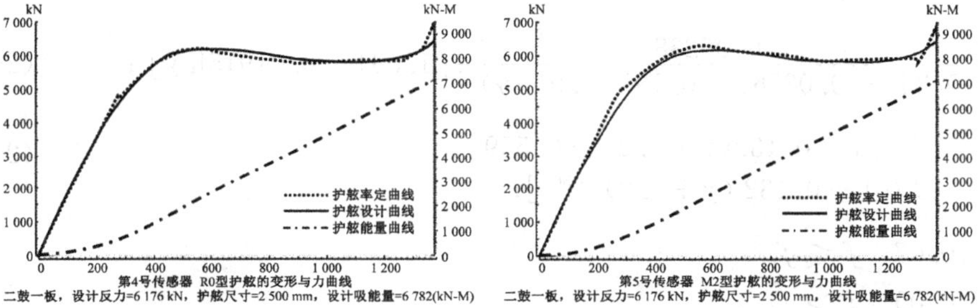

图 2.2　TD-A2500H 两鼓一板鼓型橡胶护舷模拟结果

2.1.4　风浪流环境的模拟

(1) 不规则波浪模拟

国际上描述海浪的谱密度公式有多种，如达布歇布波谱、BTTP 波谱、斯考特波谱、劳曼波谱、PM 波谱、ISSC 波谱、JONSWAP 波谱和沃奇六参数波谱等。依据《海港水文规范》(JTS 145—2—2013)，在规范谱中有两个参数来决定规范谱的适用条件，即 H^* 和 P。其中 H^* 决定采用深水谱公式还是有限水深公式，P 值决定每个公式的适用范围。规范谱表达形式如下：

对于深水水域($H^* \leqslant 0.1$)，当已知有效波高和有效周期时，风浪频谱可按下列公式计算

$$\begin{cases} \text{当 } 0 \leqslant f \leqslant 1.05/T_s \text{ 时，} \\ S(f) = 0.0687 H_s^2 T_s P \cdot \exp\left\{-95 \times \left[\ln \dfrac{P}{(1.522 - 0.245P + 0.00292P^2)}\right] \right. \\ \left. \cdot (1.1T_s f - 1)^{12/5}\right\} \qquad (2\text{-}21) \\ \text{当 } f > 1.05/T_s \text{ 时，} \\ S(f) = 0.0824 H_s^2 / T_s^3 \dfrac{(1.522 - 0.245P + 0.00292P^2)}{f^4} \end{cases}$$

(2-22)

$$P = 95.3H_s^{1.35}/T_s^{2.7}, 1.54 \leqslant P < 6.77 \quad (2\text{-}23)$$

式中：H_s 为有效波高(m)；T_s 为有效周期(s)；P 为谱尖度因子；H^* 为波高水深比参数的一个参数，即 $H^* = 0.626\dfrac{H_{1/3}}{d}$，$d$ 为水深(m)。

由提供的试验波要素计算得到 $H^* = 0.018 \sim 0.033$，$P = 0.23 \sim 0.45$，满足深水水域条件($H^* < 0.1$)，而 P 值难以满足 $1.54 \leqslant P < 6.77$ 条件，因此试验不适用规范谱，故试验采用 JONSWAP 谱(简称 J 谱)模拟，其解析式为

$$S(f) = \beta_j H_{1/3}^2 T_P^{-4} f^{-5} \exp\left[-\frac{5}{4}(T_P f)^{-4}\right] \times \gamma^{\exp[-(f/f_P - 1)^2/2\sigma^2]} \quad (2\text{-}24)$$

$$\beta_j = \frac{0.06238}{0.230 + 0.0336\gamma - 0.185(1.9+\gamma)^{-1}}[1.094 - 0.01915\ln\gamma]; \quad (2\text{-}25)$$

$$T_P = \begin{cases} T_s/[1 - 0.132(\gamma + 0.2) - 0.559] \\ \overline{T}/[1 - 0.132(\gamma + 0.2)^{-0.569}]; \end{cases} \quad (2\text{-}26)$$

$$\sigma = \begin{cases} 0.07 & f \leqslant f_P \\ 0.09 & f > f_P \end{cases}$$

其中：γ 为谱峰因子，试验取 3.3，f_P 是峰频，为谱峰周期 T_P 的倒数，$S(f)$ 为谱密度，$H_{1/3}$ 为有效波高，f 为频率，$\overline{T}$ 为平均周期。

另外，在船舶与海洋工程中还往往采用 ITTC(国际船模拖曳水池会议)双参数谱，这是 PM 波谱的派生形式，适用于充分发展的海浪，以有义波高和海浪特征周期为谱参量，以充分的海浪观测资料为依据，谱结构简单，第 11 届 ITTC 将该谱定为标准海浪谱。本次试验中，目标谱公式表达如下：

$$S(f) = \alpha H_s^2 T_P^{-4} f^{-5} \exp[-1.25(T_P f)^{-4}] \gamma^{\exp[-(T_P f - 1)^2/2\sigma^2]} \quad (2\text{-}27)$$

式中：$S(f)$ 为谱密度($m^2 \cdot s$)；f 为波频(Hz)；g 为重力加速度(m^2/s)；H_s 为有义波高(m)；f_P 为谱峰频率(Hz) $= 1/T_P$；T_P 为谱峰周期(s)，$\gamma = 1$ 为形状参数，$\sigma = 0.09$ 对于 $f > f_P$，$\sigma = 0.07$ 对于 $f < f_P$。

$$\alpha = \frac{0.0624}{0.230 + 0.0336\gamma - 0.185/(1.9+\gamma)} \quad (2\text{-}28)$$

模拟不规则波时，将给定的有效波高及周期送入计算机进行波谱模拟，经过修正后，使峰频附近谱密度、峰频、谱能量、有效波高等满足试验规程要求。即：① 波能谱总能量的允许偏差为±10%；② 峰频模拟值的允许偏差为±5%；③ 在谱密度大于或等于 0.5 倍谱密度的范围内，谱密度分布的允许偏差为±15%；④ 有效波高、有效波周期或谱峰周期的允许偏差为±5%；⑤ 模拟的波列中 1%累积频率波

高、有效波与平均波高比值的允许偏差为±15%。每组波要素的波列都保持波个数在100个以上。

试验波高的率定是在码头及引桥等结构物模型放置之后进行的。在泊位前约半倍船宽处布置3个波高传感器(艏、舯和艉),取所有测点的 $H_{4\%}$ 波高的平均值作为率定结果与目标值比较,并校核 $H_{1\%}$ 波高值,当模拟结果相同或相近时,便以此结果对应的造波机参数作为正式试验所采用的造波参数,之后放置船舶模型进行试验。

(2) 水流模拟

水流模拟采用最大垂线平均流速的方法,流向误差控制在3°范围内,与波浪一样,率定时在船舶停泊位置布置3个流速测点(艏、舯和艉)以控制流速大小及方向,测点距离码头约0.5倍船宽。

(3) 风模拟

在试验室进行风的模拟主要有两种方法,一是采用人工直接造风,另一种是按照原型计算风的作用力,再换算成模型值,试验时在风合力的作用点,按照风压力作用方向,用导轮挂重模拟风对船舶的作用。其中,采用人工直接造风即利用成组排列的鼓风机模拟风动力的方式,主要通过率定风速相似来模拟,因此船模按照原型比例制作了上层建筑物(包括甲板上舱盖、驾驶室等),通过率定风压力相似为主、风速相似为辅的原则进行验证,以确保要求的风速能够在船模上形成相应的风力。

同时,还有另外一种常见方法,为通常所说的挂重法,即按照原型计算风的作用力,再换算成模型值,试验时在风合力的作用点,按照风压力作用方向,用导轮挂重模拟风对船舶的作用,同样挂重对船舶运动产生不符合实际的限制作用,故挂重也存在模拟不精确的缺点。

采用挂重法模拟风压力时,风压力可采用我国《港口工程荷载规范》(JTS 144—1—2010)[23]附录E"作用于船舶上的风荷载"进行计算。

$$F_{xw} = 73.6 \times 10^{-5} A_{xw} V_x^2 \zeta_1 \zeta_2 \tag{2-29}$$

$$F_{yw} = 49.0 \times 10^{-5} A_{yw} V_y^2 \zeta_1 \zeta_2 \tag{2-30}$$

式中:F_{xw},F_{yw} 分别为作用在船舶上的计算风压力的横向和纵向分力(kN);A_{xw},A_{yw} 分别为船体水面以上横向和纵向受风面积(m²);A_{xw},A_{yw} 分别为设计风速的横向和纵向分量(m/s);ζ_1 为风压不均匀折减系数;ζ_2 为风压高度变化修正系数。

目前,无论是港工试验还是船舶海工试验中,各试验室大多采取风、浪、流均单独模拟,模拟时不考虑相互影响,试验按工况组合。试验时,首先按要求在港池中造流,在流的作用下模型平衡稳定后再造风,在风流共同作用下模型维持一平衡位置后,再按要求在水池中造不规则波,此时记录所有的测试数据直至该工况试验结束。上述这种各自独立率定再自然叠加的方式,对于各动力因素间的相互影响的探索，也是今后需进一步考虑的问题。

2.1.5 海域地形与水工建筑物布置

海域地形一般模拟试验区域范围，模型包括岸线、码头（工作台、靠船墩、系缆墩和引桥）、回转水域及本海域的水下地形等（图 2.3）。码头等建筑物根据具体结构形式，采用木材、钢管、砖及水泥等砌制。地形包括码头前沿停泊处水域、回转水域或航道等，采用桩点法复制，桩点间距 1.2 m，地形变化剧烈的地方采用局部加密或者断面板法制作。高程用水准仪测控，平面尺寸用经纬仪和钢尺测量，控制点高程的允许偏差为±1 mm，抹面后地形高程允许偏差±2 mm。码头等水工建筑物到造波机的距离大于 6 至 7 倍波长，建筑物两侧垂直波向的方向上取 3 至 6 倍波长，两侧边界在不影响水流处设直立吸收式导波设施，防止波能横向扩散。波浪传播末端的开边界水域设消波设施。

相对护舷的变形系数而言，靠船及码头结构的变形要小很多，因此一般模型按照刚性处理，同时考虑到本工程码头为桩基结构，且桩基布置较密，建成后桩群将会对波浪传播和水流流动产生一定的影响，因此码头结构的模拟完全按照原型以比尺缩小。其中，码头面板等上部结构采用木材制作，底部与采用钢筋焊接加工的码头群桩结构连接成一体，并连接稳固以达到足够的刚度和稳定性。

图 2.3 两种常见的系泊试验码头结构形式的模拟效果

2.1.6 试验设施与仪器设备

船舶系泊物理模型试验常用的试验设备除模拟海域环境要素的造波、生流和造风系统外，还包括上述动力因素的采集设备，如波高仪、流速仪、风速仪等。同时，针对船模浮体还涉及拉力/撞击综合测量系统、船模运动量测量系统以及缆绳/护舷模拟系统。同时，通过多年的研究实践，交通运输部天津水运工程科学研究院试验室也在传统仪器设备上，结合最新技术，在提高模型试验可靠性和精度的同时，还进行了一系列的模拟装置的创新研发应用。

2.1.6.1 常用仪器设备

(1) 风浪流试验水池

可以模拟海域风、浪、流环境的综合试验厅可提供完整的系泊试验模拟环境，是试验动力条件模拟的保障。其中，我院较早应用L型可吸收式造波机的试验水池，有效试验面积45 m×40 m(如图2.4所示)，除配备144个单元的多方向L型可吸收式造波系统外，还在水池四周配备22台可逆泵，可实现完全开边界生潮系统。同时，配备多套可移动式鼓风机组合模拟海面均匀风场。整个水池内四周布设消波吸能边界，消除边界反射波流对试验精度和稳定性的不利影响。

图2.4 海岸动力环境综合试验厅试验水池

(2) 造波系统

采用的造波系统(图2.5)为国际领先、国内第一台港工吸收式多方向造波机，该系统由144个造波单元组成，呈L型布置，一边67个单元，另一边77个单元，分布于45 m(长)×40 m(宽)×1 m(深)的港池内，其主要参数和特点：① 吸收式造波，可模拟规则波、单向不规则波、斜向波、多向不规则波，满足各种谱型与方向分布函数及任意谱型与方向分布；② 推波板单元间铰接，交流伺服电机驱动，滚珠丝杠、直线导轨传动；③ 试验周期：0.4～5 s；最大试验波高0.35 m，方向角−90°～90°。试验中的不同波向可直接由造波机产生，而且能有效吸收岸壁、船舶等二次反射波，加快进度，提高精度。目前，该造波机即将完成改造升级，实现L型转角间无缝造波的同时，提升主动吸收能力，进一步提高无反射造波质量。

图 2.5　L 型港池生波系统及升级改造

(3) 完全开边界生潮系统

采用 360°全开边界生潮系统，由计算机控制的 22 台调速可逆水泵组成，分布在港池四周，长边 6 台，短边 5 台。计算机输出信号改变可调整流量，当港池水深 0.3 m 时，最大平均流速达 0.2 m/s，同时造波系统与生潮系统互不干扰，如图 2.6 所示。

图 2.6　港池四周生潮水泵/出流口与控制界面

(4) 造风系统

造风系统(如图 2.7)由八台独立风机组成,可自由组合与移动,变换风向,风速由变频控制,并结合作用距离实现局部风场控制。

图 2.7 造风系统鼓风机单元

(5) 风浪流采集仪器

波高测量系统(如图 2.8)包括波高传感器、采集仪和数据采集处理软件,由北京水利水电科学研究院和交通运输部天津水运工程科学研究所共同研制,广泛应用于国内的波浪物理模型试验中。其波高传感器安装在测架上。可根据试验观测需要,放置于模型水域中所关心的位置进行测量。流速测量系统,主要采用多普勒三维流速测试系统,用于码头前沿流速测量(如图 2.9)。风速测量主要采用热线风速仪,用于风速测量(如图 2.10)。

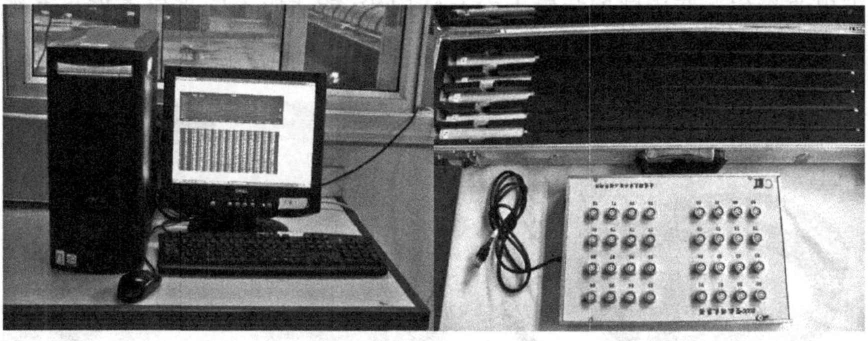

图 2.8 SG2000 型波浪试验测试系统

(6) 船模力综合测量系统

船模力综合测量系统由北京百易通达机电设备有限公司研发,包括系缆力传

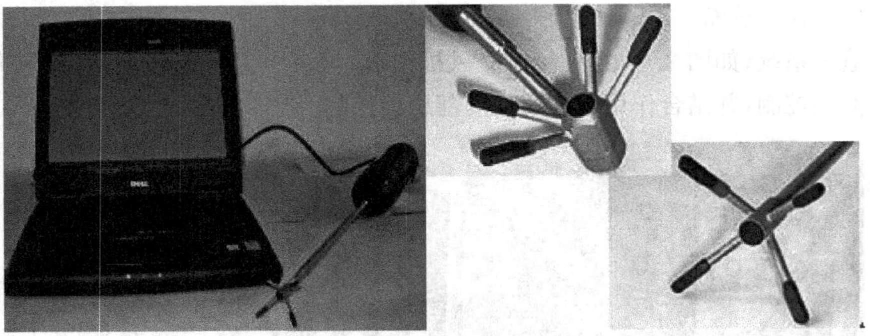

图 2.9　挪威 Nortek 公司 NDV 高精度声学流速仪

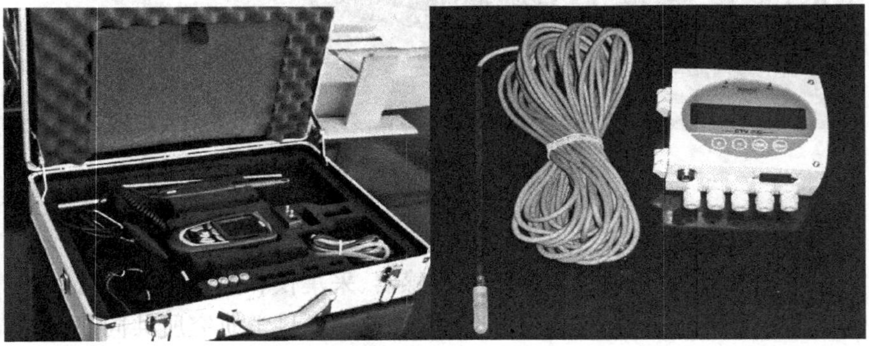

图 2.10　热线风速仪

感器、护舷模拟装置、采集仪和数据采集处理软件等。缆力传感器为应变式，使用 350 Ω 应变计，组成全桥电路，具有良好的温度特性，其量程 3～5 kg，也可根据试验要求更改量程。在传感器装置上设有转向轮，能适应不同水位条件下系缆绳夹角的变化，其外形见图 2.11。

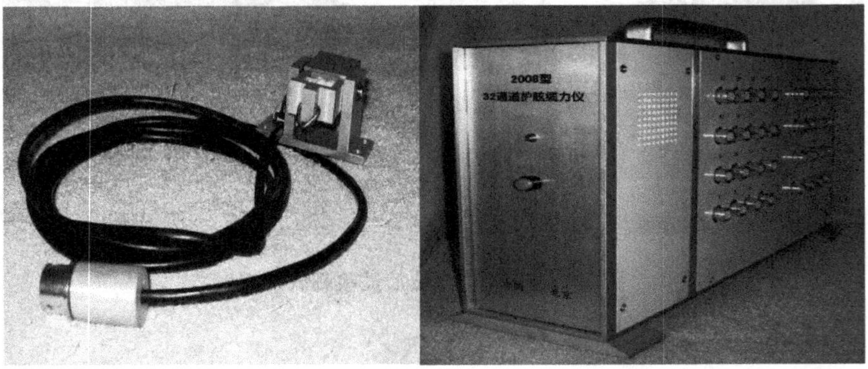

图 2.11　系缆力传感器及数据采集主机

系缆力传感器和护舷模拟装置与采集仪(图 2.12)相接,通过数据采集处理软件,可同步测得船舶系缆力、撞击力和护舷的变形,并据此计算出撞击能量。

图 2.12 TSG-2006 系缆力/撞击力测试系统

护舷模拟装置可以模拟不同型号的鼓型和 DA-A600H 型橡胶护舷,外形如图 2.13。在护舷模拟装置上设置有力传感器和位移传感器。力传感器为应变式的,量程为 5 kg,位移传感器为电容式,量程 2 cm。力传感器和位移传感器一起联动,当撞击点受力时,它们同时输出信号电压。如果改变力的大小,就能模拟设计护舷受力—变形曲线。

对于系泊船模六自由度运动量捕捉,主要采用两种国内研发的基于光学摄像测量原理的非接触式船模运动量测试系统(如图 2.13)和基于电磁定位原理的非接触式船模运动量测试系统(如图 2.14),同时引进了加拿大 PTI 运动捕捉系统。

2.1.6.2 研发与创新应用

(1) 船舶浮体静/动力校准系统与运动仿真平台

在海洋与港湾工程模型试验中,船舶及海洋工程模型的惯量是影响试验结果

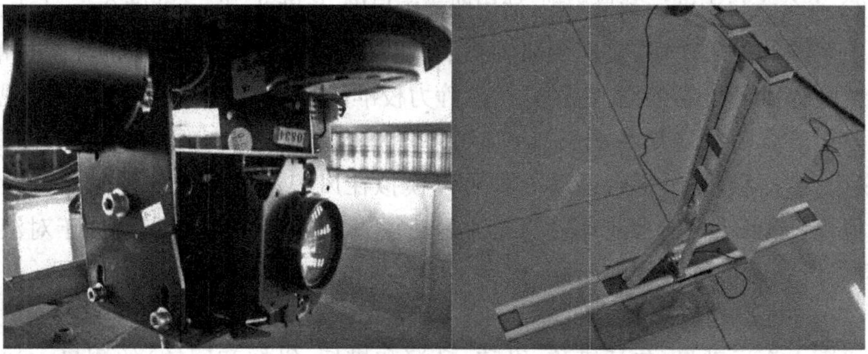

图 2.13 光学摄像式非接触式船模运动量测试系统

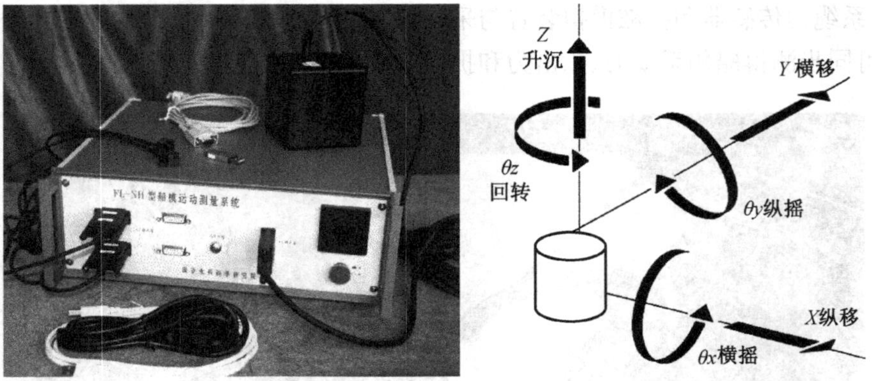

图 2.14　电磁定位式非接触式船模运动量测试系统

的重要参数。因此，船舶系泊物理模型试验中，试验模型必须按照相似定律与实物成一定比例关系，而船舶静力特性是影响试验结果准确的重要参数。所研发的系泊浮体静力校准系统是完成试验模型浮体重量、重心位置（垂向与纵向）以及对纵轴、横轴的质量惯性矩校准的专用设备。系泊浮体静力校准系统按照原理和技术要求的不同，结构、精度、使用方法有多种形式（如图 2.15）。结合我院实验室需求，按照实际模型试验中采用的船模型式、尺寸和重量，确定系统主要尺度和主要参数。研发本系泊浮体校准系统能够满足一般实验室常见系泊试验采用的常规比尺（如常见的1/50、1/60）要求，即此时模型船的长度最大可达 6 m，宽度有 1 m 左右，重量接近 2 t。该系统在承载上述模型的同时，可以完成如下工作：

① 重心高度测定；

② 横向惯量测定；

③ 纵向惯量测定；

④ 船模不同载度的精确配重；

⑤ 平台六自由度运动量模拟，适用船模主尺度：长度 2～6 m、宽度 0.5～1.1 m。

该系统的投入使用，实现了船舶系泊试验测试船模在此平台上的配重校准，为系泊试验提供了可靠依据，在提升船模静力校准的效率与精度的同时，还实现了对运动姿态仿真模拟与复演的需求，以双并联机构组成的六自由度（纵荡、横荡、垂荡、纵摇、横摇和艏摇）平台运动方式可以模拟在风浪流作用下的任何船舶运动姿态过程，从而实现脱离水池环境的浮体运动复演与测试功能，特别适合于对液舱晃荡、载体设备测试等问题的研究，拓展了传统校准平台的功能与使用范围。

（2）三维运动捕捉系统的应用

船模六个运动量（包括横移、纵移、升沉和横摇、纵摇和回转）的测量方法有接触式和非接触式测量两种，具体包括摄像测量、利用加速度传感器测量以及通过机

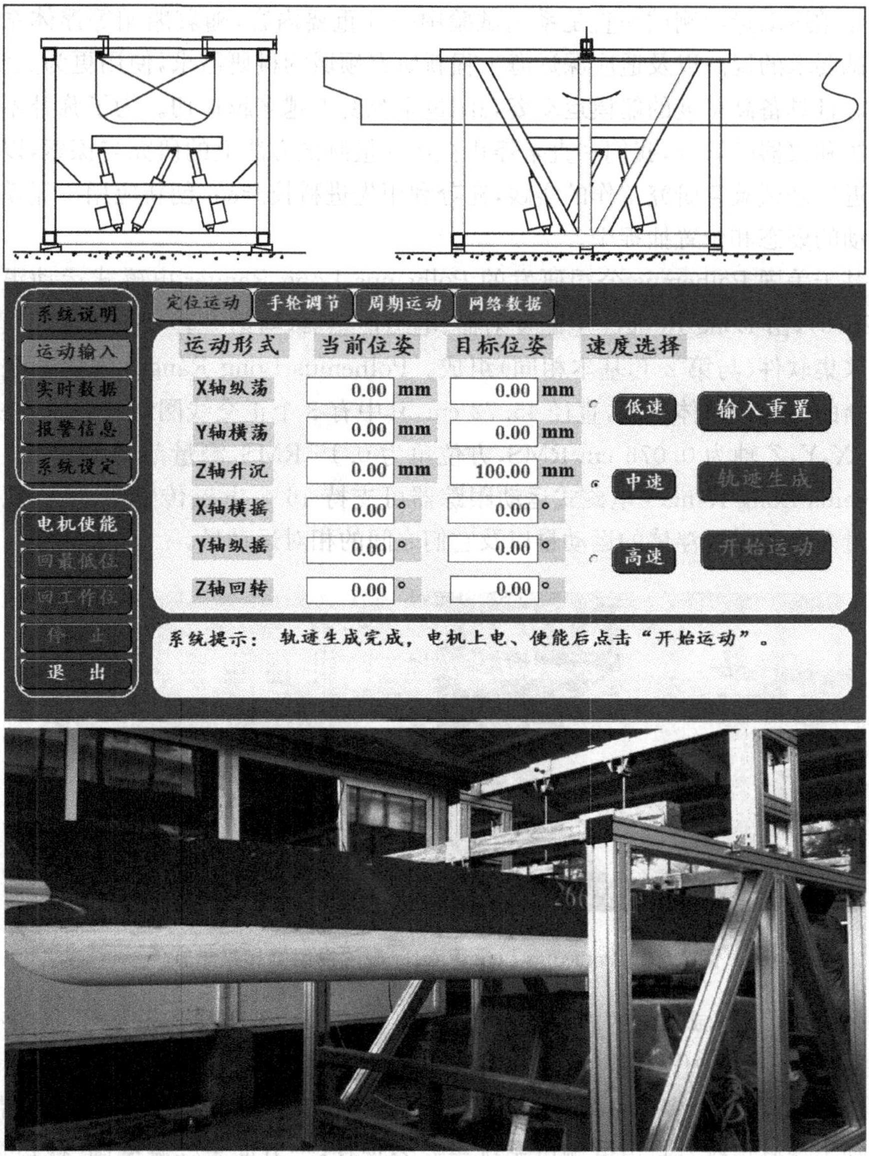

图 2.15　船舶浮体静/动力校准系统与运动仿真平台

械装置测量。摄像测量方法属于非接触式测量，对船模运动干扰较小，但是测量系统受环境光线影响较大。加速度传感器测量主要是测量船模的 3 个转角和 3 个运动加速度，再通过积分计算速度和位移，在计算位移时避免不了累计误差。机械装置测量有通过船模带动一套精密加工的运动系统进行测量的方法，抗干扰能力强，重复性较好，缺点是设备加工制作和连接比较麻烦。

船舶运动量的测试一直是系泊试验中一项重要内容，随着船舶等浮体系泊运动测试要求的提高以及适应深远海工程新研究领域的科研需求，使用更为灵活、重复性好且具备高精度的船模运动姿态测量系统变得越来越迫切。为了弥补不同测试方法和仪器的缺点，我们一直未停止在运动量测试方法上的研究与探索，以下为依托近年来试验室研究工作的实践，充分利用先进科技产品，创新应用于船模的三维运动的姿态和位置捕捉中。

基于美国 Polhemus 公司研发的 Polhemus Long Ranger 电磁式运动跟踪器（图 2.16），由 Long Ranger 电磁发射器、电磁传感器（与第 2 套可相通互用）、采集仪及采集软件（与第 2 套基本相同）组成。Polhemus Long Ranger 发射器是由一个清晰的丙烯酸球体组成，直径 45.72 cm，其中有 3 个正交线圈组成的发射机，精确度：X，Y，Z 轴为 0.076 cm RMS，方位角为 0.15°RMS，测量范围 1.8 m。这种 Polhemus Long Ranger 电磁式运动跟踪器可支持 16 个电磁传感器，可实现试验中测量多个船舶或浮体的运动量以及它们之间的相对运动量。

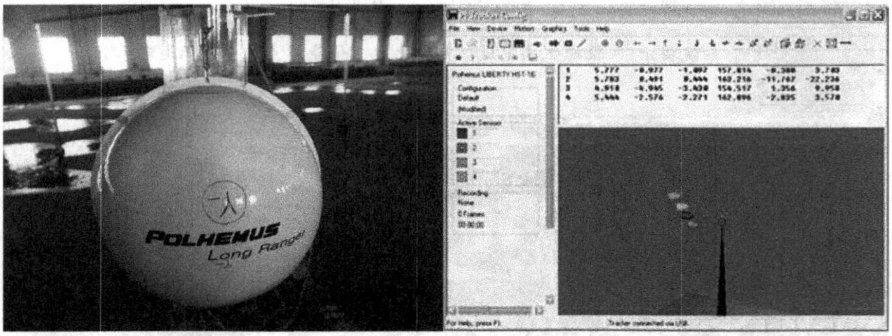

图 2.16　Polhemus Long Ranger 电磁发射器和采集软件

另外，针对海域系泊的多浮体运动测试（如锚固的多浮体装卸载平台、多船并靠问题、FPSO 外输作业等），引进加拿大 PTI 三维动态捕捉系统用于船舶浮体的运动量监测，可针对多个系泊运动浮体以及航行中船舶开展运动姿态的实时获取，其区别于现有传统六自由度测试系统主要表现在，一方面采样频率高、视角宽广，不易受电磁环境条件等干扰，特别是通过空间滤波功能还具备防水波反射影响能力；另一方面由于是成熟商业产品，集成度高、便于布设和携带方便，具备即时自动校准能力，上述优点均比现有设备更加适合于试验室内的船模测试研究的应用（如图 2.17）。引进该系统，实现了目前市场上最快的 10 kHz 采样率，精度可达 0.1 mm，分辨率为 15 μm，最宽视场角度可达 100°，并可移动/静态使用，携带光标仅 7 mm，不影响被测物体的重量分布。其类似产品已在中船重工 702 研究所、江苏科技大学等船舶与海工实验室得到应用。我中心目前已分别对该系统在单浮体、多浮体问题中的运动应用进行了测试，同时对实验室环境的适应性测试也已完成。试验中，即可在传统的船舶系泊试验研究中提升测试效率与试验数据精度，同时对于多浮体测试以及海上结构的运动响应问题提供更为有效的测试研究手段，2019 年双船并靠的基金课题以及风浪流多浮体卸载平台的专题研究项目均受益于此设备，同时围绕该设备的更多测试甚至二次开发研究也在积极准备中。

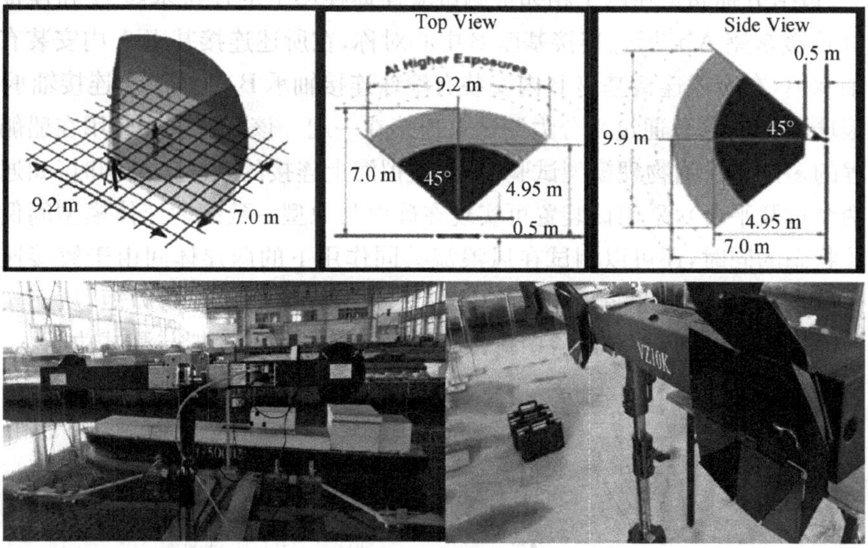

图 2.17　PTI 三维运动捕捉系统

(3) 浮体平台间铰接/扭力测试系统

随着近年来重视深海及海洋资源的开发，相应的船舶与海洋工程的一些大型装备设施不断地涌现，海上多浮体系泊结构也相继出现大量新构型，由于系泊系统对海上船舶间的定位和安全作业起着至关重要的作用，特别是在多艘船舶海上过驳作业时，船与船之间的相互干扰会产生非常大的副作用，每个浮体对波浪的作用同时也会对其他浮体造成影响，某些局部波浪会发生放大或遮掩，浮体周围流体的运动变得十分复杂，影响整个多浮体系泊系统的稳定性，从而进一步影响整个系泊结构物的安全性。针对上述问题，往往需要对多浮体系泊系统进行试验研究，研究多浮体的水动力响应特性以及在其各浮体间的耦合作用，由此可对整个系泊系统的作业过程进行准确预测，从而为实际工程提供科学依据和指导建议。一般的多浮体系泊方式大体上可分为串联作业、并联作业以及串并联组合形式。这些系统中，浮体间或船与船间的相对运动以及其间的缆绳、护舷和连接构件荷载是设计中考虑的重要指标(见图 2.18)。

在针对铰接拼接的海上过驳平台系统进行物理模型试验时，一个重要内容是测试各船体的水动力因素以及浮体间相互作用情况，特别是海上多浮体模拟问题。为了探讨其中铰接浮体间的运动受力情况，以为该过驳结构系统的构型设计和结构强度分析提供依据，需要研发一种试验用浮体铰接模拟及测试装置，用于模拟两个浮体间的铰接连接方式，并能够测试其间的剪力和拉压力。

该装置能够模拟两个浮体间的铰接连接方式，并具备测试其间剪力和拉压力的功能，包括分别固定在两个相邻被测试验浮体模型上的连接基座 A 和连接基座 B，所述连接基座 A 和所述连接基座 B 中心对称，在所述连接基座 A 内安装有滚珠连接轴承 A，在所述连接基座 B 内安装有滚珠连接轴承 B，所述滚珠连接轴承 A 和所述滚珠连接轴承 B 通过六分力测试仪连接在一起。该装置主要应用在船舶与海洋工程的多浮体系泊物理模型试验中，当模拟海上连接的双浮体结构时（如通过铰接的两个过驳平台），采用该装置可实现在确保与原型一致的两浮体模型间保持铰接连接状态的同时，还可以测试在风浪流共同作用下的两浮体间由于铰接连接所产生的剪力和拉压力，即两浮体间 X、Y、Z 三个方向上的受力与力矩，从而实现在不影响连接功能的同时，对试验中拼接浮体间铰接状态的模拟与测试功能。

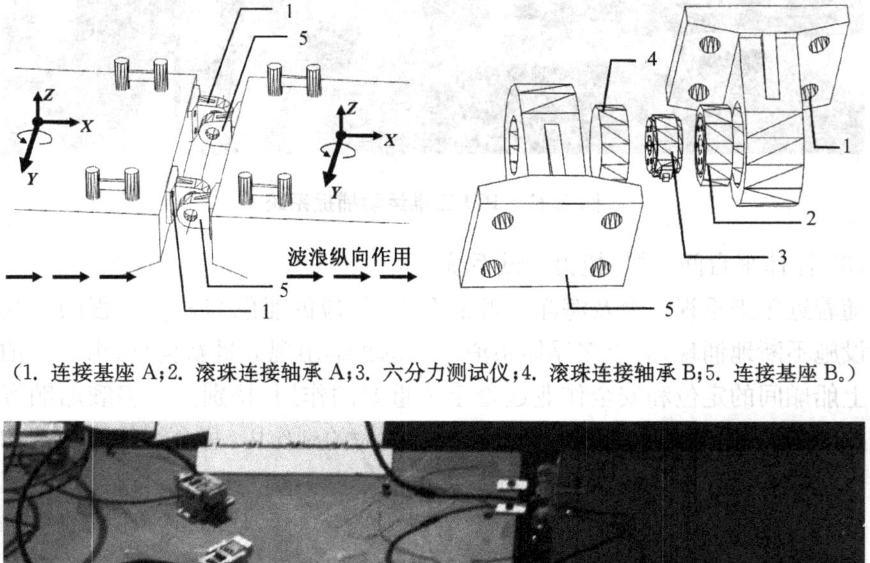

（1. 连接基座 A；2. 滚珠连接轴承 A；3. 六分力测试仪；4. 滚珠连接轴承 B；5. 连接基座 B。）

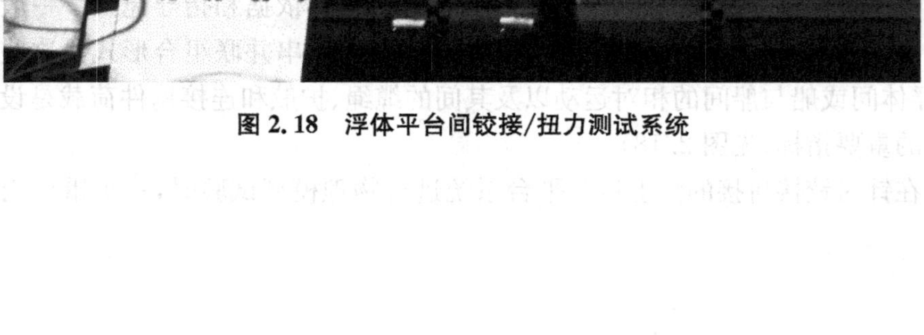

图 2.18　浮体平台间铰接/扭力测试系统

(4) 船模靠泊/拖航模拟试验装置研发

船舶靠泊时对码头结构将产生较大的撞击力和撞击能量，是码头结构设计和护舷选型应考虑的主要外荷载之一。船舶靠泊码头时产生的撞击力和撞击能量主要与船舶的质量、靠泊速度、靠泊角度、靠泊偏心距、附加水体质量等有关。在船舶系泊物理模型试验中，常常需要开展船舶在不同靠泊速度、靠泊角度和偏心距（船舶中心与码头中心之间的偏距）条件下对码头护舷的撞击力和撞击能量的试验。为此研制了一种试验模拟装置。

该装置包括：① 高精度调速仪；② 直流力矩电机；③ 链传动结构；④ 转轴；⑤ 支座；⑥ 槽轮；⑦ 无极绳；⑧ 支架；⑨ 导向杆；⑩ 导向板；⑪ 船模。见图 2.19 和图 2.20。

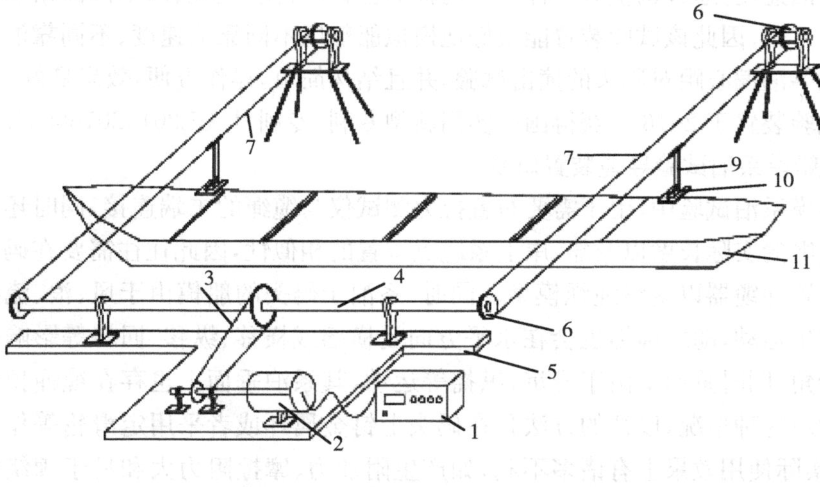

图 2.19　船模靠泊模拟试验装置示意图

图 2.20　船模靠泊模拟试验装置照片

该试验装置的具体实施方式如下：横跨在船模上的两根相互平行的无极钢丝绳，各通过一套调整结构与船模的一侧两端相连；调整结构由导向板和导向杆组成，导向板安装在船模上，其上设有导向槽，导向杆上端固接在相应的无极绳上，下端则插装在导向板的导向槽内；两根无极绳分别张紧在两个槽轮上，其中一个槽轮安装在支架上，另一个槽轮安装在转轴的一端上，转轴与船模平行，转轴由直流力矩电机驱动，电机的输出轴通过链传动结构与转轴连接，电机由高精度调速仪控制。

本试验装置应用时，将支座固定在所模拟的码头结构上，船模和支架则放置在码头前沿的水池中。实验人员通过操纵调速仪控制电机，调速仪可以控制电机的正转、反转以及转速，通过传动使无极绳牵引船模横向进退，以模拟出试验所需要的不同靠泊速度；通过调整导向杆和导向板的位置，可模拟船舶以不同倾角和偏心距的靠泊方式，因此该试验装置能很好地模拟船舶以不同靠泊速度、不同靠泊角度以及不同靠泊偏心距对码头的撞击试验，并且结构简单，操作方便，效果良好。

该试验装置于 2016 年获得国家实用新型专利，专利号：ZL201620166944.0。

(5) 船模系泊试验导缆装置研发

在船模系泊试验中，由于需要布置拉力测试仪与缆绳的末端连接，同时还要兼顾模拟缆绳的实际长度以及船、岸上系缆点位置的相似性，因此往往需要在码头不同位置布置导缆器以调整缆绳模型。同时，系泊于码头的船模由于风、浪、流共同作用而产生运动，随之缆绳也会在水平方向受横摇或横移、纵移、回转等影响会有拉伸及转角，同时垂面上由于升沉、纵摇等运动，其系泊垂面上也存在缆绳拉伸和倾角。针对这种情况，以往的方法是在码头上钉金属环或者采用定滑轮等作为导缆器，但实际使用效果上有诸多不利，如产生附加力、摩擦阻力大和易于缠绕等现象。在此背景下，为了更准确地复演实际船舶系泊状态，消除附加力的影响，尽可能提高测试精度，研制了一种用于船模系泊试验的导缆装置(如图 2.21)。

该导缆装置包括：① 上层过缆盘；② 可升降调节柱；③ 中层支撑盘；④ 下层固定底座；⑤ 金属孔；⑥ 滚珠轴承Ⅰ；⑦ 滚珠轴承Ⅱ；⑧ 模型缆绳，如图 2.21。具体说明如下：该导缆装置包括从上至下依次设置的上层过缆盘、中层支撑盘和下层固定底座，上层过缆盘通过可升降调节柱与中层支撑盘连接，并通过滚珠轴承Ⅰ与可升降调节柱转动连接；滚珠轴承Ⅰ的外圈上缘与上层过缆盘固接，滚珠轴承Ⅰ的内圈下缘与可升降调节柱固接；可升降调节柱插装在中层支撑盘内，二者同轴设置，中层支撑盘通过滚珠轴承Ⅱ与下层固定底座转动连接，滚珠轴承Ⅱ的外圈上缘与中层支撑盘固接，滚珠轴承Ⅱ的内圈下缘与下层固定底座固接。

在上层过缆盘内设有沿其径向延伸的导缆金属孔。使用时，根据实际系缆点位置，将下层固定底座固定在码头模型面板对应的位置上。模型缆绳穿过导缆金属孔，一端与固定在船模上的拉力测试仪连接，另一端与模拟缆绳弹力特性的系缆点装置相连接，这样组成一组完整的缆绳模型系统。试验中，将根据实际位置，分别以此方式布置舷缆、横缆、倒缆和艇缆。试验过程中，在风浪流共同作用下，船模将发生运动，导致不同位置处的模型缆绳发生拉伸或松弛，并有水平面上的转角或者垂直面上的倾角出现，该导缆装置由于可自由旋转和升降，因此在试验期间，始终能够实时自动调节，保持随船模和缆绳运动，不会产生附加力和摩擦阻力，且不会缠绕，能够确保试验测试精度和可靠性。

该装置原理简单、结构简洁，易于大量加工制作，试验证明应用效果良好，于2016年获得国家实用新型专利，专利号：ZL201620167134.7。

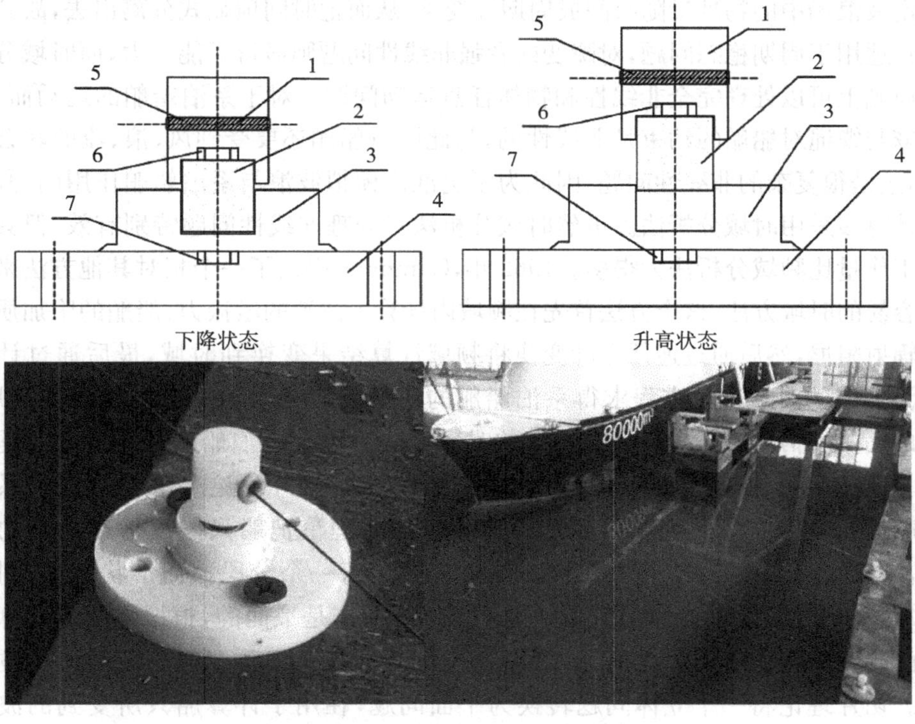

图 2.21　导缆装置的三维视图和试验照片

2.2　数值仿真模拟试验

对于海域船舶的系泊问题研究，一般较常用的方法是在波浪水池中采用船模试验进行测试，得到所需船舶运动量、系缆力等参数，为码头设计方案确定系泊及作业条件。随着计算机性能的不断提高，数学模型试验的应用日趋广泛，与物理模型试验相互补，成为科学研究领域的两大重要的研究方法。相比物理模型研究，我国的船舶数值模拟计算研究从 20 世纪 90 年代才开始，但随着计算机技术和理论方法的进步，船舶系泊数值研究水平以及计算方法都得到了较快速发展，其模拟需要时间短、经济效益好，且可以随时增加分析功能的优点得到认可，在近年来的港口和海洋工程系泊领域研究中得到广泛应用。

系泊船舶与波浪相互作用问题在本质上仍然是波浪与大尺寸结构物的相互作用问题。解决这类问题的方法一般是采用三维势流理论，其控制方程是流体的速度势函数，离散方程的数值方法通常有边界元法、有限元方法和有限差分法等。通常波浪与结构物作用的模拟方法包括频域分析法和时域分析法两种。频域分析法假定波浪场中的物理量随时间成周期性变化，从而把时间项显式分离出去，故其通常只适用于周期稳态问题，对瞬变或者强非线性问题则显得无能为力，而时域分析法原则上可以处理完全非线性和物体任意运动问题。对于系泊船舶的运动而言，护舷与缆绳对船舶的约束是非线性的，与此同时船舶还要受到风、浪、流的联合作用，这是很复杂的非线性问题，因此为了更准确模拟波浪与系泊船舶作用问题，数值计算多采用时域分析法。虽然时域分析法对处理非线性问题特别有效，但其计算工作量比频域分析法大得多。1962 年，Cummins 提出了一个相对其他方法来说最容易的时域方法，这个方法首先在频域内计算出波浪的激振力、船舶的附加质量和辐射阻尼，然后通过逆傅立叶变换将频域计算结果变换到时域，最后通过计算系泊船舶的时域运动方程求得系泊船舶的运动响应和系泊系统的荷载和变形，国内信书、邹志利等采用 Cummins 的时域方法对码头系泊船舶运动响应问题进行了研究。另外，在船舶流体动力学中广泛使用的切片理论[65]方法同样在系泊船舶运动响应问题研究中得到广泛应用。切片理论把船只假设为细而长的物体，那么沿着船长方向将船体分解成许多分段，每一个分段截面形状相同，则对于每一个截面，附近流体的流动基本上可以被看作是平面的，根据平面流动算得截面受到的流体波浪力之后，沿着船长进行积分计算出整个船舶上的流体波浪力。切片理论将一个立体问题转换为平面问题，在用于计算船只所受到的波浪力时虽然简单，但因为是基于平面势流理论，所以对于任意形状的大尺寸结构物体，比如系缆船只，就没有考虑到系缆船只的三维效应，这给计算结果带来一定的误差。

同时，系泊系统的数值模拟分析方法按照所受外力荷载还可分为静力分析和动力分析。前者以船舶受到的一切外载荷均按照静力考虑，如风荷载、水流力均按照 OCIMF（石油公司国际航运论坛）的推荐公式和系数进行计算，而波浪力只计入定常漂移力。而后者利用频域下的波浪激振力、附加质量和辐射阻尼，得到时域下的波浪作用力、附加质量和迟滞函数，最终求得船舶运动响应和系泊系统内部应力。基于动力分析系泊模型主要考虑的外界作用包括:波浪、流、风、潮汐等。波浪包含规则波和不规则波,流包含潮流和非潮流,风场包含稳定场和不规则场、潮汐包含潮流和潮汐。因此,该类型的系泊分析计算就比较复杂,具有一定难度。其中,以静力模型为基础的软件,其使用范围有一定的条件限制,只适用于一些掩护条件较好,船舶产生的运动量很小的码头。对于海洋环境恶劣,波浪等因素的动力作用不能被忽略的情况下,静力模型分析计算的结果与实际情况相差很大,此时应该选用以动力模型为基础的软件进行分析计算。

目前,以系泊系统静力或动力模型为基础的国际通用计算软件主要有荷兰 Alkyon Hydraulic Consultancy & Research 开发的 SHIP-MOORINGS、美国 Tension Technology International(TTI)开发的 OPTIMOOR、美国 Ultramarine 公司开发 MOSES 和法国船级社(BUREAU VERITAS)开发的 HydroSTAR/ARIANE 以及丹麦 DHI 开发的 MIKE 21 MA 系统等。

(1) 美国 TTI 公司开发的 OPTIMOOR

OPTIMOOR 计算软件采用的是静力模型,该软件对于水流和风对不同种类船舶作用力的计算是基于大量船模水流模型试验和船模风洞试验所得到的经验系数和拟合公式进行的。在处理波浪作用下系泊船的运动响应时,OPTIMOOR 采用了频域分析的方法,给出波浪作用下运动量的振幅响应因子(RAO),由于实际波浪作用下系泊船的运动响应问题是一个时域范围内的动态响应过程,因此 OPTIMOOR 并不能完全真实地反映实际波浪动荷载、船舶和码头所组成的系统各要素之间的相互影响,但对于潮流和风作用下的船舶运动响应,该软件能够给出较为准确的模拟。使用 OPTIMOOR 可以计算船舶在静力荷载作用下的缆绳内力、防护舷受到的挤靠力、码头上的系船柱受到的力等,但只能求出船舶的四个自由度(纵移、横移、回转和升沉)(图 2.22)。

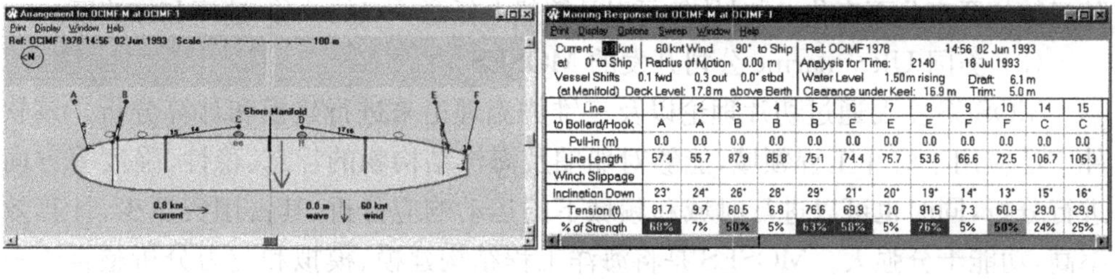

图 2.22 美国 TTI 公司的 OPTIMOOR 系泊数值模拟计算平台

(2) 荷兰 Alkyon 公司开发的 SHIP-MOORINGS

SHIP-MOORINGS 为典型的动力模型分析软件,该计算平台由计算模块 SHIP-MOORINGS 和后处理模块 POSTMOORINGS 组成一个完整系统,是一款可以模拟风、浪、流条件下系泊船舶和其他系泊或锚泊物体的动力行为的计算平台。模拟系统中可以计算多种外界荷载作用，包括波浪激振力、水动力、水静力、风荷载、水流力、缆绳力、冰荷载、过往船舶的作用等。其中波浪激振力可以计算一阶不规则波、二阶长波、微幅波漂移力等不同形式的波(图 2.23)。

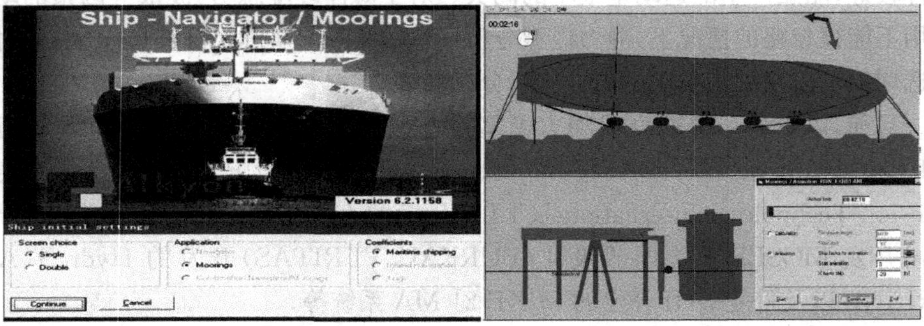

图 2.23　荷兰 Alkyon 公司的 SHIP-MOORINGS 系泊数值模拟计算平台

系泊船舶的运动是在时域内求解，系统在水平面内无约束，其计算采用的瞬态响应函数是基于 Cummins(1962)提出的方法在时域内求解船舶的运动方程，而系泊船舶的水动力荷载在频域内求解，然后采用 Oortmerssen1976 年提出的方法，将频域内的水动力荷载转换到时域内，浅水区的低频二阶波浪激振力通过 Pinkster(1980)理论进行模拟。SHIP-MOORINGS 可计算多种外界作用，包括波浪激振力、水动力、水静力、风荷载、水流力、缆绳力等。波浪激振力可以计算不同形式的波，包括一阶不规则波、二阶长波、微幅波漂移力等。此外，该计算平台采用三维势流理论，对护舷刚度进行建模时，可以考虑橡胶护舷的非线性刚度，按照护舷三维的实际作用点进行计算，而不是通常把护舷当作一维作用力处理的做法，受力计算会随船舶位置变化而变化，同时软件可以计算船上任意一点的位移、速度和加速度。

(3) 美国 Ultramarine 公司开发的 MOSES

MOSES 主要通过切片理论以及三维势流理论来进行建模和计算分析。该软件广泛应用于海洋工程领域，能够对船舶及海洋结构物的浮态、稳性、强度等方面进行分析，同时也可以进行时域和频域下的运动响应分析，其占用资源少，计算效率高，功能十分强大。MOSES 是将海洋工程结构建模、模拟和应力分析整合于一体的软件语言编程工具，非常适宜作后期开发处理。进行浮体的锚泊分析是 MOSES 软件的一项基本功能，使用 MOSES 进行水动力计算的方便之处不仅在于它可以自行计算生成水动力数据，还可以直接修改其水动力数据或编制接口，将其他软件的水动力计算结果导入 MOSES 程序进行频域和时域分析，鉴于此特点以及 MOSES 强大的语言编制功能和时域计算能力，越来越多的技术人员开始使用

MOSES 进行浮体系泊运动计算[69-70](图 2.24)。

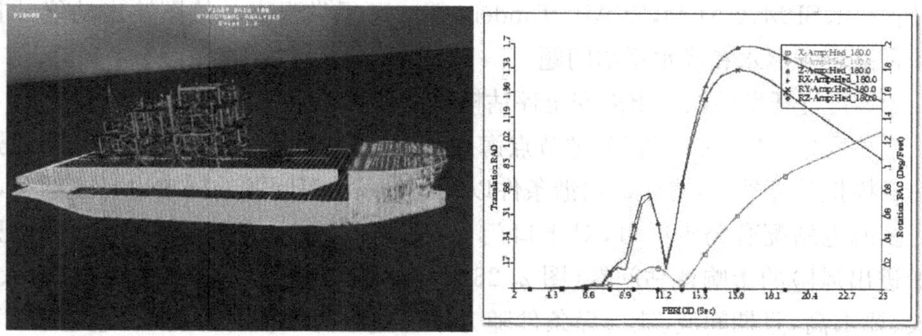

图 2.24 Ultramarine 公司开发的 MOSES 数值模拟计算平台

(4) 法国船级社(BUREAU VERITAS)开发的 HydroSTAR/ARIANE

该模拟平台包括 HydroSTAR、HydroSTAR VSHIP 和 HydroSTAR FATA 三个模块。HydroSTAR 是一款强大的三维势流理论面元法软件,在计算波-物相互作用时可以考虑多体干扰作用、航速效应以及舱内液体运动,可以评估一阶和二阶波浪力、运动、加速度、相对运动和波浪升高,可应用于无限和有限水深、有航速或无航速的所有海洋结构物。HydroSTAR VSHIP 是为实时显示由 HydroSTAR 计算出的船舶运动的应用软件,在输入由 HydroSTAR 生成的数据后,VSHIP 可以动画显示在规则波和不规则波中的船体运动、波形、船体压力和船体流速。HydroSTAR FATA 是谱分析软件,可应用于长期和短期分析,具备多种谱分布、自动绘图输出和批处理功能等优点。

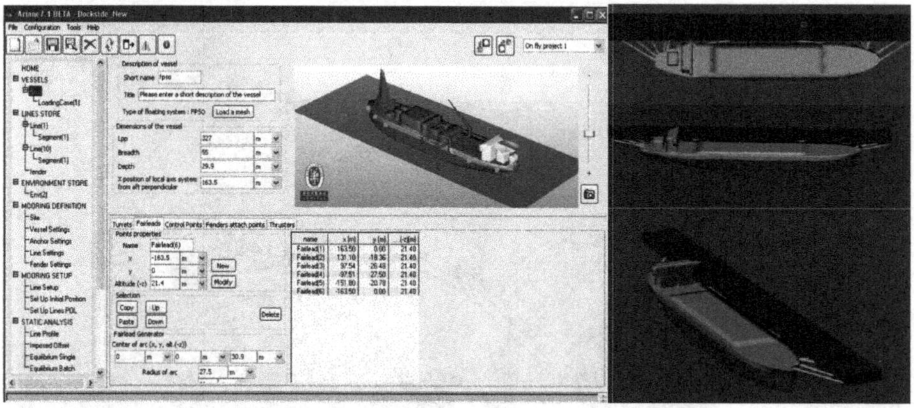

图 2.25 法国 BV 公司开发的 HydroSTAR/ARIANE 数值模拟计算平台

船舶系泊过程的分析与模拟使用 ARIANE 软件,软件界面如图 2.25 所示。

ARIANE 是一款完全整合的系泊和水动力分析软件，可以应用于任何一种系泊形式(Spread，SPM，CALM，SPAR，Tandem 等)，可提供强大的绘图输出功能，同时它非常适合于深水和浅水系泊问题。

(5) 自行开发船舶进出港安全评估模拟平台

随着我中心“一带一路”关键节点海外工程项目的陆续开展，除常规船舶码头系泊的模拟计算外，对船舶进出港条件以及码头系泊等问题的需求也日益增多，尤其是滨海电站配套码头项目，对于口门、防波堤、取排水口的布置经常需要配合船舶进出风险的影响评估问题(图 2.26)。传统船舶操纵模拟器方法报价高、周期长、要求高，且期间波、流边界条件随方案调整极为不便，因此拟引进基于 CFD

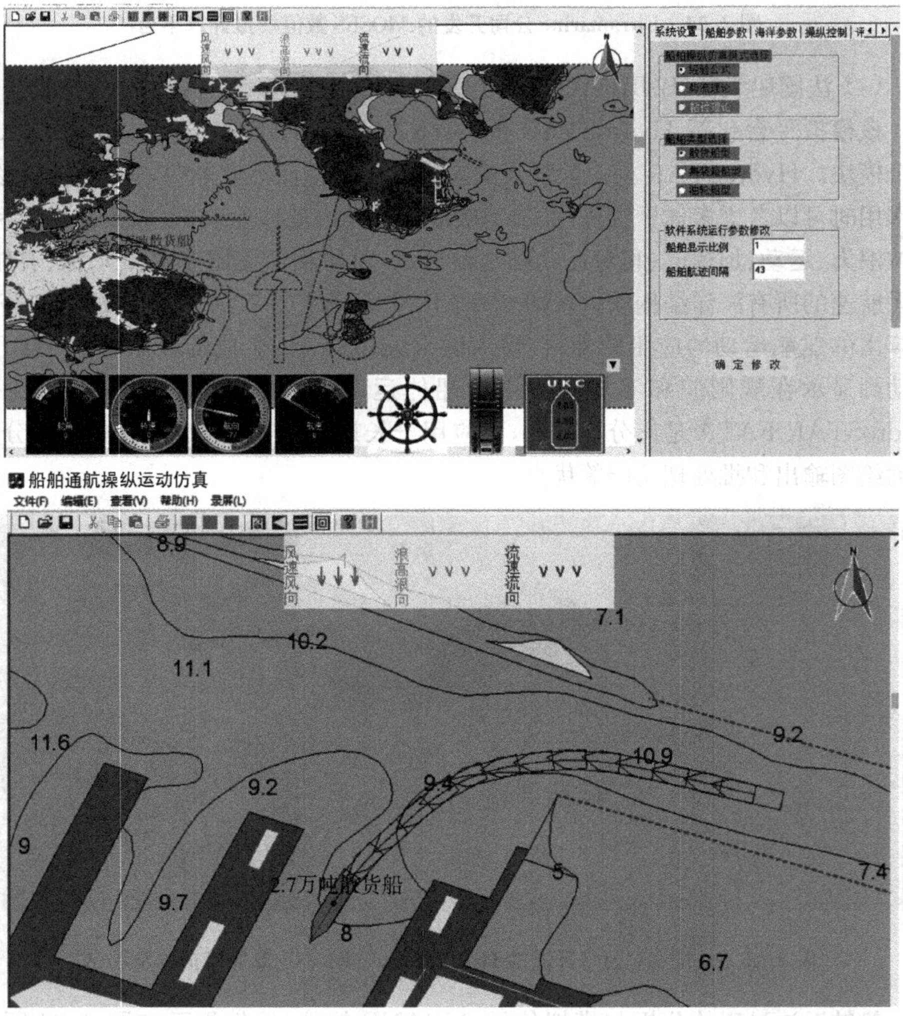

图 2.26 TK-navigation 船舶进出港安全评估模拟平台

数值模拟的通航仿真软件来解决这类问题，实现对港口、航道的船舶通航能力研究，评估通航风险以支持港口选址、设计和工程建设以及运营管理决策。

对港口、航道的通航能力研究一直以来都是支持港口运营管理及建设决策的重要课题。港口航道的营运过程是个复杂的系统工程，受到泊位、航道性能、水文气象等众多因素的影响，具有很强的随机性，用常规方法很难把这些因素放到一个整体中进行通盘考虑。计算机系统仿真技术的运用，为解决此类问题提供了行之有效的方法。首先，应用 Visual C++开发的本方案首先对港口航道营运过程进行系统分析，明确其系统结构与边界，并对其作业过程进行详细描述，从而确定了系统仿真的对象和系统模拟的步骤。其次，在船舶水动力学理论的支撑下建立船舶、港口、航道的网络模型，根据离散系统仿真的原理，进行船舶港口模型的网格划分，并应用 CFD 软件进行水动力计算。在对影响航道使用的通航规则、水文气象条件、乘潮条件及人为指令控制等因素进行分析后，建立包含各项因素的模拟航道通过能力的具体操纵数学模型。最后，应用所建立的仿真模型对港口、航道的营运过程进行模拟，分析并评估新建港口的航道设计进出港通航能力。

3 海域综合环境对船舶系泊作业的影响

3.1 概述

风、浪、流对船舶作用力的大小不仅与其大小和方向有关，还与船舶的装载度、码头前沿水深等密切相关，同时三种作用力相互关联，如风压力随着船舶水线上的暴露面积增大而增大，而流压力则随着船舶水线下的面积增大而增大，当风流共同作用时，两者有部分力相互抵消。波浪作用下系泊船舶产生6个自由度方向的运动，而水流力和风压力作用下涉及的船体运动较少，主要为横移和纵移，受船体形状和水工结构物的影响，尤其在斜向风或斜向水流作用时，风力或水流力的合力并不在船中线上，于是作用到船上就要产生一个偏转力矩，使船舶产生回旋运动。由于风流作用对船舶产生的运动变化与波浪作用相比，频率小得多，故大多数情况下常按静力考虑。

3.2 长波涌浪控制下的系泊特性与泊稳标准

长周期波不同于一般风浪及短周期涌浪，它的波高虽然不大，但波长较长，波速也较大，具有极强的穿越可透浪防波堤的能力和较大的能量。对于有掩护的港口，长周期波能够在港内反复震荡，不易消减，容易引起港内共振，因此对港口波况和船舶泊稳条件产生非常大的影响。由于系泊船舶对低频长周期响应敏感，所以长周期波的存在，可导致船舶剧烈的运动，造成相当大的缆力、撞击力，从而给系泊船舶及码头作业带来危害，甚至发生事故。众所周知的例子有：洛杉矶港、开普敦港、秘鲁的马尔克纳港以及毛里塔尼亚友谊港等，都是由于长周期波或港内副振动的存在，使得系泊船舶时常发生断缆等事故，影响船舶作业和系泊安全。

由于中国海岸波浪广义地讲都是风浪，各海域近岸代表区域的波浪平均周期为2.3～7.5 s，渤海和黄海中部的平均周期小于5 s，其余海域的平均周期多在5～7.5 s，因此长周期波出现的概率很低，在我国目前现行的港口规范中给出的船舶装卸作业的允许波高值中适用于波浪平均周期小于等于8 s的情况，对于更长周期的允许波浪条件，则需要通过模型试验加以确定。

近年来，随着我国“一带一路”倡议的提出和实施，中国企业不断走出国门，参加全球港口建设，在面对非洲大西洋海岸、印尼印度洋海岸等具有长周期波浪（涌浪）海域进行建港是必然的选择，这些海域的波浪平均周期多为12～18 s，最大有20余秒，其中不规则波列中含更长周期波浪成分，给我国港工界带来新的挑战。当前，国内相关单位结合一些海外工程实践，对长周期波浪海域建港的有关技术问题开展了研究，如长周期涌浪作用下防波堤的稳定性、长周期波浪推算方法、长周期波对船舶运动的影响等。本章采用数学模型，主要开展长周期波作用下船舶系泊特性研究，提出不同波周期条件下的船舶允许作业波高，为相关规范的修订提供技术支撑。

3.2.1 长周期波作用下船舶允许作业波高

我国目前现行的港口规范中给出的船舶装卸作业的允许波高值中适用于波浪平均周期小于等于8 s的情况，对于更长周期的允许波浪条件，则需要通过模型试验加以确定。为更好地适应国内企业参与“海上丝路”沿线具有较长周期波浪海域的港口建设，又开展了散货船和LNG两种船型在波周期为9～18 s范围内的波浪作用下的允许作业波高的计算，提出了9～18 s范围内船舶允许作业波高，可供工程设计和运营单位参考。

3.2.2 有关试验成果

我中心近些年结合国内工程，开展了相关系泊试验研究，主要成果如表3.1。

表3.1 不同波浪周期条件下的船舶允许作业波高有关试验成果

船型	平均周期(s)	允许波高(m)		适用海域
		顺浪($H_{4\%}$)	横浪($H_{4\%}$)	
1万t散货船	8	≤0.7	<0.6	巴基斯坦胡布电厂配套码头工程
	9	<0.7	≤0.5	
	10	≤0.6	≤0.4	
	12	≤0.5	≤0.4	
	14	≤0.5	≤0.3	
	16	≤0.4	≤0.3	
	18	—	—	

续表

船型	平均周期(s)	允许波高(m)		适用海域
		顺浪($H_{4\%}$)	横浪($H_{4\%}$)	
3万t散货船	9	<1.0	≤0.6	印尼KARANG TARAJE码头工程
	10	—	≤0.5	
	12	≤0.7	≤0.4	
	14	—	≤0.3	
	16	≤0.5	≤0.2	
	18	—	≤0.2	
7万t散货船	9	<1.5	≤1.2	
	10	≤1.0	≤0.8	
	12	≤0.8	≤0.5	
	14	≤0.6	≤0.4	
	16	≤0.8	≤0.3	
	18	—	—	
1.5万t散货船	12	<0.5	≤0.4	印尼芝拉扎电厂配套码头工程
5.5万t散货船	10	≤1.0	≤0.7	
	12	≤0.8	≤0.5	
15万t矿石船	7	—	≤1.5	青岛港董家口港区矿石码头工程
	9	—	<1.2	
	11	—	≤0.6	
40万t矿石船	7	—	≤2.0	
	10	—	≤1.0	
	11	—	<1.0	
10万t油船	7	—	≤1.5	青岛港董家口港区原油码头工程
	8	—	≤1.2	
	9	—	≤1.0	
	10	—	≤0.8	
45万t油船	8	—	≤2.0	
	9	—	≤1.5	
	10	—	≤1.0	

续表

船型	平均周期(s)	允许波高(m)		适用海域
		顺浪($H_{4\%}$)	横浪($H_{4\%}$)	
3.0万m^3 LNG船	7	—	≤0.8	天津液化天然气(LNG)项目码头
	9	—	≤0.6	
8.0万m^3 LNG船	7	—	≤1.2	
	9	—	<1.0	
17.2万m^3 LNG船	7	—	≤1.2	
	9	—	≤1.0	
26.6万m^3 LNG船	7	—	≤1.2	
	9	—	≤1.0	
8万m^3 LNG船	7	—	≤1.2	山东液化天然气(LNG)项目码头
	8	—	<1.2	
	10	—	<1.0	
	12	—	≤0.6	
17.2万m^3 LNG船	7	—	≤1.2	
	8	—	≤1.2	
	10	—	≤1.0	
	12	—	≤0.6	
26.6万m^3 LNG船	7	—	≤1.2	
	8	—	≤1.2	
	10	—	≤1.0	
	12	—	≤0.6	

3.2.3 计算情况

在上述的长周期波作用下的船舶系泊特性的试验研究基础上，为进一步完善不同吨级船舶的允许作业波高，还通过数值仿真计算进行了动态系泊研究，仍以开敞的蝶形码头布置为主。计算船型考虑散货船和液化天然气(LNG)船两种，船舶装载状态包括满载、半载和压载三种状态。

(1) 计算船型

散货船主尺度见表3.2，液化天然气(LNG)船主尺度见表3.3。

表 3.2 散货船的主尺度

船舶吨级 DWT(t)	总长 (m)	型宽 (m)	型深 (m)	满载吃水 (m)
50 000	223.0	32.3	17.9	12.8
100 000	250.0	43.0	20.3	14.5
150 000	289.0	45.0	24.3	17.9
300 000	339.0	58.0	30.0	23.0

表 3.3 LNG 船的主尺度

船舶舱容(m^3)	总长 (m)	型宽 (m)	型深 (m)	满载吃水 (m)
30 000	185.0	27.6	18.5	8.8
50 000	220.0	31.9	17.0	9.3
172 000	290.0	46.9	26.2	11.7
266 000	345.0	53.8	27.0	12.0

(2) 波浪条件

计算浪向为 0°顺浪和 90°横浪；波浪周期为 9～18 s；计算波高($H_{4\%}$)为0.15～2.0 m。开始计算时，参考有关试验成果，合理选择波高，达到允许的运动量即为允许作业波高。

(3) 计算水深

不同靠泊船型的码头前沿设计水深不同，可按照海港总体设计规范计算，统计有关工程实例可知；散货码头设计船型的相对水深(水深吃水比)在 1.07～1.35，平均 1.19；LNG 码头设计船型的相对水深(水深吃水比)在 1.19～1.99，平均 1.45。

故计算相对水深时，散货船码头取 1.20，LNG 码头取 1.45。

(4) 散货船的系缆设施和系缆方式

根据有关工程经验，不同船舶的系缆方式如图 3.1 所示，其中 30 万 t 散货船的系缆方式为 3∶3∶2∶2，采用尼龙缆，缆绳直径 84 mm，破断力为 990 kN；15 万 t 散货船的系缆方式为 3∶3∶2，采用尼龙缆，缆绳直径 76 mm，破断力为 820 kN；10 万 t 散货船的系缆方式为 3∶3∶2，采用尼龙缆，缆绳直径 76 mm，破断力为820 kN；5 万 t 散货船的系缆方式为 3∶3∶2，采用尼龙缆，缆绳直径 64 mm，破断力为 580 kN。

缆绳初拉力取破断力的 10%～15%。护舷采用 SUC2500H 橡胶护舷(两鼓一板，标准反力型)，其单鼓性能如下：设计反力 3 088 kN，最大反力 3 283 kN，设计吸能量 3 391 kN·m，最大吸能量 3 590 kN·m。

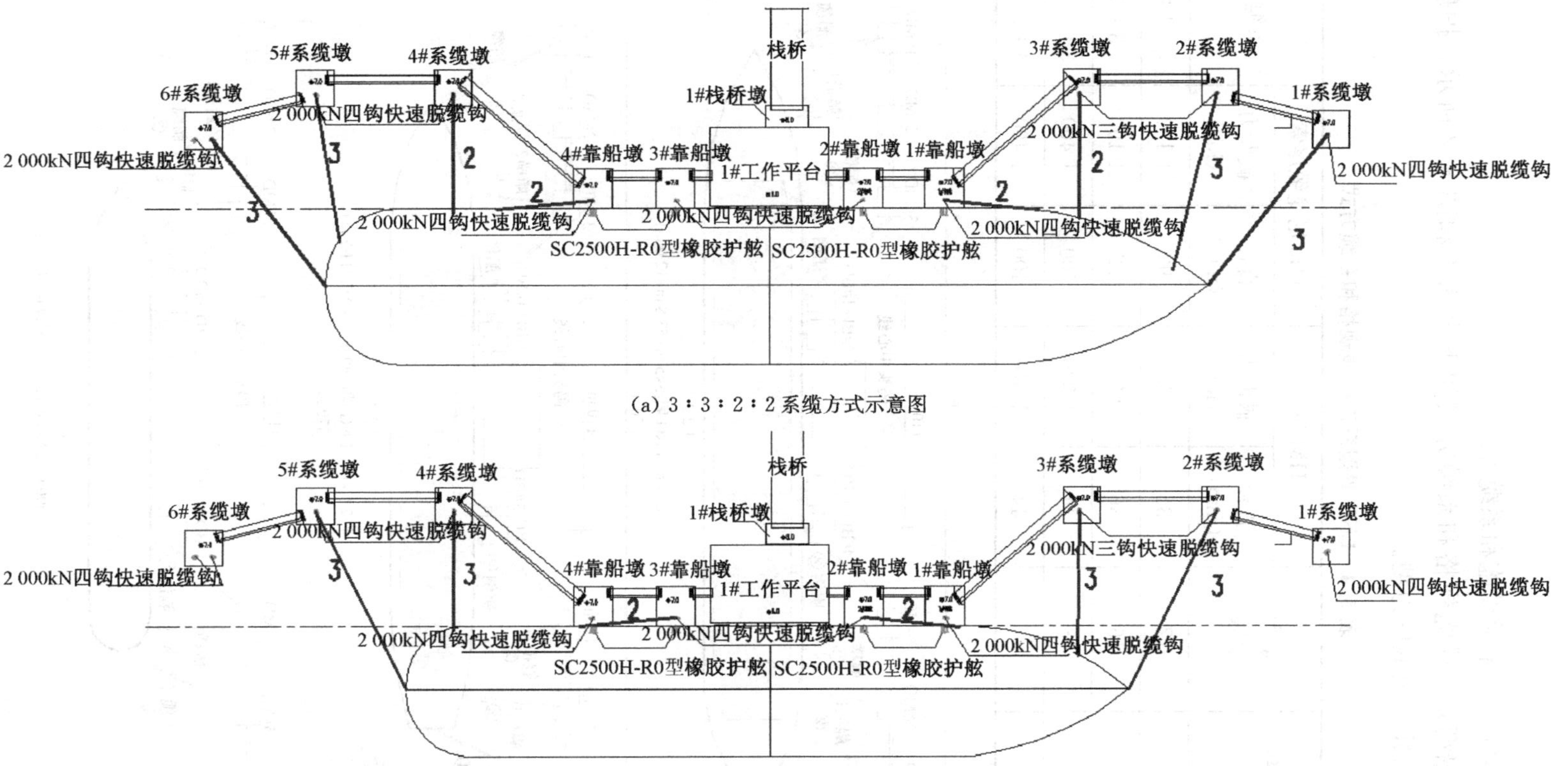

(a) 3∶3∶2∶2 系缆方式示意图

(b) 3∶3∶2 系缆方式示意图

图 3.1　散货船的系缆方式示意图

(5) LNG 船的系缆设施和系缆方式

LNG 船型系泊缆绳规格和系缆方式如下表 3.4 和图 3.2 所示。护舷采用 SUC2250 二鼓一板低反力型。

表 3.4　LNG 船型系泊缆绳规格和系缆方式

船舶舱容（m^3）	最大缆数	HMPE		11m 尼龙缆尾索		系缆方式
		直径（mm）	破断力（kN）	直径（mm）	破断力（kN）	
3 万	12	36	930	92	1 190	4∶2
5 万	16	36	930	92	1 190	3∶3∶2
17.2 万	18	44	1 370	100	1 400	3∶2∶2∶2
26.6 万	20	44	1 370	100	1 400	4∶2∶2∶2

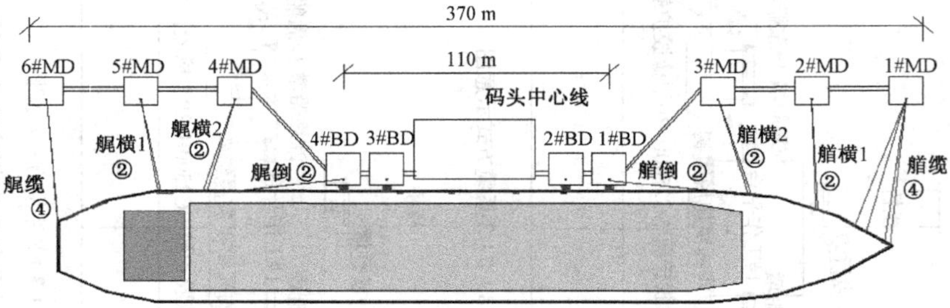

4:2:2:2

266 000 m³ LNG 船(345 m×53.8 m×12.0 m)

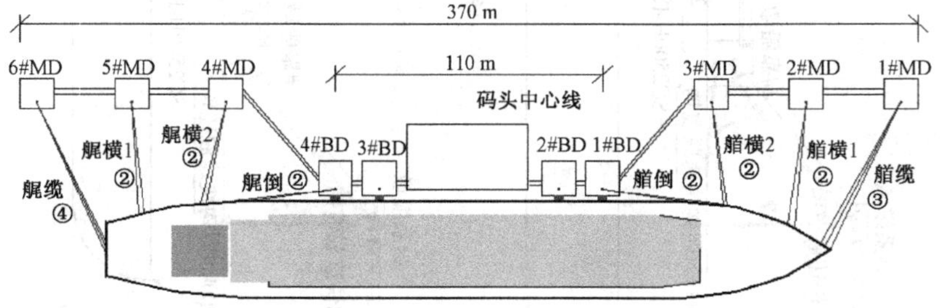

3:2:2:2

172 000 m³ LNG 船(390 m×46.9 m×11.7 m)

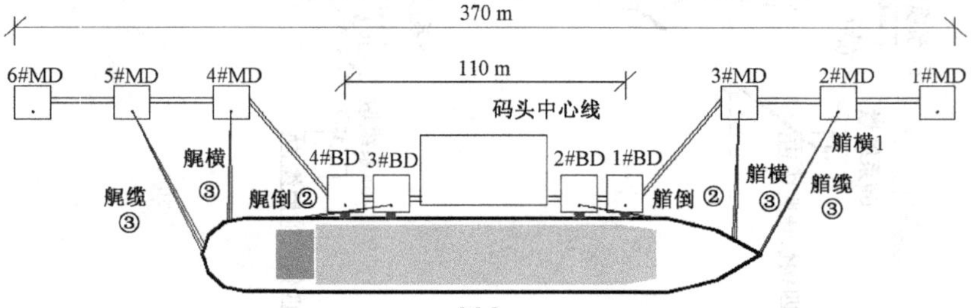

3:3:2

50 000 m³ LNG 船(220 m×31.9 m×9.3 m)

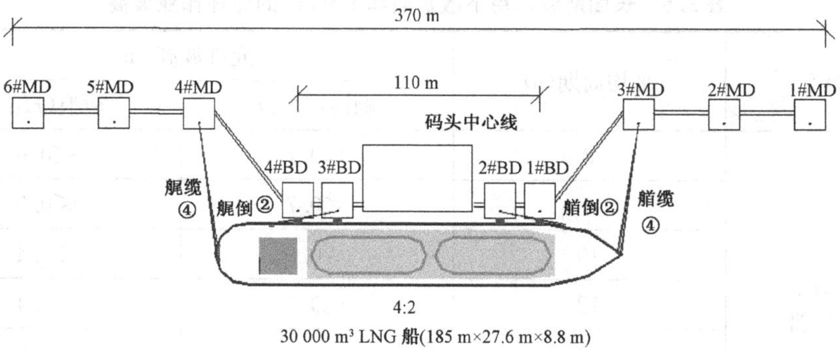

图 3.2　LNG 船的系缆方式示意图

(6) 计算软件

采用法国船级社(BUREAU VERITAS)开发的 HydroSTAR 和 ARIANE。系泊船舶计算模型示意图见图 3.3。

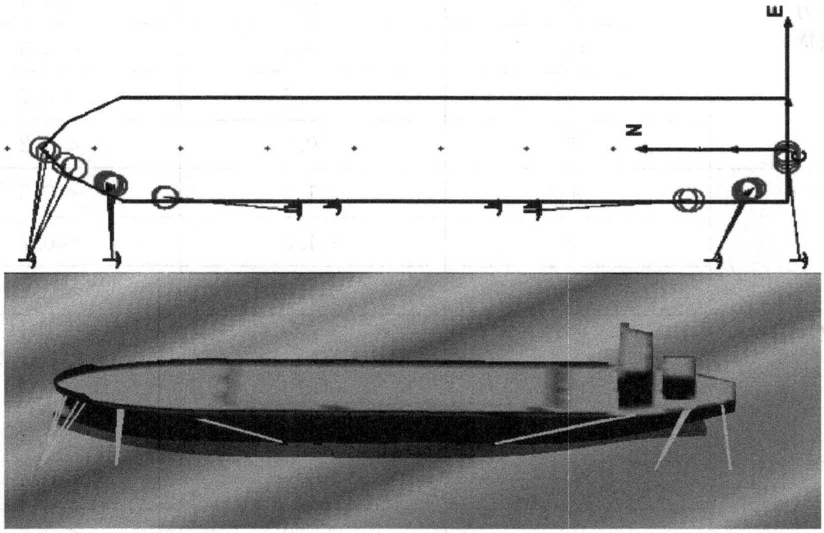

图 3.3　系泊船舶计算模型示意图

3.2.4　船舶允许作业波高

综合上述物理模型试验和数值仿真计算的结果,汇总长周期波作用下散货船和 LNG 船的允许作业波高,如表 3.5 和表 3.6 所示。

表 3.5　长周期波作用下散货船和 LNG 船的允许作业波高

船型	平均周期(s)	允许波高(m)	
		顺浪($H_{4\%}$)	横浪($H_{4\%}$)
1万t 散货船	8	≤0.7	<0.6
	9	<0.7	≤0.5
	10	≤0.6	≤0.4
	12	≤0.5	≤0.4
	14	≤0.5	≤0.3
	16	≤0.4	≤0.3
	18	<0.4	≤0.2
3万t 散货船	9	<1.0	≤0.6
	10	≤0.8	≤0.5
	12	≤0.7	≤0.4
	14	≤0.6	≤0.3
	16	≤0.5	≤0.2
	18	<0.5	≤0.2
5万t 散货船	9	<1.2	<0.8
	10	≤1.0	≤0.7
	12	≤0.8	≤0.5
	14	≤0.7	≤0.4
	16	≤0.6	<0.3
	18	≤0.6	<0.3
7万t 散货船	9	≤1.2	≤0.9
	10	≤1.0	≤0.8
	12	≤0.8	≤0.6
	14	≤0.7	≤0.5
	16	≤0.6	≤0.4
	18	<0.6	≤0.3

续表

船型	平均周期(s)	允许波高(m)	
		顺浪($H_{4\%}$)	横浪($H_{4\%}$)
10万t散货船	9	≤1.2	≤0.9
	10	≤1.0	≤0.8
	12	≤0.8	≤0.6
	14	≤0.7	≤0.5
	16	≤0.6	≤0.4
	18	<0.6	≤0.3
15万t散货船	9	≤1.5	<1.2
	10	≤1.2	≤1.0
	12	<1.2	≤0.9
	14	≤1.0	<0.8
	16	≤0.8	≤0.5
	18	≤0.6	≤0.4
30万t散货船	9	≤2.0	≤1.2
	10	≤1.2	≤1.0
	12	<1.2	≤0.9
	14	≤1.0	<0.8
	16	≤0.8	≤0.5
	18	≤0.7	<0.5

表3.6 长周期波作用下LNG船的允许作业波高

船型	平均周期(s)	允许波高(m)	
		顺浪($H_{4\%}$)	横浪($H_{4\%}$)
3万m^3 LNG船	9	≤0.8	≤0.6
	10	≤0.8	<0.6
	12	≤0.6	≤0.5
	14	≤0.6	≤0.4
	16	≤0.5	≤0.3
	18	≤0.4	<0.3

续表

船型	平均周期(s)	允许波高(m)	
		顺浪($H_{4\%}$)	横浪($H_{4\%}$)
5万 m^3 LNG船	9	≤1.0	<0.9
	10	<1.0	≤0.8
	12	≤0.8	≤0.5
	14	≤0.8	<0.5
	16	≤0.6	≤0.4
	18	≤0.5	≤0.3
17.2万 m^3 LNG船	9	≤1.2	≤1.0
	10	≤1.2	<1.0
	12	<1.0	≤0.6
	14	≤0.8	≤0.5
	16	<0.8	<0.5
	18	≤0.6	<0.4
26.6万 m^3 LNG船	9	≤1.2	≤1.0
	10	≤1.2	<1.0
	12	<1.0	≤0.6
	14	≤0.8	≤0.5
	16	<0.8	<0.5
	18	≤0.6	<0.4

3.2.5 涌浪、次重力波对系泊船舶的影响

上述研究的波浪周期集中在20 s以内，已可以满足大多数工程的需求，研究成果得出的允许作业波高，可为设计、运营提供参考。但个别港口由于波浪的不规则特性和水下地形、海岸形态等影响，会产生“群波效应”和“击岸波拍击”，从而诱发更长周期波(次重力波)，这些波浪周期一般为几十秒，甚至上百秒。船舶停靠码头后，船舶与系泊系统组成的固有周期也基本在几十秒的范围内，很容易与大于20 s的波浪产生纵荡自由度的“共振”现象，从而使其泊稳条件大为恶化，引起船舶和码头的破坏。由于系泊船舶对低频长周期响应敏感，所以长周期波的存在，可导致船舶剧烈的运动，造成相当大的缆力、撞击力，从而给系泊船舶及码头作业带来危害，

甚至发生事故。在实际工程中,已有这样的工程实例,提醒我们重视这类波浪对系泊船舶的影响。例如,澳大利亚西部的 Geraldton 港每年由于长周期波作用,影响船舶装卸作业,导致数百万美元的损失,阿曼的 Salalah 港扩建过程中遇到长周期波振荡的影响,导致船舶在季风季节的运动量过大等。丝路沿线的斯里兰卡汉班托塔港,由于港内存在长周期振荡导致集装箱岸桥装卸船舶运动量过大,影响装卸效率和安全。

毛里塔尼亚友谊港的实测资料表明,该港的波谱有两个谱峰,频率较高的平均周期为 10～16 s,频率较低的平均周期为 50～100 s,功率谱中两峰的能量在同一量级上(见图 3.4)。

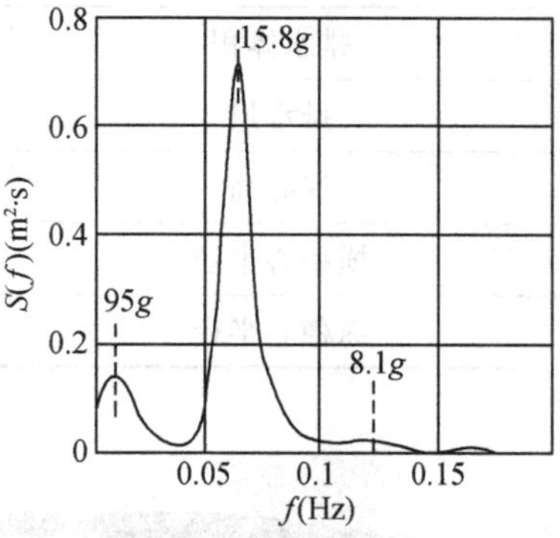

图 3.4　毛里塔尼亚友谊港内实测波浪的功率谱

在该港口施工期间,自 1984 年 11 月 2 日码头开始试靠船,到 1986 年 5 月 7 日止,先后共靠泊中外货轮 13 艘万 t 级及 2 万 t 级的货轮,累计卸货 25 000 t。由于防波堤的掩护作用,港池水域平稳,在堤外波高不大于 2 m 时船舶可正常作业。但是,在船舶试靠中发现,在港内波高 0.4～0.5 m 的情况下,万 t 级货轮已产生较剧烈的运动,其升沉、横荡及纵荡等自由度的运动幅度远较国内港口大。由于船舶始终处于较大幅度的运动,缆绳会不断地磨损,多次发生断缆事故。

研究运用波浪数学模型和长期后报数据,课题组针对丝路沿线多个工程进行了深入的分析和研究。研究结果表明某些工程区域确实存在这种涌浪、次重力波。如受南太平洋涌浪影响,秘鲁近岸海域存在次重力波且部分海港船舶作业受到次重力波的影响。为了研究涌浪对系泊船舶的影响,本课题选取一艘 50 000DWT 散货船进行了详细分析。

(1) 船舶参数

具体的船舶信息见下表 3.7,船舶的水动力网格见图 3.5。

表 3.7　50 000DWT 散货船的参数

参数	数值	单位
船总长	205.00	m
垂线间长	195.00	m
船型宽	32.20	m
型深	16.80	m

续表

参数	数值	单位
吃水	12.10	m
排水体积	61 420	m^3
排水量	62 955.50	t
浮心高	6.33	m
横稳心半径	7.38	m
纵稳心半径	275.66	m

图 3.5 船舶水动力网格

(2) 缆绳与护舷

缆绳材质为 Polypropylene，直径为 72 mm，对应的最小破断力为 588 kN，缆绳的变形与拉力曲线如图 3.6 所示。船舶的系缆布置见图 3.7，护舷选用 SCN1300 F2.0 型号，其受力-变形特性曲线如图 3.8 所示。基于以上条件的系泊模型如图 3.9 所示。

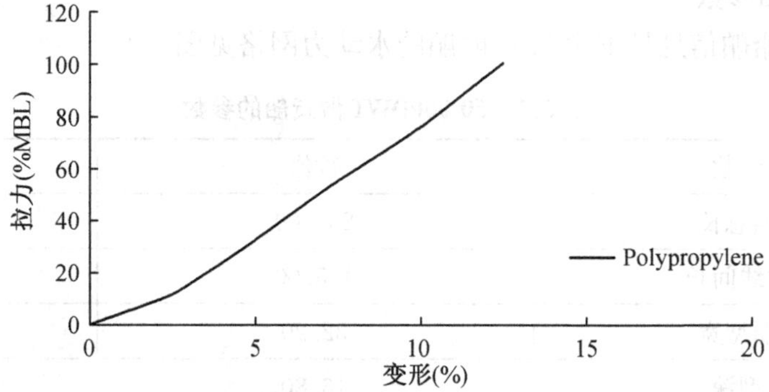

图 3.6 变形-拉力曲线

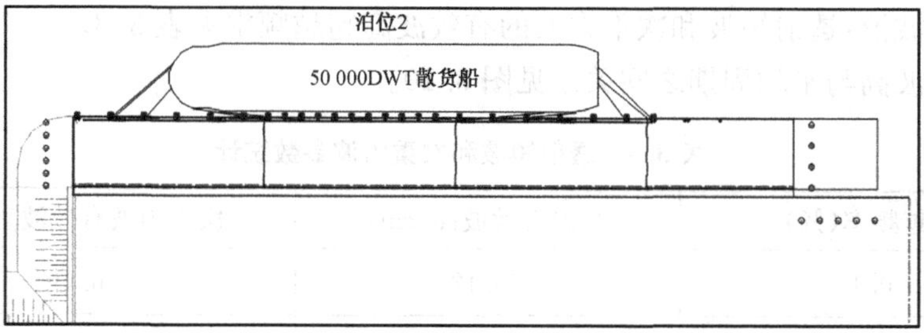

图 3.7　系缆布置图

Super Cone Fenders

INTERMEDIATE DEFLECTIONS

D_i (%)	0	5	10	15	20	25	30	35	40	45	50	55	60	65	70	**72**	75
E_i (%)	0	1	4	8	15	22	31	40	50	59	67	75	82	89	96	**100**	106
R_i (%)	0	19	39	59	75	89	97	100	98	92	90	89	88	89	95	**100**	110

Nominal rated deflection may vary at RPD. Refer to the Performance Tolerances table in the Fender Application Design Manual.

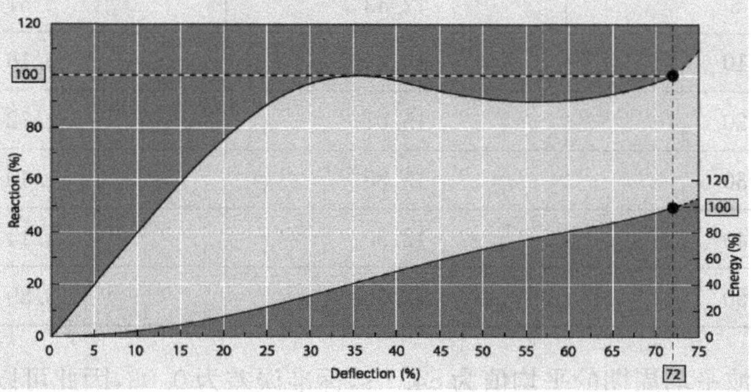

图 3.8　护舷受力-变形特性曲线

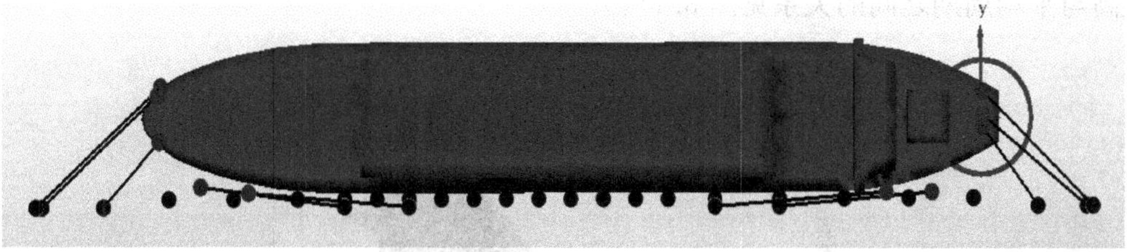

图 3.9　系泊数值模型的建立

(3) 波浪输入

根据波浪数学模型的分析结果，港内不仅存在绕射的波浪，也有长波穿透防波堤后的透射波浪。绕射和透射的波浪中又存在 20 s 以内的波浪(后续称之为短波)，以及更长周期的次重力波。具体的港内波浪分布情况如下：

透射波浪：透射短波和次重力波的有效波高超越频率见表 3.8。

短波波高与平均周期之间关系见图 3.10。

表 3.8 透射短波和次重力波参数统计

超越频率(%)	短波有效波高(cm)	次重力波有效波高(cm)
0.1	20.12	6.79
0.2	19.84	6.60
0.5	19.34	6.33
1	18.91	6.13
2	18.38	5.89
5	17.43	5.51
10	16.44	5.16
20	15.01	4.72
30	13.88	4.40
40	12.90	4.14
50	12.00	3.89

次重力波平均周期的平均值为 64.7 s，标准误差为 0.03，因此可以认为次重力波平均周期基本为常数。

绕射波浪：绕射短波和次重力波的有效波高超越频率见表 3.9。绕射短波波高与平均周期之间的关系见图 3.11。

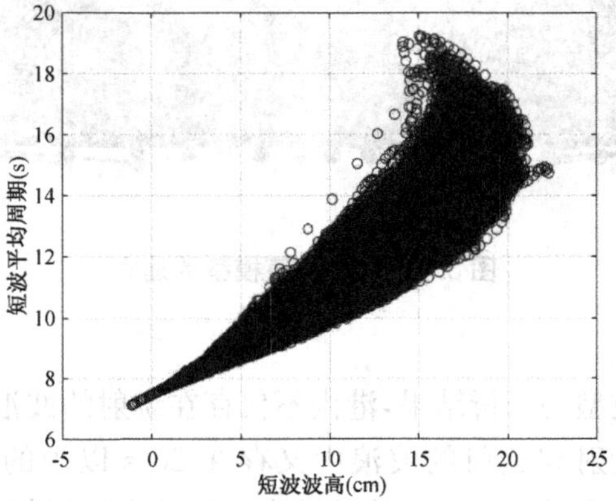

图 3.10 透射短波波高与平均周期关系图

表 3.9 绕射短波和次重力波参数统计

超越频率(%)	短波有效波高(cm)	次重力波有效波高(cm)
0.1	21.99	11.56
0.2	21.03	10.94
0.5	19.47	10.08
1	18.27	9.33
2	16.80	8.49
5	14.40	7.21
10	11.76	5.78
20	9.72	4.73
30	8.70	4.23
40	7.80	3.85
50	6.98	3.54

次重力波平均周期的平均值为 108.31 s,标准误差为 0.06,因此可以认为次重力波平均周期基本为常数,在系泊计算时按平均周期换成谱峰周期计算。输入的短波波谱和次重力波谱如图 3.12 所示。

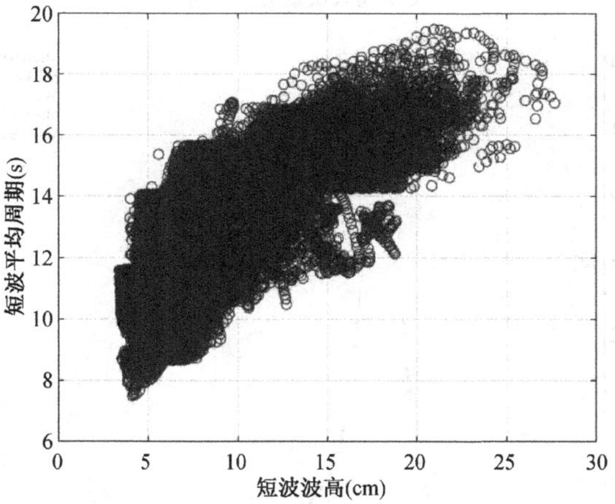

图 3.11 绕射短波波高与平均周期关系图

(4) 计算分析该项研究的整体分析思路如下:建立船舶的水动力网格模型,基于 HydroSTAR 软件进行频域内求解,得到船型的水动力参数,包括船体附加质量、附加阻尼、一阶波浪力、二阶波浪力以及 RAO 响应算子。然后再基于 ARIANE 系泊软件,考虑缆绳、护舷等结构,建立系泊数值计算模型(如图 3.9 所示),

在时域内迭代计算船舶六自由度运动响应、缆绳拉力和护舷撞击力。其中，依据OCIMF提供的风力系数和流力系数计算船舶受到的风荷载和流荷载。其中设计高水位与压载状态组合，设计低水位与满载状态组合，得到运动量、缆绳受力等时历曲线（如图3.13所示），最后按照3 h回归周期得到船舶运动量和缆绳受力最大统计值。

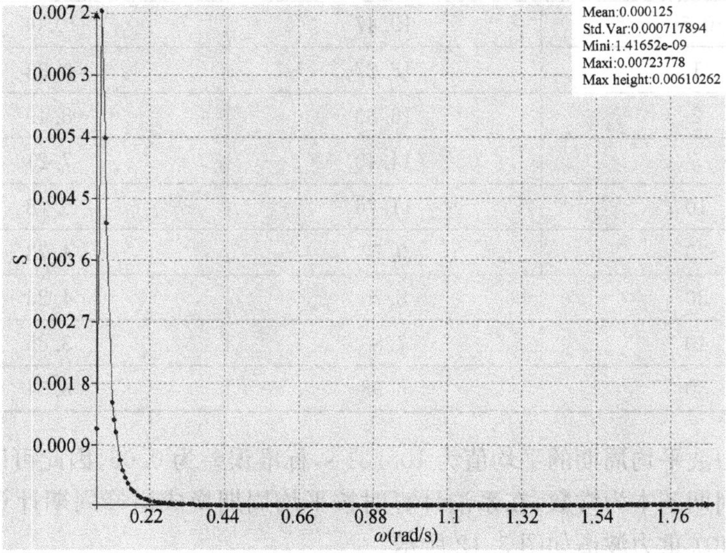

（a）输入次重力波波谱

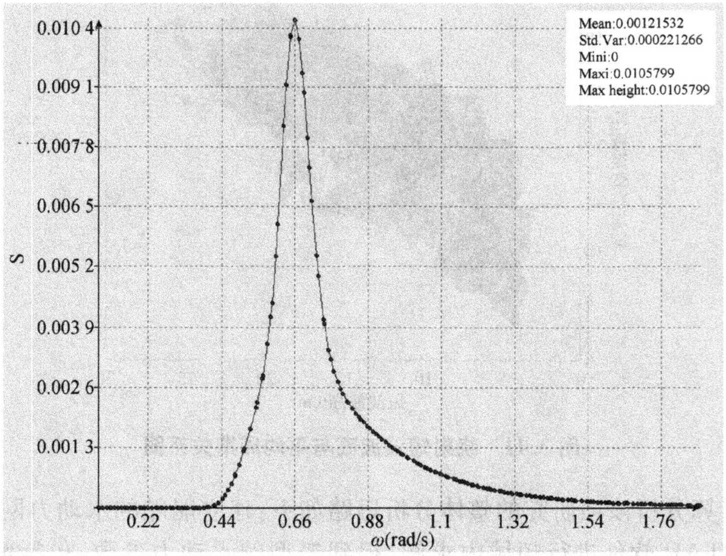

（b）输入短波波谱

图3.12　输入波谱

计算发现，船舶纵荡运动的幅值在很多情况下会超出 2 m 的范围。因此改变次重力波的波浪周期，对系泊船舶的纵荡运动响应进行了敏感性分析，计算结果如图3.14所示。从图中可以看出波浪周期小于 45 s 或大于 120 s 时，船舶的纵荡响应小于 2 m，而处在 45～120 s 时，船舶的纵荡运动较大，且在 70 s 附近出现共振峰值，并在 90 s 附近出现第二个峰值。选取纵荡的时间历程响应（如图3.15所示）进行快速 FFT 变换，得到了纵荡运动的频谱特性（如图 3.16 所示），从图中可以看出，纵荡运动存在明显的低频特性，短波频率对应的能量特别小，船舶纵荡方向发生共振的频率与次重力波的频率相同。

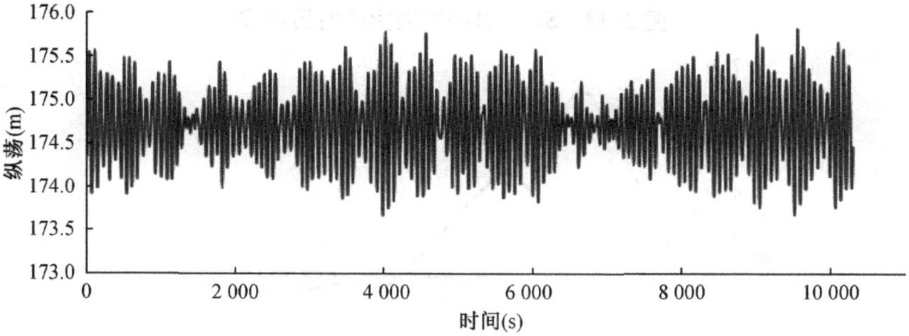

（a）纵荡运动

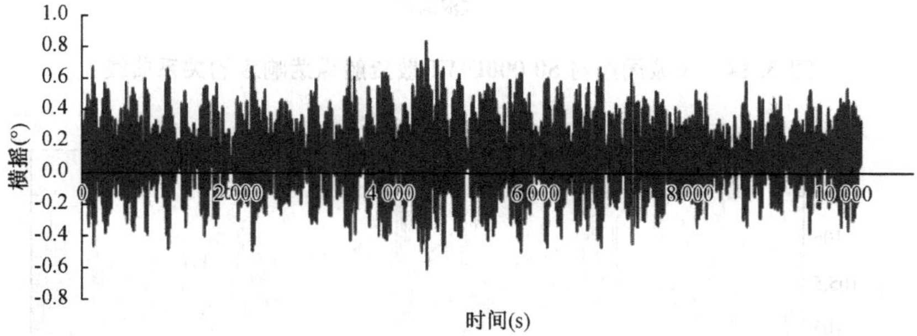

（b）横摇运动

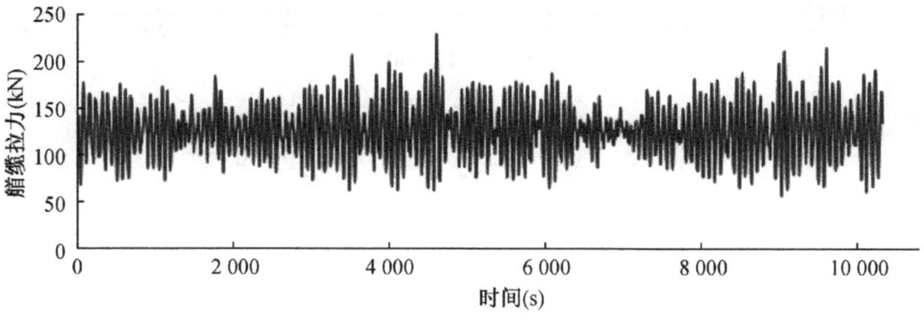

（c）艏缆拉力

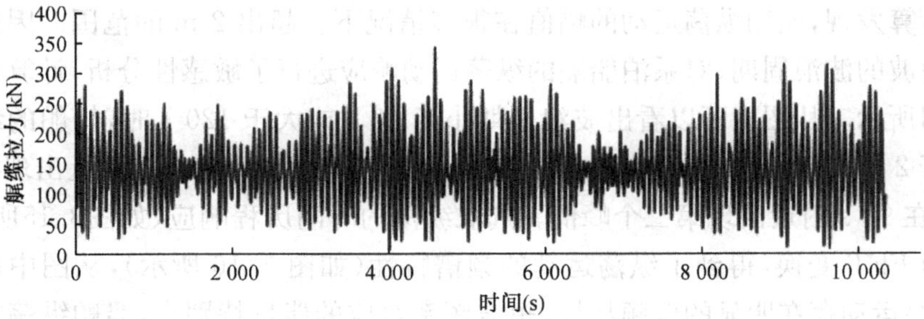

(d) 舰缆拉力

图 3.13　50 000DWT 散货船时历曲线

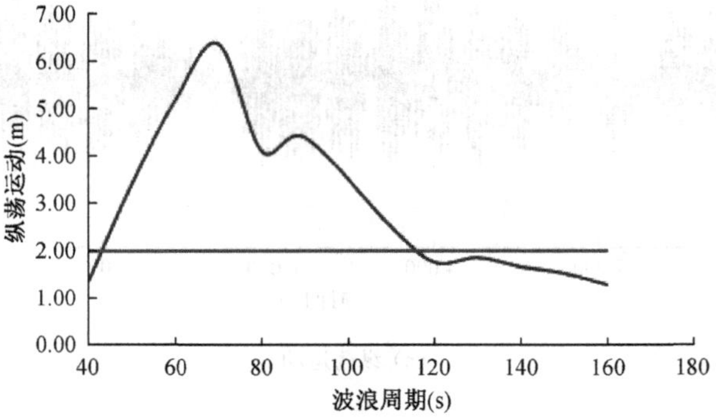

图 3.14　长波周期对 50 000DWT 散货船纵荡响应的关系曲线

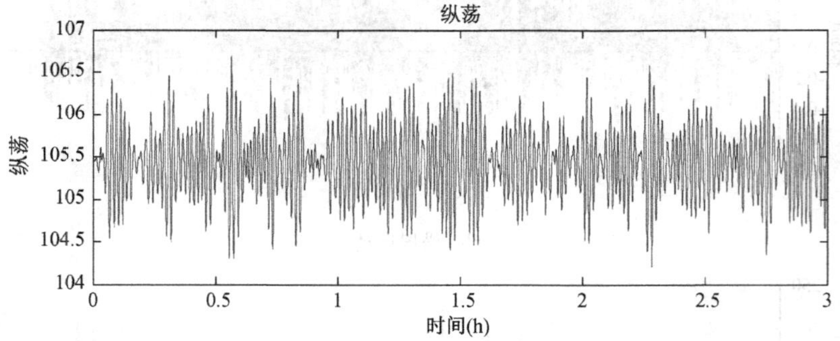

图 3.15　50 000DWT 散货船纵荡时间历程曲线

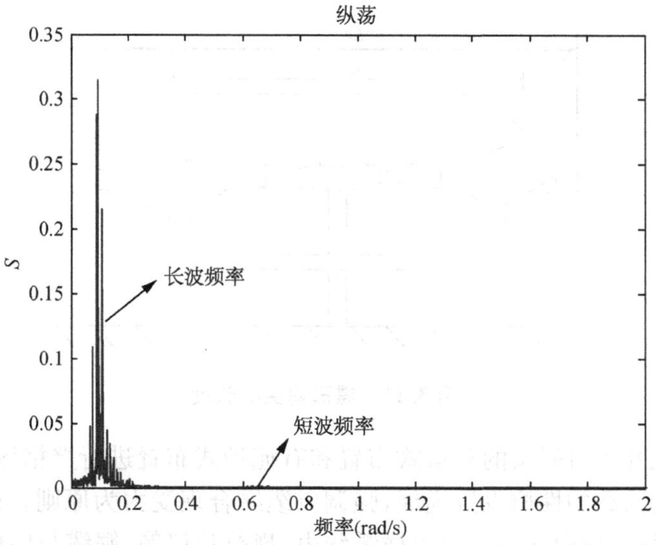

图 3.16　50 000DWT 散货船纵荡响应频谱图

3.3　泊位长度与系缆方式对系泊作业安全的影响

3.3.1　概述

开敞式码头是指位于开敞海域、无天然或人工掩护条件、外海波浪可直接影响结构安全的码头，其布置形式常采用蝶形。在我国，蝶形码头的长度(L_b)是指两端系缆墩外侧之间的长度(图 3.17)。因此其长度的确定也就取决于艏、艉系缆墩的布置。由于泊位长度的改变，直接改变了各系缆墩之间位置关系，从而将影响缆绳布局，故对系缆的作用效果影响较大。对于泊位长度究竟设计为多长才合适，航海界和港工界尚未完全达成共识，国内外相关规范和标准也存在较大出入。

我国《开敞式码头设计与施工技术规程》(JTJ 295—2000)中规定，码头泊位长度应满足船舶安全靠离作业和系缆的要求，其泊位长度可取设计船长(L)的 1.4 至 1.5倍(图 3.17)，并规定艏、艉缆的系缆水平角(指缆绳的水平投影线与船舶纵轴线的夹角)满足 30°～45°，缆绳长度满足 60～100 m；另外，规范特别提出，下列情况可适当缩短艏、艉缆和码头泊位长度：① 船舶以横向运动为主的码头；② 采用加强倒缆和调整系缆系统布置等措施的码头。

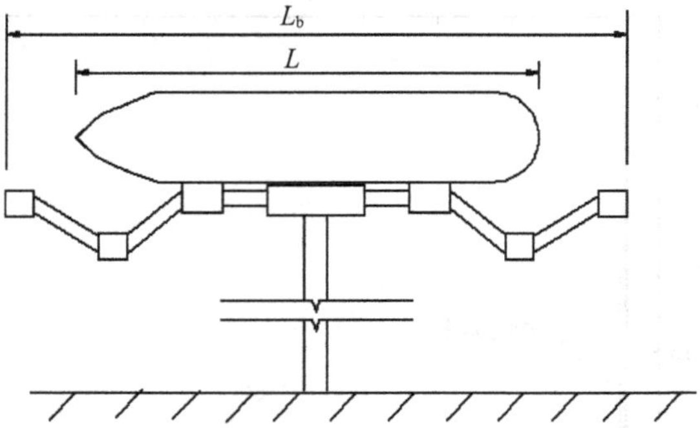

图 3.17　蝶形码头的长度

英国规范并未对码头的开敞式布置和有掩护式布置进行严格区分，但指出应根据船舶所受荷载的性质设置缆绳，强调以缆绳合理受力为原则。由于纵向荷载主要由倒缆承担，横向荷载主要由横缆约束，规范建议艏、艉缆与船舶轴线的最佳水平角度为 75°，最佳缆绳长度在 35～50 m。

OCIMF（石油公司国际海事论坛）颁布的 *Mooring Equipment Guidelines* 给出了与英标类似的系泊布置，且强调系泊模式应与实际荷载环境相适应，即缆绳抵御荷载的最理想状态是与荷载方向一致。从抵御荷载角度，最好是用倒缆抵御纵向荷载，横缆抵御横向荷载。进而建议码头长度与设计船长接近，船舶应在其自身长度范围内进行系泊。

SIGTTO（国际液化气船及码头营运协会）建议蝶式布置的 LNG 码头泊位长度不小于设计船长即可。

应该说明的是，在《开敞式码头设计与施工技术规程》（JTJ 295—2000）的条文说明中也提到英国规范推荐的艏、艉缆最佳系缆角度，并且指出“英国规范对于艏、艉缆，横缆和倒缆的作用与我国和其他一些国家的观点不一致，由于英国的观点在我国没有尝试过”，故规范的相关条款仍沿用我国传统观点编写。

自 2000 年以后的十余年，随着我国港口深水化、泊位离岸化的趋势发展，开敞式泊位日益增多，工程实践经验也日益丰富，对码头长度的研究也不断深入，如：胡昕等[94]对比分析了开敞式码头艏、艉缆水平系缆角分别为 45°（中国规范）和 75°（英国规范）的计算结果，表明 75°的水平系缆角是合理的，并建议在外海开敞式码头平面设计中，不要简单地套用规范中码头长度为船长的 1.4 至 1.5 倍的规定，而应进行细致的系缆力分析计算，找到最合理的系缆角，从而确定系缆布置和码头长度；吴澎等[95]的研究表明：横向荷载作用为主的码头，船舶纵移随泊位长度的增加而减少，但同时横移和回旋则急剧增大，此时减少泊位长度对于控制船舶的综合运动量有效，对于均衡缆绳张力和减少缆绳破断危险概率也是有效的；纵向荷载作用为主的码头，船舶纵移运动量随着泊位长度的增加而减少，但当泊位长度与船舶长度之间比值达到 1.36 以上时(注：该文中的泊位长度指的是艏艉缆系缆点间距)，其纵移运动量随泊位长度的变化不明显。而采用加强倒缆作用，船舶纵移能够大大减少；文章指出在确定开敞式蝶形码头泊位长度和墩位平面布置时，应以减少船舶运动量以及均匀缆绳张力分布为优化目标。根据国内 LNG 专家蔡长泗的相关研究表明：合理布置的蝶形短泊位，其系泊效果好，尤其在不利荷载作用下，能有效控制船舶的横移量，并建议开展调研、结合工程项目进行必要的专项研究，尽快启动相关规范的修订程序。

3.3.1.1 泊位长度应综合考虑的因素分析

(1) 从不同船型的系缆布置来看，不同泊位长度对 17.2 万 m^3 和 26.6 万 m^3 LNG 船系缆力的均衡效果影响最大，8.0 万 m^3 LNG 船影响不大，因此码头泊位长度应主要考虑 17.2 万 m^3 和 26.6 万 m^3 LNG 大型船舶的系泊作业安全和使用要求。

(2) 泊位长度的确定应综合考虑系缆力的分布以及运动量的变化，在保证运动量满足要求的前提下，应以船舶缆力的分析结论确定泊位长度，因为改变泊位长度的初衷是均衡系缆力的分布，以减小系缆力。

(3) 泊位长度的确定应充分考虑工程所在水域实际环境动力条件的影响。本工程主要为斜浪，斜浪作用下，应考虑倒缆缆绳的根数少，其受力在一些工况下还可能大于横缆力和艏艉缆力，因此码头长度不应过分缩短。不同码头长度，对横移和纵移的影响不同。泊位长度的增加，横移有变大的趋势，而纵移有变小趋势，也应综合考虑。

3.3.1.2 三种船型不同码头长度运动量的综合分析

通过对不同环境条件组合试验表明：

(1) 各运动量中，除 17.2 万 m^3 LNG 船“横浪＋横风(30 m/s)＋落潮流”荷载组合作用下，部分系缆方式和泊位长度下的压载对应的横移超出了国际航运协会(PIANC)的运动量推荐值(＞2.0 m)，其他各情况时的运动量均能满足，表明各泊位长度(350～430 m)不会对系泊运动的安全造成危害，运动量大小主要受制于动力条件的组合工况。

(2) 泊位长度的变化对于船、码头组成的系泊系统而言，实质上是系缆角度的改变。随着泊位长度的增加，受缆绳纵向约束的变化，纵移运动量有逐渐变小趋势，而横移运动量却有逐渐增大的趋势。表明泊位长度的变化对于横向、纵向运动是产生不同影响规律的。

(3) 以纵向动力作用为主时，泊位长度不宜缩短，而横向作用为主时，较短泊位克服横向运动的效果较好。虽然船舶可以在自身长度范围内有效系泊，但是在风、浪、流共同作用的(工程以斜向波浪为主)复杂条件下,建议码头不宜过短。

(4) 采用统计不同泊位长度和系缆方式下的运动量最小值出现的频率的辅助统计方法来分析泊位长度和系缆方式的优劣,也反映一致的结论。

(5) 因此,综合横浪/顺浪/斜浪、风、流共同作用的条件下,泊位长度宜取370～390 m,均可较好满足系泊要求,但鉴于本工程防波堤实施后,波浪经过防波堤绕射及航道折射影响后,传至本工程泊位处的浪向将很可能以斜向浪为主,建议泊位长度为 390 m。

3.3.1.3　三种船型不同码头长度的系缆力综合分析

将 17.2 万 m^3 LNG 船、26.6 万 m^3 LNG 船和 8.0 万 m^3 LNG 船在不同环境条件下的试验结果综合如下:

(1) 17.2 万 m^3 LNG 船型

① 横浪、风流条件下,泊位长度宜在 370 m 和 390 m 两种长度间选取,370 m 最优。

② 顺浪、风流条件下,横缆受力不大,不同泊位长度对系缆力的影响不大,顺浪加横风作用时,泊位长度的缩短对于均衡艏艉缆和横缆力才有一定的效果;顺浪、顺风和流共同作用时,泊位长度增加,艏艉缆能分担部分倒缆力。综合分析该条件下,泊位长度也宜在 370 m 和 390 m 两种长度中选取。

③ 斜浪作用下,船舶受斜波作用,其纵、横向均分配波浪力,表现在系缆力上即单根倒缆与单根横缆或艏艉缆的受力基本相当,当加上顺风时,倒缆力还大于横缆力和艏艉缆力,因此在分析斜浪作用下泊位长度的优劣时,倒缆力的大小也是重要因素。综合分析,对于斜浪、风流作用下,泊位长度为 370 m 和 390 m 均可行,390 m 略优。

(2) 26.6 万 m^3 LNG 船型

① 横浪、风流共同作用下,370 m 长度最优。

② 斜浪作用下,考虑在单斜浪、单顺风以及斜浪、顺风、流共同作用下的三种工况中,最大倒缆力多数均大于最大艏艉缆或横缆力,因此泊位长度宜增加,使得艏艉缆能分担部分倒缆力,综合考虑,26.6 万 m^3 LNG 船的泊位长度宜在 390 m 和 410 m 之间选取。

(3) 8.0 万 m^3 LNG 船型

斜浪作用下,泊位长度缩短,艏艉缆力有增大的趋势,横缆力有减小的趋势。由于 8 万 m^3 LNG 船艏艉缆系在 2# MD 和 5# MD 系缆墩上,不同泊位长度的变化不大,因此趋势不十分明显。泊位长度的确定应以 17.2 万 m^3 和 26.6 万 m^3 LNG 船为主。

3.3.1.4　370 m 和 390 m 泊位长度与船长之比分析

在 370m 和 390m 泊位长度下,停靠 8 万 m^3～26.6 万 m^3 LNG 船型时,根据艏艉缆的系缆墩位置不同,计算了各种船型艏艉缆系缆墩中心距与船长之比,见表

3.10。由于推荐主力船型 17.2 万 m^3 LNG 船的系缆方式采用 432，即艏、艉缆系在 2# 和 5# 系缆墩位置，考虑到本工程实际浪向为斜浪，建议泊位长度采用 390 m。

表 3.10　370 m 和 390 m 泊位长度，各种船型艏艉缆系缆墩中心距与船长之比

码头总长度	船型	船长(m)	艏艉系缆墩位置	艏艉系缆墩间距(m)	艏艉系缆墩间距/船长
370 m	26.6 万 m^3	Q-max 345	1#、6#	370	1.07
	17.2 万 m^3	290	2#、5#	300	1.03
	8 万 m^3	239	2#、5#	300	1.25
390 m	26.6 万 m^3	Q-max 345	1#、6#	390	1.13
	17.2 万 m^3	290	2#、5#	305	1.05
	8 万 m^3	239	2#、5#	305	1.28

3.3.2　国内外工程实践分析

表 3.11 统计了部分国内外已建成的 LNG 和原油码头长度及停靠船型情况，其中国内外对“码头长度”的计量方法不同，国内通常指是指两端系缆墩外侧之间的距离，而国外则为两端系缆点之间的距离(括号内的长度)，表中的码头长度均已按中国习惯进行了换算，码头长度/船长即两端系缆墩外侧间的距离与船长之比。从表 3.11 可以看出：

国外早期 LNG 码头长度与船长之比基本都在 1.0～1.2(除英国一个码头略大于 1.21 外)；国内 2012 年以前建成的 LNG 码头和其他开敞式码头的长度普遍大于 1.2，2012 年以后建成的 LNG 泊位则在 1.0～1.2。

从码头使用效果来看，惠州港和大连港 30 万 t 级原油码头反馈泊位长度过大，纵横向约束不理想，其中大连港 30 万 t 级原油码头有断缆现象情况。

综上所述，我国港工界已认识到缩短码头长度对于船舶系泊条件有利，从规范的趋势制、修订的变化，也能反映出这一趋势。如 2013 版的《海港总体设计规范》规定单个蝶形布置泊位长度 L_b 可取 1.1 至 1.3 倍设计船长，这比 2000 版的《开敞式码头设计与施工技术规程》[92] 中规定的泊位长度可取设计船长的 1.4 至 1.5 倍明显缩短；而在 2016 版的《液化天然气码头设计规范》中对码头长度的确定更为缩短，其规定：在可行性研究阶段，码头长度可按 1.0 至 1.2 倍设计船长估算，分析主要原因是 LNG 船吃水比油船和散货船明显减小，而水线以上受风面积则明显增大，由于系泊船舶受横向风力的概率远大于横向水流力(码头轴线一般与水流流向成尽可能小的角度布置)，故 LNG 船受横向荷载的概率也明显要大，因此 LNG 船的码头长度短于油船和散货船的码头长度，有利于对横向荷载的约束。

表 3.11　国内外码头长度与船长的对比情况

序号	泊位类型	泊位所在地	设计船长(m)	码头长度(m)	码头长度/船长	备注
1	LNG码头	美国 Sabine Pass	345	(377)387	1.13	2008 年建成
2		美国 Freeport	345	(350.5)360.5	1.05	2008 年建成
3		葡萄牙悉尼斯港	300	(310)320	1.07	2003 年建成
4		卡塔尔拉斯拉凡 4#	345	(375)385	1.12	2007 年建成
5		英国 Shouth Hook	345	(395.6)405.6	1.18	2008 年建成
6		英国 Shouth Hook	345	(406.6)416.6	1.21	2008 年建成
7		广东大鹏	315	420	1.33	2005 年建成
8		福建秀屿	315	400	1.27	2008 年建成
9		辽宁大连	345	446	1.29	2010 年建成
10		江苏如东	345	443	1.28	2011 年建成
11		浙江宁波	345	440	1.28	2012 年建成
12		河北唐山	345	410	1.19	2013 年建成
13		珠海金湾	345	390	1.13	2013 年建成
14		海南洋浦	345	390	1.13	2014 年建成
15		山东董家口	345	(370)386	1.12	2014 年建成
16		深圳迭福	345	398	1.15	2016 年建成
17	原油码头	青岛董家口 30 万 t 原油码头	380	450	1.18	已建成
18		深圳港下洞港区光汇 15 万 t 级油码头	275	385	1.40	已建成
19		惠州 30 万 t 级原油码头	334	490	1.47	已建成
20		大连港 30 万 t 级原油码头	340	510	1.50	已建成
21	矿石码头	大连港 20 万 t 级矿石码头	332	450	1.36	2004 年建成

注：表中码头长度一栏中括号内的长度为两端系缆点之间的距离，括号外的长度则换算为两端系缆墩外侧之间的距离。

3.4 船舶进港后的码头靠泊过程中最大撞击荷载计算方法

随着国际间的贸易来往日益频繁，船舶水路运输的作用也日益突显，码头规模随着船舶大型化的发展也越来越大，大型开敞式码头建设日益增多，随之而来的是大型船舶的进港后靠泊问题。一般大型船舶靠泊时，借助拖轮辅助，是以一定的靠泊角度和靠泊速度接近码头，并最终靠在护舷上，进而再进一步调整船身位置和姿态后系缆并最终完成靠泊作业，现实中的靠泊过程大致如图 3.18 所示。船舶靠泊过程是引航员、船长驾驶员、舵工水手、码头水手、拖轮船员协调配合的过程，引航员要能及时预判船的运动状态将会如何变化。

图 3.18 依托工程 LNG 船舶的靠泊过程

无论是船舶靠岸对码头的撞击力，还是系泊后在波浪作用下对码头的撞击力，对于港口码头设计和安全运营来说都是相当重要的荷载。我国现行《港口工程荷载规范》(JTS 144—1—2010)中给出了有关船舶撞击力的计算公式，但是在应用过程中发现仍存有一定问题，本节主要针对船舶靠泊撞击力/撞击能量问题开展相关研究和探讨，提出对规范公式的修正建议及相应的船舶撞击力/撞击能量的计算公式。

3.4.1 水运港口行业计算方法综述

水运港口行业计算船舶靠泊撞击力的方法，基本上是先求得护舷所吸收的有效动能之后，再根据橡胶缓冲设备的性能曲线或其他计算简化公式推求反力，即撞击力。

3.4.1.1 我国《港口工程荷载规范》(JTS 144—1—2010)公式

我国《港口工程荷载规范》(JTS 144—1—2010)(以下简称"2010 荷载规范")第 10.4 节给出了"撞击力"的计算公式。按原文摘录如下：

10.4.1 船舶靠岸时的撞击力标准值应根据船舶有效撞击能量、橡胶护舷性能曲线和靠船结构的刚度确定。

10.4.2 船舶靠岸时有效撞击能量可按下式计算：

$$E_0 = \frac{\rho}{2} m V_n^2 \tag{10.4.2}$$

式中：E_0 为船舶靠岸时的有效撞击能量，kJ；ρ 为有效动能系数，取 0.7～0.8；m 为船舶质量，t，按设计船型满载排水量计算，缺乏资料时可按附录 H 选用；V_n 为船舶靠岸法向速度，m/s。

10.4.3 船舶靠岸时的有效撞击能量应由防冲设备变形吸收的能量和码头建筑物变形吸收的能量组成；对于非柔性靠船结构，当防冲设备变形吸收的能量大于等于 10 倍的码头建筑物变形吸收的能量时，码头建筑物变形吸收的能量可不考虑。

10.4.4 船舶法向靠岸速度应根据风、浪和水流条件，靠泊的船舶及拖船情况综合确定，当靠泊条件较好且有实际靠泊经验时，海船法向靠岸速度可按表 10.4.4-1选用，河船法向靠岸速度可按表 10.4.4-2 选用。

表 10.4.4-1 海船法向靠岸速度

船舶满载排水量 $W(t)$	法向靠岸速度 V_n (m/s)	
	有掩护	无掩护
$W \leqslant 1\,000$	0.20～0.25	0.25～0.45
$1\,000 < W \leqslant 5\,000$	0.15～0.20	0.20～0.40

续表

船舶满载排水量 W(t)	法向靠岸速度 V_n (m/s)	
	有掩护	无掩护
5 000<W≤10 000	0.12～0.17	0.17～0.35
10 000<W≤30 000	0.10～0.15	0.15～0.30
30 000<W≤50 000	0.10～0.12	0.12～0.25
50 000<W≤100 000	0.08～0.10	0.10～0.20
W>100 000	0.06～0.08	0.08～0.15

表 10.4.4-2 河船法向靠岸速度

船舶满载排水量 W(t)	法向靠岸速度 V_n (m/s)
W≤1 000	0.30～0.40
1 000<W≤2 000	0.25～0.35
2 000<W≤3 000	0.20～0.30

…… ……

10.4.6 船舶撞击力沿码头长度方向的分力标准值可按下式计算：

$$H = F_x \mu \tag{10.4.6}$$

式中：H 为船舶撞击力沿码头长度方向的分力标准值，kN；F_x 为船舶撞击力法向分力标准值，kN；μ 为船舶与橡胶护舷之间的摩擦系数，取 0.3～0.4；当橡胶护舷设防冲板时可取 0.2。

上述计算公式和参数从我国 1987 年编制的《港口工程技术规范》(以下简称“1987 规范”)起，一直沿用至“2010 荷载规范”。

3.4.1.2 日本国际临海开发研究中心(OCDI)的计算方法

(1) 船舶靠泊时的撞击能量按下式计算

$$E_f = \frac{1}{2} M_S V_b^2 C_M C_E C_S C_C \tag{3-1}$$

式中：E_f 为船舶撞击能量，kN·m；M_s 为船舶质量，t，按设计船型满载排水量计算；V_b 为船舶靠岸速度，m/s；C_M 为附加质量系数(virtual mass factor)；C_E 为偏心系数(eccentricity factor)；C_S 为柔性系数(flexibility factor)；C_C 为码头外形系数；(berth configuration factor)。

(2) 船舶质量

船舶满载排水量与载重吨/总吨的回归关系，如表 3.12 所示。

表 3.12　满载排水量与载重吨/总吨的回归关系

船型	关系式
普通货船(General cargo ships)	DT=1.174DWT
集装箱船(Container ships)	DT=1.385DWT
油船(Tankers)	DT=1.235DWT
滚装船[Roll-on roll-off (RORO) ships]	DT=1.022GT
专用汽车运输船[Pure car carriers (PCC)]	DT=0.751GT
液化石油气船(LPG carriers)	DT=1.400GT
液化天然气船(LNG carriers)	DT=1.118GT
客船(Passenger ships)	DT=0.573GT
短途渡轮(Navigation distance of less than 300 km)	DT=1.279GT
长途渡轮(Navigation distance of 300 km or more)	DT=1.240GT

注:DT—船舶满载排水量;DWT—船舶载重吨;GT—船舶总吨。

(3) 靠泊速度

其文献中论述了有关研究成果,主要如下:

①影响船舶靠泊速度的因素较多,包括:船型、装载度、系、靠船设施、气象和水文条件、使用拖轮的方式和拖轮的大小等,因此船舶靠泊速度最好依据以前类似的实测数据来确定。一般大型船舶(如大型油轮等)靠泊时,均有拖轮辅助靠泊,此时靠泊速度一般为 10~15 cm/s。对于特殊船型,如渡轮、滚装船和小型船舶,靠泊时无拖轮协助,确定其靠泊速度时,要考虑它们所采用的靠泊方法。

②无掩护条件下的靠泊速度通常大于掩护情况。

③对于普通货船,靠泊速度一般小于 10 cm/s,在离岸泊位则大于 10 cm/s,有些情况大于 15 cm/s。船舶装载度对靠泊速度也产生影响,满载时,富余水深小,靠泊速度小,压载时,富余水深大,靠泊速度则大。

④根据 Moriya 等的调查研究,不同载重吨船舶的靠泊速度见表 3.13 和图 3.19,在其调查中,10 000 DWT 以下船舶的靠泊速度最大为 15 cm /s,10 000 DWT 以上的最大靠泊速度为 10 cm/s。

表 3.13　不同载重吨船舶的靠泊速度

船舶吨级(DWT)	靠泊速度(cm/s)			
	普通货船	集装箱船	专用汽车运输船	所有船舶
1 000 吨级	8.1	—	—	8.1
5 000 吨级	6.7	7.8	—	7.2

续表

船舶吨级(DWT)	靠泊速度(cm/s)			
	普通货船	集装箱船	专用汽车运输船	所有船舶
10 000 吨级	5.0	7.2	4.6	5.3
15 000 吨级	4.5	4.9	4.7	4.6
30 000 吨级	3.9	4.1	4.4	4.1
50 000 吨级	3.5	3.4	—	3.4
所有船舶	5.2	5.0	4.6	5.0

⑤有关文献中[43]所观测到离岸泊位的靠泊速度达到 15～20 cm/s。

⑥小型货船靠泊速度一般较大，在一些情况下大于 30 cm/s，应引起注意。

⑦在确定船舶的靠泊速度时，还应考虑水流的影响。

⑧关于靠泊速度的上述研究成果应谨慎使用。

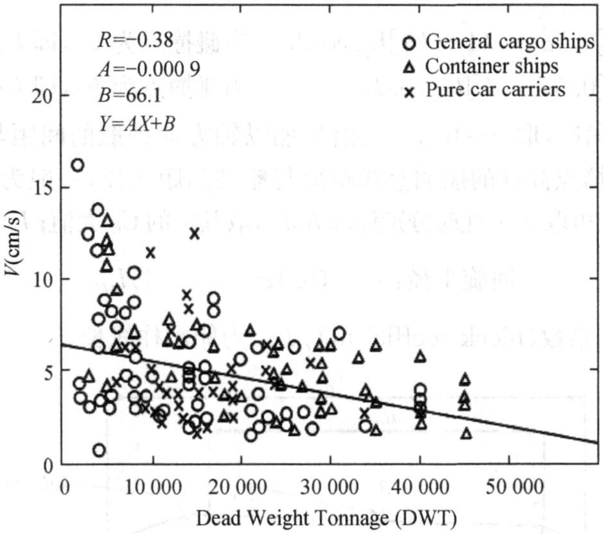

图 3.19　载重吨和靠泊速度的关系图

（4）附加质量系数

$$C_M = 1 + \frac{\pi}{2C_b}\frac{d}{B} \tag{3-2}$$

$$C_b = \frac{\nabla}{L_{pp}Bd} \tag{3-3}$$

式中：C_M 为附加质量系数；C_b 为方形系数(block coefficient)；∇为船舶排水体积，m^3；L_{pp} 为船舶两柱线长，m；B 为型宽，m；d 为满载吃水，m。

附加质量系数还可表示为：

$$C_M = \frac{M_S + M_w}{M_S} \tag{3-4}$$

式中：M_S 为船舶质量，t；M_w 为附加质量，t。

（5）偏心系数

主要考虑船舶靠泊时偏心产生艏摇和横摇（yawing and rolling）而造成的能量消耗，其中横摇（rolling）的能量消耗可不计，以下参数见图 3.20。

$$C_E = \frac{1}{1 + (\frac{l}{r})^2} \tag{3-5}$$

式中：l 为沿码头前沿线方向，碰撞点到船舶重心的距离，m；r 为绕垂直轴的回旋半径，m。

其中：

$$l = \begin{cases} [0.5a + e(1-k)]L_{pp}\cos\theta, & \text{当碰撞点为 } F_1\text{，即 } k > 0.5 \\ [0.5a - ek]L_{pp}\cos\theta, & \text{当碰撞点为 } F_2\text{，即 } k < 0.5 \end{cases}$$

式中：θ 为靠泊角度，取 0～10°；e 为沿船舶纵轴方向护舷的间距与船舶柱间距之比；a 为船舶碰撞点高度的船舶直线距离与船柱间距之比，一般为 1/3～1/2；k 为参数(0～1)，一般可取 0.5，此时分别计算 l_1，l_2，取其中的 C_E 大值；L_{pp} 为船舶柱线长。

$$\text{回旋半径：} r = (0.19C_b + 0.11)L_{pp}$$

式中：C_b 为方形系数(block coefficient)；L_{pp} 为船舶柱线长。

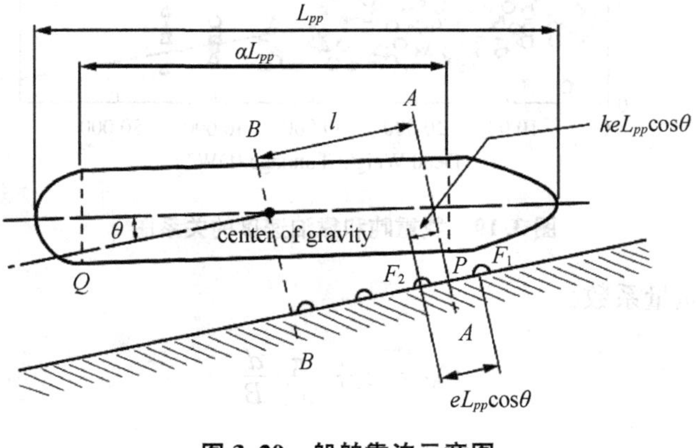

图 3.20　船舶靠泊示意图

（6）弹性系数 C_S

指船舶碰撞时船体变形所吸收的能量比率，可取 1.0，即不考虑船体变形。

(7) 码头外形系数 C_c (berth configuration factor)

主要用于衡量船体与码头结构之间的水体变形所吸收的能量，与靠泊速度、角度、船体外形、船底富余水深等有关，对此相关的研究较少，一般取 $C_c=1.0$。

3.4.1.3 英国标准《海工建筑物总则》(BS 6349—1—1991)计算方法

(1) 靠泊船舶的有效动能可根据下式计算：

$$E=\frac{1}{2}C_M M_D V_B^2 \tag{3-6}$$

式中：E 为有效动能，kN·m；M_D 为船舶排水量，t；V_B 为撞击时垂直于码头正面的船舶速度，m/s；C_M 为水动力质量系数。

(2) 船舶的靠泊速度见表 3.14。

表 3.14 横向靠船速度的建议值

排水量(t)	横向速度(m/s)
2 000 t 以下	0.30
2 000～10 000 t	0.18
10 000～125 000 t	0.16
大于 12 5000 t	0.14

(3)确定护舷吸收总能量 E 时，上述值需予修正，且应加上系数 C_E 、C_S 和 C_C ，公式如下：

$$E=0.5C_M M_D V_B^2 C_E C_S C_C \tag{3-7}$$

式中：C_M 为水动力质量系数；M_D 为船舶排水量，t；V_B 为撞击时垂直于码头正面的船舶速度，m/s；C_E 为偏心系数；C_S 为柔性系数；C_C 为泊位形状系数。

(4) 水动力质量系数

研究表明：水动力质量系数的数值可能变化于 1.3～3.6。在没有更可靠资料的情况下，建议采用 1.3～1.8 的数值作为有效动能公式中的 C_M 值，具体计算公式如下：

$$C_M=1+\frac{2D}{B} \tag{3-8}$$

式中：D 为船舶吃水，m；B 为船宽，m。

(5) 偏心系数

当碰撞点并非正对着船舶质量中心时，偏心系数 C_E 考虑了传递至护舷的能量的减少，可按下式计算：

$$C_E=\frac{K^2+R^2 Cos^2\gamma}{K^2+R^2} \tag{3-9}$$

式中：K 为船舶回转半径，m，[通常在 0.2 至 0.25 倍船长，也可由式 $K=(0.19C_b+0.11)L$ 计算]，L 为船舶长度，m；C_b 为方形系数，可参考表 3.15 取值；R 为从质量中心至接触点的距离，m；γ 为接触点和质量中心的连线与船舶速度矢量的夹角（见图 3.21）。

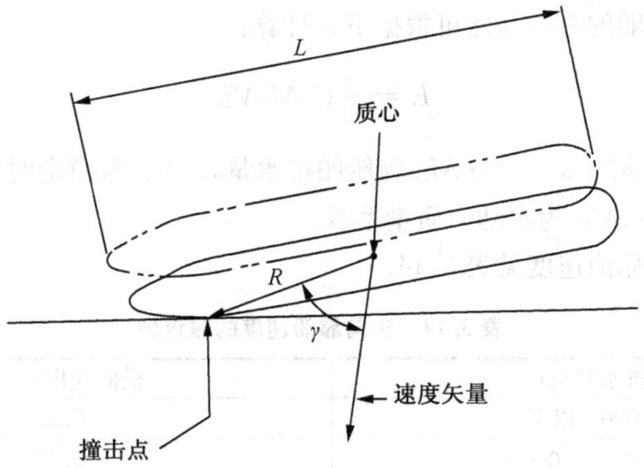

图 3.21　船舶靠泊示意图（英标）

表 3.15　方形系数（英标）

船型	方形系数
油船/散货船	0.72～0.85
集装箱船	0.65～0.70
LNG 船	0.69～0.78
LPG 船	0.52～0.66
滚装船	0.70～0.80
客船	0.65～0.70
杂货船	0.60～0.75
渡船	0.50～0.65

（6）柔性系数

柔性系数考虑船体吸收部分碰撞能量。对船体吸收能量的研究较少，C_s 的取值为 0.9～1.0 一般可以接受。由于缺乏更可靠的资料，如为柔性护舷，建议将 C_s 之值取为 1.0；如为硬性护舷，则在 0.9～1.0。硬性护舷是指该设备在受船舶碰撞时的变位小于 0.15 m。在受同样的碰撞情况下，柔性护舷的变位将大于 0.15 m。

（7）泊位形状系数

泊位形状系数考虑船舶的部分能量由船体与岸壁之间的水垫的缓冲作用所吸收。C_C 的数值受码头结构的类型、从船侧起算的距离、靠泊角度、船体的形状及其龙骨下富余深度等的影响，对于透空式高桩码头，取 $C_C=1.0$；而实体岸壁的 C_C 值，建议采用 0.8～1.0。

3.4.1.4 国际航运协会(PIANC)公式

(1) 船舶靠岸时的有效撞击能量可根据下式计算：

$$E = 0.5 M_D V_B^2 C_M C_E C_S C_C \tag{3-10}$$

式中：M_D 为船舶排水量，t；V_B 为船舶靠岸法向速度，m/s；C_M 为船舶附加质量系数；C_E 为偏心系数；C_S 为柔性系数；C_C 为泊位形状系数。

(2) 靠泊速度

PIANC 建议了两种速度取值方法。第 1 种方法为 Brolsma 等(1977)推荐的取值曲线(图 3.22)。该曲线对应了 5 种靠泊条件：①有掩护，很好的靠泊条件；②有掩护，困难的靠泊条件；③无掩护，容易的靠泊条件；④无掩护，很好的靠泊条件；⑤无掩护，困难的靠泊条件。PIANC 认为该方法中④和⑤条件下速度取值过大，在计算时应谨慎采用。为此，PIANC 同时引用了 Spanish Rom Standard 里面的 50%保证率靠泊速度建议值，见表 3.16。

表 3.16 Spanish Rom Standard 靠泊速度建议值(m/s)

满载排水量 W(t)	有利靠泊条件	中等靠泊条件	不利靠泊条件
$W\leqslant$10 000	0.20～0.16	0.45～0.30	0.60～0.40
10 000<$W\leqslant$50 000	0.12～0.08	0.30～0.15	0.45～0.22
50 000<$W\leqslant$100 000	0.08	0.15	0.20
W>100 000	0.08	0.15	0.20

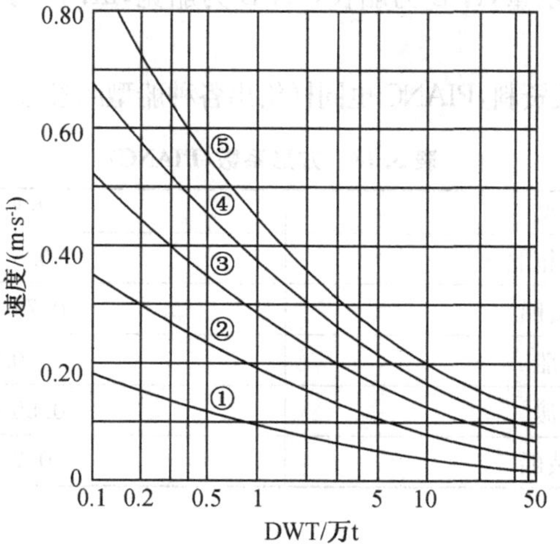

图 3.22 靠泊速度(PIANC)

(3) 附加质量系数

关于附加质量系数的计算，PIANC 中列举了 3 种方法，汇总如表 3.17 所示。

表 3.17　附加质量系数的计算方法(PIANC)

规范	C_M 计算方法	备注
PIANC	Vasco cosla(1964) $C_M = 1 + \frac{2d}{B}$	计算结果为 1.3～1.8
	Shigera Ueda(1981) $C_M = 1 + \frac{\pi}{2C_b}\frac{d}{B}$	当 $C_b = 0.785$ 时，与 Vasco cosla 公式完全一致
	建议取值 $K_c/D \leqslant 0.1, C_M = 1.8$ $K_c/D \geqslant 0.5, C_M = 1.5$ $0.1 < K_c/D < 0.5$，插值取值	取值 1.5～1.8

(4)偏心系数

$$C_E = \frac{K^2 + R^2 Cos^2\gamma}{K^2 + R^2} \tag{3-11}$$

式中：K 为船舶回转半径，m，(通常在 0.2 至 0.25 倍船长)；R 为从质量中心至接触点的距离，m；γ 为接触点和质量中心的连线与船舶速度矢量的夹角。

回旋半径：$K = (0.19C_b + 0.11)L_{pp}$

方形系数：

$$C_b = \frac{M_D}{LBD\rho_s} \tag{3-12}$$

式中：M_D 为船舶排水量，t；L 为船长，m；B 为船宽，m；D 为吃水，m；ρ_s 为海水密度，取 1.025 t/m³。

若没有船型相关资料，PIANC 也同样给出各种船型的参考方形系数(表 3.18)。

表 3.18　方形系数(PIANC)

船型	方形系数
集装箱船	0.6～0.8
散货船	0.72～0.85
油船	0.85
轮渡	0.55～0.65
滚装船	0.7～0.8

(5) 柔性系数

柔性系数考虑了船体吸收部分碰撞能量，PIANC 建议采用以下数值：对柔性护舷及小船，C_S 取值通常为 1.0；对硬性护舷，C_S 则为 0.9～1.0。

（6）泊位形状系数

泊位形状系数考虑了船舶的部分能量由船体与岸壁之间的水垫的缓冲作用所吸收。该数值受以下因素影响：码头结构的类型、龙骨下富余深度、靠泊速度及角度、护舷类型以及船型。通常对于透空式高桩码头船舶速度慢或者富余水深大的情形，船体及护舷间的水体更容易消散，难以形成水垫效应，因此 PIANC 对形状系数的建议取值为：透空式高桩码头，$C_C=1.0$；实体岸壁码头，$C_C=0.8$～1.0。

3.4.1.5 美国《船舶靠泊、系泊及维修设施设计》计算方法

（1）护舷系统吸收的能量 E 可按下式计算

$$E=0.5M_D V_B^2 C_M C_E C_S C_C \tag{3-13}$$

式中：M_D 为船舶排水量，t；V_B 为船舶垂直于码头的速度分量，m/s；C_M 为水动力质量系数，考虑附加水体质量，常介于 1.3～1.8，但在某些条件下其值可能大得多；C_E 为偏心系数，考虑船舶的旋转，取决于接近角与码头的接触点，常介于 0.5～0.8，一般取 0.5；C_S 为柔性系数，考虑船体和护舷系统的相对硬度，常介于 0.9～1.0；C_C 为形状系数，考虑码头类型和几何结构，常介于 0.8～1.0。

（2）靠泊速度

设计靠泊法向速度通常取 0.09～0.31 m/s。对于大型船舶，V_B 一般取介于 0.09～0.15m/s 的平均值；对于以高频靠泊为特点的渡船和滚装船作业的实际速度通常比这些值大得多。

（3）水动力质量系数

$$C_M=1+\frac{2D}{B} \tag{3-14}$$

式中：D 为船舶吃水，m；B 为船宽，m。

（4）偏心系数

$$C_E=\frac{K^2}{K^2+R^2} \tag{3-15}$$

式中：K 为船舶回转半径，m（通常在 0.2 至 0.29 倍船长）；R 为船舶重心到碰撞点在船舶中心线上的投影距离，一般为 1/4 船长，m。

（5）柔性系数

通常假定船体吸收撞击能量的 5%～10%，也就是说柔性系数 C_S 取值范围为 0.9～0.95；在某些情况下，C_S 取值范围为 0.5～1.0，如对于坚硬的护舷和弹性船舶采用较低的值 0.5，而对于非常柔软的护舷和坚硬的船舶时采用较大值 1.0；一

般来说，采用柔软护舷的情况建议取 $C_S=1.0$，采用坚硬护舷的情况建议取 $C_S=0.9\sim1.0$。

(6) 形状系数

对于封闭式(固体)码头，$C_C=0.8$，对于长度大于船长的封闭式结构建议 $C_C=0.6$；半固体式码头，$C_C=0.9$；开敞式码头，$C_C=1.0$。

3.4.2 其他计算方法

上述水运行业中，通常采用撞击能量的计算，来设计防撞设施。在公路、铁路和桥梁行业中，多采用撞击力的计算来衡量船桥碰撞。

3.4.2.1 Woisin 公式(沃辛公式，德国)

Woisin 教授对 24 个 40 000 t 以上的散装货船的与刚性墙壁的撞击进行了缩小比例的模型试验，碰撞速度约为 8 m/s，总结出散装货船对刚性桥墩的关于时间平均的有效撞击力的经验公式[12]

$$P_i=0.88\sqrt{DWT}(1\pm50\%) \tag{3-16}$$

式中：P_i 为平均冲撞力，MN；DWT 为船舶载重量，t。

碰撞过程中的平均撞击力和最大撞击力的关系大约满足以下关系：

$$P_{\max}=2P_i \tag{3-17}$$

沃辛公式的一个明显的缺陷就是没有速度，而船舶撞击桥梁的撞击力很明显是与撞击速度有直接的关系，沃辛公式里则没有表现出这一点，后来经过 Saul 和 Svensson 等的修正，为：

$$P_{\max}=0.88\sqrt{DWT}\left(\frac{V}{8}\right)^{\frac{2}{3}} \tag{3-18}$$

式中：$P_{\max}$ 为船舶对桥墩的最大撞击力，kN；DWT 船舶载重量，t；V 为撞击速度，m/s。

3.4.2.2 《船舶碰撞桥梁专册》(IABSE)

1993 年国际桥梁和结构工程师协会(IABSE)出版的《船舶碰撞桥梁专册》[13]中的船撞力计算公式，在沃辛公式的基础上作了修正，修正的沃辛公式为：

$$P=0.024\times(VD)^{\frac{2}{3}} \tag{3-19}$$

式中：P 为船舶对桥墩的撞击力，kN；V 为船舶撞击速度，m/s；D 为船舶排水量，t。

顺桥向船撞击力取横桥向船撞力的 50%。

3.4.2.3 美国公路桥梁设计规范(AASHTO —1994)

船舶等效正面静止撞击力按下式计算：

$$P_B = 1.2 \times 10^5 \times V \times \sqrt{DWT} \tag{3-20}$$

式中：P_B 为船舶的等效正面静止撞击力，kN；DWT 为船舶载重量，t；V 为船舶的撞击速度，m/s。

3.4.2.4 《公路桥涵设计通用规范》(JTG D60—2015)

规范规定船舶撞击力作用设计值宜按专题研究确定。当缺乏实际调查资料时，海轮撞击作用的设计值可按表 3.19 取值。

表 3.19 海轮撞击作用设计值

船舶吨级 DWT (t)	3 000	5 000	7 500	10 000	20 000	30 000	40 000	50 000
横桥向撞击作用 (kN)	19 600	25 400	31 000	35 800	50 700	62 100	71 700	80 200
顺桥向撞击作用 (kN)	9 800	12 700	15 500	17 900	25 350	31 050	35 850	40 100

漂流物横桥向船撞击力标准值可按下式计算。

$$F = \frac{WV}{gt} \tag{3-21}$$

式中：F 为撞击力，kN；W 为漂流物重量，kN；V 为水流速度，m/s；g 为重力加速度，g 取 9.81 m/s^2；t 为撞击时间，s，应根据实际资料估计，在无实际资料时，取 1 s。

3.4.2.5 铁路桥涵设计基本规范(TB 10002—2017)

撞击力按下式计算

$$F = \gamma V \sin\alpha \sqrt{\frac{W}{c_1 + c_2}} \tag{3-22}$$

式中：F 为撞击力，kN；γ 为动能折减系数，m/s^2，正向撞击时取 0.3，斜向撞击时取 0.2，考虑设置吸能防护措施时，应适当折减；V 为船只或排筏撞击墩台时的速度，m/s；α 为船只或排筏行驶方向与墩台撞击点处切线所成的夹角，应根据具体情况确定，如有困难，可取 20°；W 为船只重或排筏重，kN；c_1、c_2 为船只或排筏的弹性变形系数和墩台的弹性变形系数，缺乏资料时可假定 $c_1 + c_2 = 0.0005$ m/kN。

3.4.2.6 欧洲统一规范

欧洲统一规范中提出船舶撞击力公式为

$$F = V\sqrt{KM} \tag{3-23}$$

式中：F，V，K，M 分别表示撞击力(MN)，撞击速度(m/s)，碰撞体的等效刚度(MN/m)(远洋船舶，$K=15$ MN/m；内陆船舶，$K=5$ MN/m)，碰撞体的质量(kg)。

3.4.3 不同公式的比较

3.4.3.1 撞击能量计算公式比较

从船舶靠岸撞击能量的计算公式看，我国荷载规范计算公式中只笼统地考虑一个有效动能系数 ρ，没有详细考虑水体附加质量系数、偏心系数 C_E、柔性系数 C_S 和码头外形系数 C_C 各自的影响，而国外的规范均做了考虑。如令

$$\rho_w = C_M C_E C_S C_C \tag{3-24}$$

则中国规范和国外规范的公式形式是一致的，此时系数的确定是关键。

下面以 30 万 t 大型油船依据不同的公式计算之间的系数差别。30 万 t 油船尺度情况见表 3.20。计算结果见表 3.21。

表 3.20　30 万 t 油船主尺度表

油船(DWT)	总长(m)	柱间长(m)	型宽(m)	型深(m)	吃水(m)	满载排水量(m^3)	方形系数
30 万 t	334	326	60	31.2	22.5	378 926.1	0.825

表 3.21　各国系数的计算结果

公式	C_M	C_E	C_S	C_C	ρ
中国	—	—	—	—	0.70～0.80
日本	1.71	0.58～0.83	1.0	1.0	0.99～1.41
英国	1.75	0.49～0.65	1.0	1.0	0.85～1.14
PIANC	1.75	0.49～0.65	1.0	1.0	0.85～1.14
美国	1.75	0.49～0.65	1.0	1.0	0.85～1.14

注：船舶重心到碰撞点在船舶中心线上的投影距离，取 1/4 和 1/3 船长分别计算。

从表 3.21 的计算结果可知，国外的计算公式概念比较明确，国内的公式则较为笼统，同时国内公式中的有效动能系数明显小于国外的计算结果。综合考虑，建议船舶靠岸时的撞击能量按下式计算

$$E_0 = \frac{1}{2} m V_n^2 C_M C_E C_S C_C \tag{3-25}$$

式中：E_0 为船舶靠岸时的有效撞击能量，kJ。m 为船舶质量，按设计船型满载排水量计算，t。V_n 为船舶靠岸法向速度，m/s。C_M 为船舶附加质量系数。C_E 为偏心系数。C_S 为柔性系数，对柔性护舷及小船，C_S 取值通常为 1.0；对硬性护舷，C_S 则为 0.9～1.0。C_C 为泊位形状系数，对于透空式高桩码头和开敞式码头，取 $C_C=1.0$；而实体岸壁的 C_C 值，建议采用 0.8～1.0。

船舶附加质量系数按下式计算

$$C_M = 1 + \frac{2D}{B} \tag{3-26}$$

式中：D 为船舶吃水，m；B 为船宽，m。

偏心系数可按下列公式计算，在缺少船型资料的情况下可取 0.65。

$$C_E = \frac{K^2}{K^2 + R^2} \tag{3-27}$$

式中：K 为船舶回转半径，m（通常在 0.2 至 0.25 倍船长）；R 为从质量中心至接触点的距离，m。

回旋半径：$K = (0.19C_b + 0.11)L_{pp}$ (3-28)

方形系数：$C_b = \dfrac{M_D}{LBD\rho_s}$ (3-29)

式中：M_D 为船舶排水量，t；L 为船长，m；B 为船宽，m；D 为吃水，m；ρ_s 为海水密度，取 1.025 t/m^3。

3.4.3.2 碰撞力计算公式比较

从上述碰撞力的计算公式来看，碰撞力主要与船舶载重吨（排水量）、撞击速度和撞击方向有关。下面以 5 万 t 级大型油船依据不同的公式计算碰撞力的差别。5 万 t 油船尺度情况见表 3.22。计算结果见表 3.23。

表 3.22 5 万 t 油船主尺度表

油船（DWT）	总长（m）	柱间长（m）	型宽（m）	型深（m）	吃水（m）	满载排水量（m^3）	方形系数
5 万 t	229	220	32.2	19.1	12.8	76 212.51	0.825

从表 3.23 结果可知，各种计算方法得到的船舶碰撞力相差很大，其中美国公路桥梁设计规范（AASHTO —1994）的计算结果和欧洲统一规范接近。计算结果和公路桥涵规范均远大于其他公式。

表 3.23 各国撞击力的计算结果

公式	碰撞速度(m/s)	修正沃辛公式	IABSE	AASHTO	公路桥涵	铁路桥涵	欧洲规范
碰撞力(kN)	0.2	16.8	14.8	5 366.6	15 242.5	1 252.2	5 477.2
	0.5	31.0	27.2	13 416.4	38 106.3	3 130.5	13 693.1
	1.0	49.2	43.1	26 832.8	76 212.5	6 261.0	27 386.1
	2.0	78.1	68.5	53 665.6	152 425.0	12 522.0	54 772.3
	3.0	102.3	89.7	80 498.4	228 637.5	18 783.0	82 158.4

注：采用铁路桥涵公式计算时，γ 取 0.2，α 取 90°。

3.4.4 船舶靠泊物理模型试验

3.4.4.1 模型布置

以依托工程为例，为蝶形开敞式码头，由工作平台、靠船墩、系缆墩及引桥组成，船舶靠泊模型布置以及所采用的靠泊模拟装置如图 3.23 所示。其中，靠泊装置主要由高精度调速仪、直流力矩电机、链传动结构、无极绳、导向杆组成，可以按照要求模拟船舶以不同靠泊速度、不同靠泊角度以及不同靠泊偏心距对码头的撞击试验。

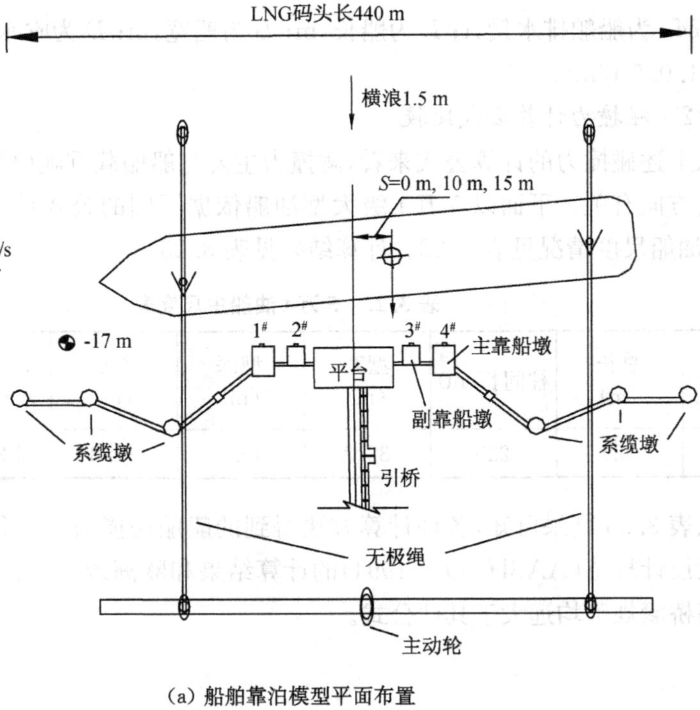

(a) 船舶靠泊模型平面布置

(b) 靠泊模拟装置

图 3.23 模型平面布置及靠泊模拟装置示意图

3.4.4.2 试验概况

(1) 模型设计与制作

采用正态整体物理模型,几何比尺为 60。地形采用桩点法复制,水泥砂浆抹面形成,模拟范围 1.6 km×1.2 km(原型);码头结构按刚性处理,面板等上部结构采用木材制作,采用钢筋焊接加工模拟码头群桩。码头距造波机 6 至 7 倍波长,满足规程要求,模型两侧和末端设置消波设施。

(2) 船舶模拟

船舶按重力相似模拟,满足几何相似、静力相似和动力相似。模拟时采用配重方法,使其符合不同载重时的重量及其分布要求,达到船舶的重心、横摇及纵摇周期相似。

(3) 护舷模拟

主要模拟护舷的受力—变形曲线相似。将主靠船墩二鼓一板护舷模拟为一鼓一板,测量得到的护舷反力为两个护舷所受到的船舶撞击力,副靠船墩仍按一鼓一板模拟,主靠船墩二鼓一板护舷模拟结果见图 3.24。

3.4.4.3 试验设备和方法

(1) 试验设备

波浪模拟采用 L 型造波机造波,该造波系统是国内第一台伺服电机驱动式可吸收式造波机。试验波高率定在码头模型放置之后进行,波高仪布置在船舶停泊区,当测量波高与目标值相同时,则以对应的造波参数作为正式试验参数。

生流系统由分布在港池四周的 22 台可逆水泵组成,通过调整水泵位置及其转速来调节流速、流向,同时造波与生流系统互不干扰。水流率定时选取停泊区船首、船中和船尾三点位置控制流速大小,流向误差控制在 3°以内。

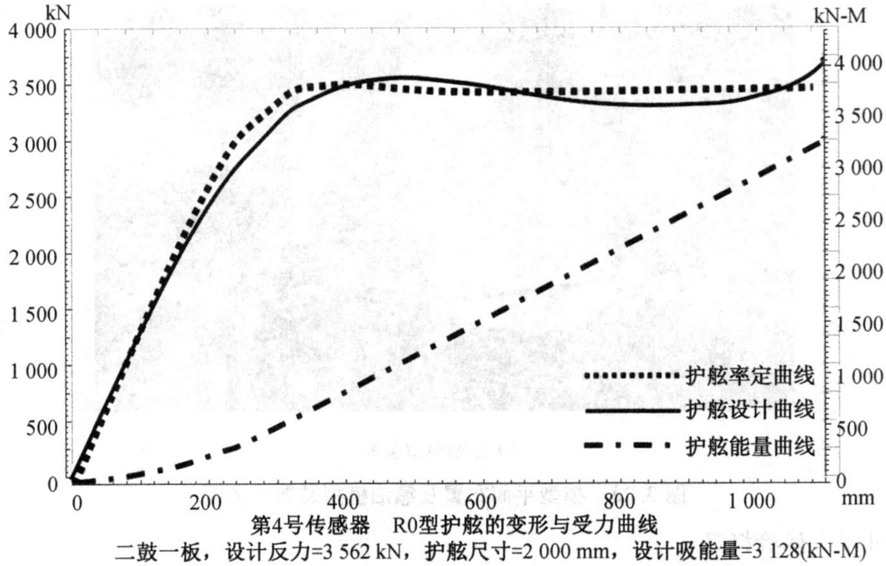

图 3.24　二鼓一板护舷模拟结果(变形与受力曲线)

波高测量采用 SG2000 型动态波浪试验测量系统；流速测量采用 Vectrino 小威龙三维点式流速仪；撞击力测量采用中国水利水电科学研究院研制生产的船舶模型试验测量系统(2008)。

(2) 试验方法

考虑需进行不同偏心距条件下的靠泊试验，在船模两端分别布置无极绳牵引系统，由直流力矩可调控电机调节牵引速度，从而率定出不同的船舶靠泊速度，拖曳装置见图 3.23。当船舶牵引至离护舷 2～3 cm(模型值)时，关闭牵引动力，让船模依惯性撞击护舷，同步测量撞击力和撞击能量，如图 3.25 所示。

3.4.4.4　试验成果分析

试验选取了两种设计船型，进行测试，分别统计最大撞击力和撞击能量，如表 3.24 所示。

试验表明：

(1) 船舶靠泊角度为 5°时，1# 护舷总是先受力，随后船舶整体靠泊，其他护舷受力，因此 4 个护舷的受力不均，1# 护舷所受的撞击力和撞击能量最大，4# 护舷其次，4# 护舷所受的撞击力和撞击能量约为 1# 护舷的 60%和 37%，2# 和 3# 护舷受力相差不大，所受的撞击力和撞击能量约为 1# 护舷的 32%和 8%。

(2) 横浪作用下靠泊时，当靠泊与波峰相结合，则撞击力和撞击能量明显增大。

(3) 不同偏心距条件下的撞击力和撞击能量没有明显规律，且相差不大。

(4) 靠泊速度增大，撞击力略有增大，但撞击能量则明显增大。撞击力增大不

图 3.25 船舶靠泊试验

明显的原因是撞击力基本达到鼓型护舷线性段的末端。

(5) 相同靠泊速度时，静水、单流和单横浪条件下，21.7 万 m^3 LNG 船型靠泊时的最大撞击能量比 26.6 万 m^3 LNG 船型平均小 14.3%、14.7%和 8.0%，说明在横浪情况下，波浪的影响比重增加，船型的影响比重有所降低。

表 3.24 船舶靠泊对护舷的最大撞击力和撞击能量

偏心距(m)	浪流条件	靠泊船速(m/s)	26.6 万 m^3		21.7 万 m^3	
			最大撞击力(kN)	最大撞击能量(kJ)	最大撞击力(kN)	最大撞击能量(kJ)
0	静水	0.10	3 554	874	3 426	674
		0.15	3 555	1 782	3 545	1 582
	单流(顺流 $V=1.61$ m/s)	0.15	3 555	1 880	3 550	1 605
	单浪(横浪 $H=1.5$ m, $t=8$ s)	0.15	4 216	2 884	4 278	2 784
15	静水	0.10	3 550	836	3 432	676
		0.15	3 555	1 784	3 542	1 628
	单流(顺流 $V=1.61$ m/s)	0.15	3 555	1 902	3 552	1 615
	单浪(横浪 $H=1.5$ m, $t=8$ s)	0.15	4 291	3 044	4 159	2 702

续表

偏心距(m)	浪流条件	靠泊船速(m/s)	26.6万 m^3		21.7万 m^3	
			最大撞击力(kN)	最大撞击能量(kJ)	最大撞击力(kN)	最大撞击能量(kJ)
20	静水	0.10	3 547	796	3 387	656
		0.15	3 555	1 734	3 545	1 626
	单流(顺流 V=1.61 m/s)	0.15	3 558	1 885	3 550	1 610
	单浪(横浪 H=1.5 m,t=8 s)	0.15	4 236	3 004	4 186	2 724

3.4.4.5 与计算公式的比较

(1) 护舷撞击能量

不考虑风、浪、流影响下,利用建议的计算公式计算撞击能量和试验值比较如表3.25。从中可知,该公式可用于静水条件下船舶靠泊能量的计算。

对于风、浪、流作用下的船舶靠泊,其撞击能量将增大。撞击能量的大小还与风力、流速和波高等有关。风、浪、流的作用,同时也表现在船舶瞬间靠泊的速度增大,如能利用拖轮控制靠泊速度,则撞击能量增大有限。目前试验资料有限,国内外的研究也很少,目前无法给出计算公式。

表3.25 静水条件下撞击能量试验值与计算值的对比

LNG船(万 m^3)	V(m/s)	C_M	C_E	C_S	C_C	计算值	试验值
26.6	0.10	1.454	0.65	1.0	1.0	870	874
	0.15	1.454	0.65	1.0	1.0	1 958	1 782
21.7	0.10	1.488	0.65	1.0	1.0	710	674
	0.15	1.488	0.65	1.0	1.0	1 598	1 582

(2) 护舷撞击力

从上述碰撞力的计算公式来看,碰撞力主要与船舶载重吨(排水量)、撞击速度和撞击方向有关。下面是依据不同的公式计算碰撞力的差别,计算结果见表3.26。

表3.26 各国撞击力的计算结果(kN)

LNG船(万 m^3)	满载排水量(t)	GT(t)	碰撞速度(m/s)	修正沃辛公式	IABSE	AASHTO	公路桥涵	铁路桥涵	欧洲规范	试验值
26.6	184 271	164 822	0.10	19.2	16.7	4 871.8	18 427.1	1 202.0	5 257.4	3 554
			0.15	25.2	21.9	7 307.7	27 640.7	1 802.9	7 886.2	3 555

续表

LNG 船(万 m^3)	满载排水量(t)	GT(t)	碰撞速度(m/s)	修正沃辛公式	IABSE	AASHTO	公路桥涵	铁路桥涵	欧洲规范	试验值
21.7	146 871	131 369	0.10	17.2	14.4	4 349.4	14 687.1	1 073.1	4 693.7	3 426
			0.15	22.5	18.9	6 524.1	22 030.7	1 609.6	7 040.5	3 545

注：采用铁路桥涵公式计算时，γ 取 0.2，α 取 90°；液化天然汽船 $DT=1.118GT$。

由于鼓型护舷的特点，当护舷处于线性变化段，随着撞击速度的增大，撞击力将随之增大，但当护舷处于变形段时，吸能量增大，但撞击力变化不大，故利用撞击力的经验公式法直接求解撞击力，只能适合于护舷的线性变化段。初步建议采用美国(AASHTO)公式，并修正其中的系数。该公式有待实践检验。

$$F = C \times V_n \times \sqrt{DWT} \tag{3-30}$$

式中：F 为船舶靠泊时的撞击力，kN；C 为系数(表 3.27)，取 80～120(10 万 t 及以上船舶，靠泊速度大时 C 取小值，靠泊速度小时 C 取大值；10 万 t 以下船舶，C 取大值)；DWT 为船舶载重量，t；V_n 为船舶的法向靠岸速度，m/s。

表 3.27 关于 C 值的选取

船舶满载排水量 W(t)	船舶的法向靠岸速度 V_n(m/s)	C 值
$W<50\ 000$	—	120
$50\ 000 \leqslant W<100\ 000$	$V_n \leqslant 0.2$	120
	$V_n>0.2$	100
$W \geqslant 100\ 000$	$V_n<0.10$	120
	$V_n=0.10$	110
	$V_n=0.15$	80

3.4.5 小结

通过收集国内外船舶靠泊撞击力/撞击能量的研究成果，结合物理模型试验，提出了船舶靠泊时撞击力/撞击能量的计算方法。

(1) 建议采用

首先计算船舶撞击能量，然后依据码头工程所配置的橡胶护舷的性能曲线，依据撞击能量求得撞击力。这种方法计算结果较为准确，建议采用。

① 船舶靠岸时的撞击能量按下式计算

$$E_0 = \frac{1}{2} m V_n^2 C_M C_E C_S C_C \tag{3-31}$$

式中：E_0 为船舶靠岸时的有效撞击能量，kJ。m 为船舶质量，t，按设计船型满载排水量计算。V_n 为船舶靠岸法向速度，m/s。C_M 为船舶附加质量系数。C_E 为偏心系数。C_S 为柔性系数，对柔性护舷及小船，C_S 取值通常为 1.0；对硬性护舷，C_S 则为 0.9～1.0。C_C 为泊位形状系数，对于透空式高桩码头和开敞式码头，取 $C_C=1.0$；而实体岸壁的 C_C 值，建议采用 0.8～1.0。

② 船舶附加质量系数按下式计算：

$$C_M = 1 + \frac{2D}{B} \tag{3-32}$$

式中：D 为船舶吃水，m；B 为船宽，m。

③ 偏心系数可按下列公式计算，在缺少船型资料的情况下可取 0.65 。

$$C_E = \frac{K^2}{K^2 + R^2} \tag{3-33}$$

式中：K 为船舶回转半径，m（通常在 0.2 至 0.25 倍船长）；R 为从质量中心至接触点的距离，m。

④ 回旋半径：$K = (0.19C_b + 0.11)L_{pp}$ (3-34)

⑤ 方形系数：$C_b = \frac{M_D}{LBD\rho_s}$（资料缺乏时按表 3.28 选取）。 (3-35)

式中：M_D 为船舶排水量，t；L 为船长，m；B 为船宽，m；D 为吃水，m；ρ_s 为海水密度，取 1.025 t/m³。

表 3.28 方形系数（英标）

船型	方形系数
油船/散货船	0.72～0.85
集装箱船	0.65～0.70
LNG 船	0.69～0.78
LPG 船	0.52～0.66
滚装船	0.70～0.80
客船	0.65～0.70
杂货船	0.60～0.75
渡船	0.50～0.65

（2）有待进一步论证

此计算方法直接建立了船舶撞击力与靠泊速度和船舶载重吨的计算公式，依

据试验资料给出相关系数的选取，该方法不成熟，需要实践检验，在初步估算时可采用。船舶靠泊时的撞击力表达式

$$F = C \times V_n \times \sqrt{DWT}$$

式中：F 为船舶靠泊时的撞击力，kN；C 为系数，取 80～120(10 万 t 及以上船舶，靠泊速度大时 C 取小值，靠泊速度小时 C 取大值；10 万 t 以下船舶 C 取大值，见表 3.29；DWT 为船舶载重量，t；V_n 为船舶的法向靠岸速度，m/s。

表 3.29　C 值的选取

船舶满载排水量 W(t)	船舶的法向靠岸速度 V_n(m/s)	C 值
$W<50\ 000$	—	120
$50\ 000 \leqslant W<100\ 000$	$V_n \leqslant 0.2$	120
	$V_n>0.2$	100
$W \geqslant 100\ 000$	$V_n<0.10$	120
	$V_n=0.10$	110
	$V_n=0.15$	80

4 船舶系泊安全保障的风险因素识别/预警预报系统

4.1 研究背景

随着海洋运输船舶大型化发展，对船舶停靠时的系泊安全性提出了更高的要求。在风、水流和波浪等联合作用下，使得船舶通常会发生六个自由度的运动，在停靠过程中，容易造成外载荷在各个缆绳的分配不均匀，伴随恶劣气候的突发，会加大造成系缆断缆的风险，而在船舶带缆作业时，发生的重大事故往往和断缆有关。对于部分大型深水码头，为给到港大型船舶提供稳泊安全保障，在码头面不同排架处设置系缆车增加系缆力，以此提高在泊船舶的系泊能力，这已经成为大型外海开敞式码头提高稳泊安全的有效措施之一，但是增大系缆力也会增加造成船舶或码头设施损坏、环境污染等重大事故的风险，如何使用其他辅助手段降低船舶靠泊的风险也是码头在运营过程需要面对的主要问题之一。

现代码头安全监控系统是由辅助靠泊试验发展而来的，它是基于船舶位移识别系统、环境监测系统、计算机技术和无线数字传输技术等综合起来的控制系统，用于引导大型轮船安全靠泊港口，避免冲撞码头、造成码头的损坏。该系统是现代化港口先进的靠泊安全辅助设备。要实现对港口船舶运动姿态的实时监控，需要具备水动力学知识以及对港口周围环境的海洋水文条件的准确预估，以保证估算结果的准确，达到对船舶在进港以及港内航行的安全预警目的。

4.2 研究目的和内容

建立一套船舶系泊作业安全辅助系统和进港通航能力评估系统，能降低作业船断缆绳和强烈碰撞风险，帮助船舶顺利进出港口，提升作业可靠性和应对突变天气的能力，实现利用系统综合分析规避人员经验判断风险的目的。该系统主要包含监测、预测和预警三大部分。其中，后两部分是基于监测数据进行科学计算来预测船体运动状态并显示的，整个系统中最关键的是基于不同风浪流作用下的系泊条件数据库的支持，因此本部分研究的主要目标是建立可供系统调用的数据库，为系统预测与预警提供可靠的科学依据。因此，基于依托工程所在海域的水动力环境特征，在充分考虑各种可能出现风浪流组合试验（环境载荷）条件下，模拟系泊作业期间船舶在水流、波浪和风等共同作用下的运动姿态和方位等信息，以检验系泊的安全性。包括以下计算内容，供数据库使用：

（1）船舶运动状态，包括运动量、位置及系缆力；

（2）码头设施状态，包括护舷碰撞撞击力；

（3）基于航道特点预测船舶的通航轨迹及条件。

4.3 研究方法及理论基础

本节将介绍预警系统所需要使用的船舶运动计算理论模型、相关神经网络数学模型和船舶通航仿真使用的理论基础。

4.3.1 势流理论介绍

对于船舶在波浪作用下的运动求解，本研究主要基于势流理论进行计算，以下对其进行介绍。在均匀、不可压缩理想流体的流场中，基本守恒定律由如下的连续性方程和欧拉（Euler）运动方程表述，在基础流体力学理论中已知流体为无旋运动有势，即存在势函数 $\phi(x,y,z,t)$ 必须满足控制方程

$$\nabla^2\phi(x,y,z,t)=0 \tag{4-1}$$

该速度势可以由入射势 ϕ_I、辐射势 ϕ_R 和绕射势 ϕ_D 组成，即

$$\phi=\phi_I+\phi_R+\phi_D \tag{4-2}$$

定常空间速度势 $\phi(x,y,z)$ 要满足的控制方程和定解条件如下：

控制方程 $$\nabla^2\phi(x,y,z)=0 \tag{4-3}$$

自由表面条件 $$\frac{\partial\varphi}{\partial z}-\frac{\omega^2}{g}\varphi=0,z=0 \tag{4-4}$$

物面条件 $$\left.\frac{\partial\varphi}{\partial n}\right|=-\omega\bar{x}_j\bar{n}_j \tag{4-5}$$

水底条件 $$\left.\frac{\partial\varphi}{\partial n}\right|_{z=-h}\text{或者}\lim_{z\to\infty}\nabla\varphi=0 \tag{4-6}$$

辐射条件 $$\lim_{R\to\infty}\sqrt{R}\left(\frac{\partial\varphi}{\partial R}-ik\varphi\right)=0 \tag{4-7}$$

式中：$\bar{x}_j$ $\bar{n}_j$ 分别表示物体第 j 个运动模态的运动幅值和广义法向分量，$R=\sqrt{X^2+Y^2}$，k 为辐射波的数目。应用叠加原理，将线性速度势分解为入射势 φ_i、绕射势 φ_d 和对应于各运动模态的辐射势 φ_{mj}：

$$\varphi(X,Y,Z)e^{-i\omega t}=\left[\varphi_i+\varphi_d+\sum_{j=1}^{6}\varphi_j x_j\right]e^{-i\omega t} \tag{4-8}$$

式中：φ_i 为入射波速度势；φ_d 为绕射波速度势；φ_j 为辐射波速度势；x_j 为 j 自由度的运动；ω 为入射波频率。

入射波速度势表达式为

$$\varphi_i=\frac{-ig\cosh[k(d+z)]e^{ik(X\cos\theta+Y\sin\theta)}}{\omega\cosh(kd)} \tag{4-9}$$

式中：d 为水深；k 为波数；θ 为波向角。

则一阶水动压力分布为

$$P=-\rho\frac{\partial\varphi}{\partial t} \tag{4-10}$$

对浮体湿表面进行压力积分得到 j 自由度的波浪载荷

$$F_j=-\int_S Pn_j\,\mathrm{d}S=-\int_S i\omega\rho(\varphi_i+\varphi_d)n_j\,\mathrm{d}S=-\int_S i\omega\rho\varphi_i n_j\,\mathrm{d}S-\int_S i\omega\rho\varphi_d n_j\,\mathrm{d}S \tag{4-11}$$

前一项为 Froude-Krylov 力，后一项为绕射力。

浮体运动导致的辐射力为

$$F_{ji}=-\int_S Pn_j\,\mathrm{d}S=-\int_S i\omega\rho\varphi_i n_j\,\mathrm{d}S-\int_S i\omega\rho\varphi_i n_j\,\mathrm{d}S \tag{4-12}$$

F_{ji} 为 i 自由度运动对 j 自由度的辐射力。

将 φ_j 写为复数形式

$$\varphi_j=\varphi_j^{\mathrm{Re}}+i\varphi_j^{\mathrm{Im}} \tag{4-13}$$

则式(4-12)可以写为

$$F_{ji}=-\omega\rho x_i\int_S\varphi_i^{\mathrm{Im}}n_j\,\mathrm{d}S-i\omega\rho x_i\int_S\varphi_i^{\mathrm{Re}}n_j\,\mathrm{d}S \tag{4-14}$$

由于单位波激励下浮体做简谐运动，所以(4-12)可以表达为

$$F_{ji}=-A_{ji}\ddot{x}_i-B_{ji}\dot{x}_i \tag{4-15}$$

式中：$A_{ji}=\frac{\rho}{\omega}\int_S \varphi_i^{\mathrm{Im}} n_j \mathrm{d}S$ 为附加质量系数；$B_{ji}=\rho\int_S \varphi_i^{\mathrm{Re}} n_j \mathrm{d}S$ 为辐射阻尼系数。

应用上述公式，分别建立各自的定解条件，通过数值计算得到浮体的附加质量、阻尼系数和波浪载荷等水动力特征。

4.3.2 神经网络理论基础

基于现场监测的外边界条件，进行风浪流共同作用下的作业系泊计算，一方面要考虑不同的风浪流组合，另一方面要考虑船舶载度随着装卸量的变化(吃水)而改变的情况，同时还要考虑整个系泊系统的各类边界条件，因此数值模拟计算的工作量是比较大的。如果在本系统采用直接集成计算模块的方式，每一次预报都现场计算的话，耗时很大(一般需要至少 1 h 的运算历程)，预报和预警的功能在时效上将失去意义。基于以上考虑，为了快速提供运算结果，达到实时预报的目的，模拟计算结果必须是能够快速反馈的。所以，必须建立模拟计算结果的数据库，将一般船舶系泊作业期间发生的各种情况以合理概化的形式全部考虑，并预先计算出来，存入模拟结果数据库中，这样在每一次系统工作时即可迅速调入，为作业安全提供决策参考。

本文对如何能够快速提取出预警结果方法进行了深入研究，即首先基于4.3.1中计算的部分数值结果，通过建立 Chebyshev 神经网络表达非线性关系。该方法省时、快速、效率高，能够快速计算出船舶的水动力响应以及护舷、系缆力，从而实现船舶停靠状态下的预警。

(1) Chebyshev 神经网络理论基础

首先，定义在区间[−1,1]，关于权函数 $\frac{1}{\sqrt{1-x^2}}$ 的 $i-1$ 次 Chebyshev 正交多项式可定义为

$T_i(x)=\cos i\theta$，$\theta=\arccos x$，$i=1,2,3,\cdots$，其中，$x\in[-1,1]$。其递推关系为

$$\begin{cases} T_1(x)=1 \\ T_2(x)=x \\ \cdots \\ T_{i+1}(x)=2xT_i(x)-T_{i-1}(x), i=2,3,\cdots \end{cases} \tag{4-16}$$

(2) Chebyshev 神经网络模型结构

如前所述，Chebyshev 神经网络为三层结构，即由输入层、隐层和输出层组成。其中，输入层、输出层为单神经元层，且使用 $f(x)=x$ 为激励函数；隐层第 i 个神经

元采用 Chebyshev 交多项式簇中第 i 个多项式作为激励函数。三层中的所有神经元阈值均固定为 1。显然,这是一种结构相对简单的神经网络,将更有利于硬件实现。

(3) Chebyshev 神经网络的训练样本及目标函数

若 $\phi(x)$ 为区间 $[-1,1]$ 上的连续函数,则可将 $\phi(x)$ 上的 m 个样本 $\{x_j,\phi(x_j)\}_{j=1}^{m}$ 作为 *Chebyshev* 神经网络的训练样本。于是,*Chebyshev* 神经网络对于上述 m 个样本 $\{x_j,\phi(x_j)\}_{j=1}^{m}$ 的输出可用如下数学表达式描述

$$\hat{\phi}(x_j)=\sum_{i=1}^{n}w_iT_i(x_j),j=1,2,\cdots,m \tag{4-17}$$

也可以写成如下方程组形式

$$f_j(w)=\sum_{i=1}^{n}w_iT_i(x_j)-\hat{\phi}(x_j),j=1,2,\cdots,m \tag{4-18}$$

式中:$w_1,w_2,\cdots,w_n$ 为神经网络隐藏层到输出层权值,为神经网络训练样本总数。

为后续 Levenberg-Marquardt 学习算法描述方便起见,这里定义 $F(w)$ 为如下形式

$$F(w)=[f_1(w),f_2(w),\cdots,f_m(w)] \tag{4-19}$$

需要指出的是,通常 $\phi(x)$ 是未知带求解的映射关系,一般情况下,我们只能得到关于 $\phi(x)$ 的一定数量的样本。

于是,该神经网络训练的目标为:通过修正输出层权值向量 $\boldsymbol{w}=[w_1,w_2,\cdots,w_n]^{\mathrm{T}}\in\mathbf{R}^n$,以优化目标函数 $E=\sum^{m}[\phi(x_j)-\hat{\phi}(x_j)]^2$,使得 $\hat{\phi}(x_j)$ 成为 $\phi(x_j)$ 的最佳平方逼近,从而求解 $\phi(x_j)$ 的近似映射关系 $\hat{\phi}(x_j)$。

对于上述目标函数 E 的优化,一般可采用梯度下降的方法。但该算法存在学习速度较慢等问题,为此,我们提出采用 *Levenberg-Marquardt* 学习算法训练 *Chebyshev* 神经网络,下面我们给出该算法的步骤及理论推导过程。

(4) *Levenberg-Marquardt* 学习算法

Levenberg-Marquardt 学习算法本质上是一种拟牛顿方法,该算法可以分为如下步骤进行:

步骤一,随机给定初始权值向量 $\boldsymbol{w}_0$,设定目标误差$\in$,$k=1$;

步骤二,对于(4-16)式所示 n 元方程组,计算其对权值向量 $\boldsymbol{w}$ 的 Jabcobi 矩阵 $\boldsymbol{J}$;

步骤三,按式(4-20)进行搜索

$$\boldsymbol{w}^{(k+1)}=\boldsymbol{w}^{(k)}-\eta_k(\boldsymbol{J}^T(\boldsymbol{w}^{(k)})\boldsymbol{J}(\boldsymbol{w}^{(k)})+\mu_k\boldsymbol{I})\,\boldsymbol{J}^T(\boldsymbol{w}^{(k)})F(\boldsymbol{w}^{(k)}); \tag{4-20}$$

步骤四,若 $E(\boldsymbol{w}^{(k)})\leqslant\in$,则算法终止,得到满足精度要求的权值向量;否则,

进行步骤五；

步骤五，若 $\|F(w^{(k+1)})-F(w^{(k)})\|\leqslant 0$，则令 $\mu_k=\mu_k/4$；否则 $\mu_k=\mu_k\times 4$，并进行步骤三。

需要指出的是，上述算法中，Jabcobi 矩阵 $\boldsymbol{J}$ 的定义如下形式：

$$\boldsymbol{J}(w^{(k)})=\begin{bmatrix}\frac{\partial f_1(w^{(k)})}{\partial w_1} & \frac{\partial f_1(w^{(k)})}{\partial w_2} & \cdots & \frac{\partial f_1(w^{(k)})}{\partial w_n}\\ \frac{\partial f_2(w^{(k)})}{\partial w_1} & \frac{\partial f_2(w^{(k)})}{\partial w_2} & \cdots & \frac{\partial f_2(w^{(k)})}{\partial w_n}\\ \vdots & \vdots & & \vdots\\ \frac{\partial f_m(w^{(k)})}{\partial w_1} & \frac{\partial f_m(w^{(k)})}{\partial w_2} & \cdots & \frac{\partial f_m(w^{(k)})}{\partial w_n}\end{bmatrix} \tag{4-21}$$

4.3.3 船舶操纵运动数学模型

4.3.3.1 静水中船舶操纵

本节主要在 MMG 模型的基础上，建立四自由度船舶操纵性运动模型，详细阐述船舶运动坐标系的定义，以及各水动力倒数和惯性矩的计算方法。

(1) 船舶操纵运动坐标系及基本运动方程

船舶运动坐标系如图 4.1 所示。

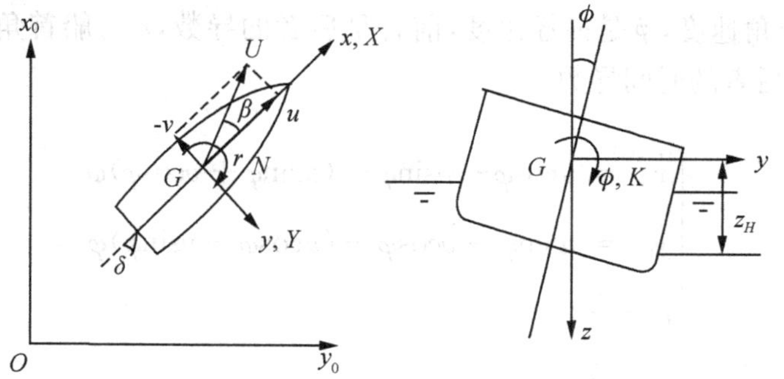

图 4.1 船舶运动坐标系的定义

该坐标系由两部分组成，其一是空间固定坐标系 $O-x_0y_0z_0$，O 为坐标原点，Ox_0，Oy_0 轴在静水平面内，Oz_0 轴垂直于静水平面，指向地心方向为正。$G-xyz$ 为固定于船舶的运动坐标系。坐标原点 G 位于重心。距离基线高度为 z_H。Gx 与基线平行，指向船首方向为正。Gy 垂直于纵剖面，指向右舷方向为正，Gz 垂直于水线面，指向船底方向为正。U 为船速，U 与 Ox 的夹角定义为漂角，用 β 表示。船速 U 在 Ox_0 上的投影为 u，定义为纵荡速度。在 Oy_0 上的投影为 $-v$，定义为横荡速度。

船首绕随船坐标系原点 G 回转角速度为 r，定义为艏摇角速度。船体横摇角速度定义为 $\dot{\phi}$，横摇角定义为 ϕ。船舶在 Gx 方向上所受外力定义为 X，Gy 方向上所受外力定义为 Y。绕 Oz_0 的转首力矩定义为 N。横摇力矩定义为 K。δ 为舵角。

(2) 运动方程的建立

将牛顿定律和动量矩定理运用于固定坐标系中的船舶重心 G，可得：

$$\begin{cases} m\ddot{x}_{G0} = X_0 \\ m\ddot{y}_{G0} = Y_0 \\ I_{ZZ}\ddot{\varphi} = N_0 \\ J_{ZZ}\ddot{\phi} = K_0 \end{cases} \tag{4-22}$$

m 为船体的总质量，I_{ZZ} 为船舶对 z 轴的转动惯量，J_{ZZ} 为船体对 x 轴的转动惯量。其中：

$$\begin{cases} x_{G0} = u\cos\varphi - v\sin\varphi \\ y_{G0} = u\sin\varphi + v\cos\varphi \\ \dot{\varphi} = r \\ \dot{\phi} = p \end{cases} \tag{4-23}$$

p 为横摇角速度，ϕ 是横摇角度，前者是后者的导数，r 为船首角速度，ϕ 是航向角，前者为后者的时间导数。

$$\begin{cases} \ddot{x}_{G0} = \dot{u}\cos\varphi - \dot{v}\sin\varphi - (u\sin\varphi + v\cos\varphi)\dot{\varphi} \\ \ddot{y}_{G0} = \dot{u}\sin\varphi + \dot{v}\cos\varphi + (u\cos\varphi - v\sin\varphi)\dot{\varphi} \\ \ddot{\varphi} = \dot{r} \\ \ddot{\phi} = \dot{p} \end{cases} \tag{4-24}$$

将(4-24)代入(4-22)，整理后可得

$$\begin{cases} X_0 = m(\dot{u} - v\dot{\varphi})\cos\varphi - m(\dot{v} + u\dot{\varphi})\sin\varphi \\ Y_0 = m(\dot{u} - v\dot{\varphi})\sin\varphi + m(\dot{v} + u\dot{\varphi})\cos\varphi \\ N_0 = I_{ZZ}\dot{r} \\ K_0 = J_{ZZ}\dot{p} \end{cases} \tag{4-25}$$

把(4-22)和(4-26)中的对应系数进行比较，再利用刚体力学的观点加以分析，即船体的形状、排水、内部质量的分布不随船舶运动的状态改变而改变。不考虑船舶的纵摇

和垂荡，根据质心运动和动量及动量矩定理，可以得出在随船坐标系中的操纵方程

$$\begin{cases} m(\dot{u}-vr)=\sum X \\ m(\dot{v}+ur)=\sum Y \\ I_{ZZ}\dot{r}=\sum N_G \\ J_{ZZ}\dot{\phi}=\sum K \end{cases} \tag{4-26}$$

船舶运动数学模型：

根据MMG模型的定义，将作用在船体上的流体力和流体力矩进行分解，可得

$$\begin{aligned} f(X,Y,Z) &= H_0+H(R)+H(P)+H(PR) \\ &+P_0+P(R)+P(H)+P(RH)+R_0+R(P) \\ &+R(H)+R(PH) \end{aligned} \tag{4-27}$$

式中：H_0、P_0、R_0分别表示，船体力、桨和舵上单独作用的流体动力和力矩，将横摇力矩进行分解，可以得到船体力矩的分量和由舵力引起的力矩的分量，综上所述，可以得到关于外力的计算公式

$$\begin{cases} \sum X = X_H+X_P+X_R \\ \sum Y = Y_H+Y_P+Y_R \\ \sum N = N_H+N_P+N_R \\ \sum K = K_H+K_R \end{cases} \tag{4-28}$$

式中：H表示船体，P表示螺旋桨，R表示舵。在MMG模型中，各参数和水动力及其系数都是有量纲的，不方便进行比较。在实际操作中，为了避免这个问题，需要将有量纲的物理量进行无因次化。其规律如下

$$\begin{cases} m',mx',my' = m',mx',my'/\frac{1}{2}\rho L^2 d \\ I'XX,I'ZZ = I/\frac{1}{2}\rho L^4 d \\ X,Y = X,Y/\frac{1}{2}\rho LdU^2 \\ N,K = N,K/\frac{1}{2}\rho L^2 dU^2 \\ r',\phi' = r',\phi\times\frac{L}{U} \end{cases} \tag{4-29}$$

式中：L 为船长、ρ 为水的密度、d 为平均吃水。

(3) 附加质量及附加惯性矩

在计算附加质量和附加惯性矩上，研究采用的是周昭明等对于元良诚三图谱的回归公式

$$\begin{cases} m_x/m = \dfrac{1}{100}[0.398 + 11.97(1 + 3.73\dfrac{d}{B}) - 2.89C_b\dfrac{L}{B}(1 + 1.13\dfrac{d}{B}) \\ + 0.175C_b(\dfrac{L}{B})^2(1 + 0.541\dfrac{d}{B}) - 1.107\dfrac{L}{B}\dfrac{d}{B}] \\ m_y/m = 0.882 - 0.54C_b(1 - 1.6\dfrac{d}{B}) - 0.156\dfrac{L}{B}(1 - 0.673C_b) \\ + 0.826\dfrac{L}{B}\dfrac{d}{B}(1 - 0.678\dfrac{d}{B}) - 0.638C_b\dfrac{L}{B}\dfrac{d}{B}(1 - 0.669\dfrac{d}{B}) \\ \sqrt{J_{ZZ}/m/L} = \dfrac{1}{100}[33 - 76.85C_b(1 - 0.874C_b) + 3.43\dfrac{L}{B}(1 - 0.63C_b)] \end{cases} \tag{4-30}$$

上式中，C_b 为方形系数，B 为船宽。

(4) 船体力模型及水动力系数计算

船体力计算模型：求解船体黏性流体动力通常有两种常规方法，即理论计算法和约束实验法，但前者还不够完善，后者需要进行大量的试验。本文采用了贵岛黏性水动力模型来对黏性流体动力进行计算。

其中，K_H 可以表示为

$$K_H = -mg\,\overline{GM}\sin\phi - \overline{B_{44}}\dot{\phi}|\dot{\phi}| - Z_H Y_H \tag{4-31}$$

其中，$\overline{GM}$ 为船舶初稳性高，阻尼系数 $\overline{B_{44}}$ 可以表示为

$$\overline{B_{44}} = \frac{2}{\pi}N_{10}(I_{XX} + J_{XX}) \tag{4-32}$$

N_{10} 为衰减力矩系数，初步计算时，取 0.02。

水动力导数计算根据贵岛公式，X 方向水动力导数计算方法如下

$$X(u) = X_u u^2 = -\frac{S}{Ld}C_t u^2 \tag{4-33}$$

式中：S 为船体浸湿面积，C_t 表示船舶总阻力系数。水动力系数计算公式如下

$$X'_{uu} = X_{uu} / \frac{1}{2}\rho L d u^2 \tag{4-34}$$

按照上述方法，对模型中的水动力导数进行逐一的推导和计算。贵岛胜郎通过一系列的船模实验，最终得到以下近似的估算公式，在以下流体力导数中，上半部分为线性的，后半部分为非线性，如式(4-35)所示：

$$
\begin{cases}
Y'_v = -\left(\frac{\pi}{2}\lambda + 1.4C_b\frac{B}{L}\right)\left[1 + \left(2.5C_b\frac{B}{L} - 2.25\right)\tau\right] \\
Y_r' = [m' + m_x'] - 1.5C_b\frac{B}{L}\cdot(1 + \{571[d(1-C_b)/B]^2 \\
-81d(1-C_b)/B + 2.1\}\tau) \\
N'_v = -\lambda(1-\tau) \\
N'_r = -(0.54\lambda - \lambda^2)\left[1 + \left(34C_b\frac{B}{L} - 3.4\right)\tau\right] \\
Y'_{vv} = \left[-2.5(1-C_b)\frac{B}{d} - 0.5\right]\left[1 - \left(35.7C_b\frac{B}{L} - 2.5\right)\frac{\tau}{d}\right] \\
Y'_{rr} = \left(0.343C_b\frac{d}{B} - 0.07\right)\left[1 + \left(45C_b\frac{B}{L} - 8.1\right)\frac{\tau}{d}\right] \\
Y'_{vrr} = \left[-5.59(1-C_b)\frac{d}{B}\right]\left\{1 + \left[40(1-C_b)\frac{d}{B} - 2\right]\frac{\tau}{d}\right\} \\
Y'_{vvr} = \left(1.5C_b\frac{d}{B} - 0.65\right)\left\{1 + \left[110(1-C_b)\frac{d}{B} - 9.7\right]\frac{\tau}{d}\right\} \\
N'_{vv} = \left[0.96(1-C_b)\frac{d}{B} - 0.066\right]\left\{1 + \left[58(1-C_b)\frac{d}{B} - 5\right]\frac{\tau}{d}\right\} \\
N'_{rr} = \left(0.5C_b\frac{B}{L} - 0.09\right)\left[1 - \left(30C_b\frac{B}{L} - 2.6\right)\frac{\tau}{d}\right] \\
N'_{vrr} = \left(0.5C_b\frac{B}{L} - 0.05\right)\left\{1 + \left[48\left(C_b\frac{B}{L}\right)^2 - 16\left(C_b\frac{B}{L}\right)\right.\right. \\
\left.\left. +1.3\right]\times 10^2\frac{\tau}{d}\right\} \\
N'_{vvr} = \left[-57.5\left(C_b\frac{B}{L}\right)^2 + 18.4\left(C_b\frac{B}{L}\right) - 1.6\right]\left\{1 + \left[3\left(C_b\frac{B}{L}\right) - 1\right]\frac{\tau}{d}\right\}
\end{cases}
\tag{4-35}
$$

上式中 τ 为船首和船尾的吃水差，$\lambda = 2d/L$ 。由于本文不考虑纵倾的影响，故 $\tau = 0$ 。

(5) 螺旋桨流体动力模型

根据 MMG 模型，桨力可以表示成如下形式

$$\begin{cases} X_p' = (1-t_{p0})\rho n^2 D_p^4 K_T(J_p) / \frac{1}{2}LDU^2 \\ Y_p' = 0, N_p' = 0 \end{cases} \tag{4-36}$$

式中：n 为螺旋桨的转速，D_p 表示直径，t_{p0} 表示螺旋桨减额推力分数，J_p 为前进速度系数。

同时，根据汉克歇尔估算公式的定义，通过以下一系列计算，可以获得中间量的计算方法和结果

$$\begin{cases} t_{p0} = 0.50C_p - 0.12 \\ K_T(J_p) = a_0 + a_1 J_p + a_2 J_p^2 \\ J_p = u_p / nD_p \\ u_p = U(1-w_p) \\ w_p = w_{p0}\exp(-0.4\beta_p'^2) \\ \beta_p' = \beta - x_p' r' \\ w_{p0} = 0.7C_p - 0.18 \end{cases} \tag{4-37}$$

式中：a_i表示淌水曲线的回归系数，u_p表示流入速度的有效值，w_p表示螺旋桨在船舶操纵过程中盘面处产生的伴流分数的有效值，β_p' 表示螺旋桨在操纵时的几何漂角，w_{p0} 表示船舶在直航过程中螺旋桨盘面处产生的伴流系数的有效值。

(6) 舵力及其力矩

舵力及其引起的水动力可表示为

$$\begin{cases} X_R = -(1-t_R)F_N\sin\delta \\ Y_R = -(1+a_H)F_N\cos\delta \\ N_R = -(1+a_H)\cdot x_R \cdot F_N\cos\delta \end{cases} \tag{4-38}$$

式中：a_H 表示操纵舵的过程中产生的船体水动力，$(1-t_R)$ 为舵的阻力减少值，F_N 为作用在舵上的法向方向的力，可采用以下公式进行计算

$$F_N = \frac{1}{2}\rho \frac{6.13\lambda}{\lambda + 2.25} A_d U_R{}^2 \cdot \sin\alpha_R \tag{4-39}$$

由此可见，计算舵法向力的关键在于确定舵的有效来流速度 U_R 以及有效舵角 α_R。

4.3.3.2 风浪中的船舶操纵

船舶在实际航行中所遇波浪多是不规则的，风浪具有随机性，时刻都在变化，这种动态变化的研究无疑需要海量数据采集的支持。通过查阅文献资料，前人研

究出船舶在不规则波中的横摇摆幅不会比在规则波中大，基于此，本研究设定浪为规则波，风为定常风。

(1) 风浪作用下的船舶操纵运动数学模型

在静水中船舶操纵性运动方程的基础上，加入风、浪的影响，在方程的右边加入风浪的干扰。同时，它们的坐标系是相同的，同为一个固定坐标系和一个随船坐标系。

综上所述，风浪中船舶操纵性运动方程为：

$$\begin{cases}(m+m_x)\dot{u}-(m+m_y)rv=X_H+X_P+X_R+X_{wind}+X_{wave}\\(m+m_y)\dot{v}+(m+m_x)ru=Y_H+Y_P+Y_R+Y_{wind}+Y_{wave}\\(I_{ZZ}+J_{ZZ})\dot{r}=N_H+N_P+N_R+N_{wind}+N_{wave}\\(I_{ZZ}+J_{XX})\ddot{\varphi}=K_H+K_R+K_{wind}+K_{wave}\end{cases}\tag{4-40}$$

式中：下标 wind 和 wave 表示风和浪产生的作用力。因此，研究船舶在风浪中的操纵性，确定风浪的干扰力是关键所在，下面将详细讨论其计算方法和过程。

(2) 风力干扰的数学模型

作用在船体上的风压力和力矩可以表示为

$$\begin{cases}X_{wind}=\dfrac{1}{2}\rho_a A_f U_R^2 C_{wx}(\alpha_R)\\Y_{wind}=\dfrac{1}{2}\rho_a A_s U_R^2 C_{wy}(\alpha_R)\\N_{wind}=\dfrac{1}{2}\rho_a A_s U_R^2 C_{wn}(\alpha_R)\\K_{wind}=Y_{wind}h_c\end{cases}\tag{4-41}$$

式中：ρ_a 表示空气密度，U_R 和 α_R 表示相对风速和风舷角度；A_f 表示船体水线面以上的船体部分的正投影面积；A_s 表示船体水线以上部分的侧投影面积；h_c 船舶受风力作用的作用点所处高度到支点的距离；$C_{wx}(\alpha_R)$，$C_{wy}(\alpha_R)$ 和 $C_{wn}(\alpha_R)$ 分别表示 x,y 方向的风压力系数和绕 z 轴的风压力的力矩系数。

一般情况下，$C_{wx}(\alpha_R)$，$C_{wy}(\alpha_R)$ 和 $C_{wn}(\alpha_R)$ 为风压力的合力系数，有如下关系

$$\begin{cases}C_{wx}(\alpha_R)=C_{W_F}\cos\alpha_F\sqrt{{A_f}^2+{A_s}^2}/A_f\\C_{wy}(\alpha_R)=C_{W_F}\sin\alpha_F\sqrt{{A_f}^2+{A_s}^2}/A_f\\C_{wn}(\alpha_R)=(0.5-x_F/L_{OA})C_{W_F}\sin\alpha_F\sqrt{{A_f}^2+{A_s}^2}/A_f\end{cases}\tag{4-42}$$

(3) 相对风速和相对风向角的计算

风是个宽泛的定义，大多指绝对风，绝对风指的是在所处地球的惯性坐标系内所观察的风，用 U_T 表示绝对风速，用 ψ_T 表示绝对风向角。而在本书的研究中，风是指在随船坐标系中观察到的相对风，通俗来讲就是船员在所处船舶上用风速计测量出来的风速、风向值。所以，从矢量的角度来讨论，很容易得出，船速与相对风速的矢量和等于绝对风速，故可以得到

$$\overrightarrow{U_R} = \overrightarrow{U_T} \cdot \vec{V} \tag{4-43}$$

将上式投影到随船坐标系的 x 轴和 y 轴，可以得到

$$\begin{cases} u_R = u + U_T\cos(\psi_T - \psi) \\ v_R = - v + U_T\sin(\psi_T - \psi) \end{cases} \tag{4-44}$$

式中：u_R ，v_R 为 U_R 在 x 轴和 y 轴上的速度分量。

本书规定吹向右侧舷的风，$\alpha_R > 0$ ，那么，风舷角可以表示成

$$\begin{cases} \alpha_R = \arctan\dfrac{v_R}{u_R} + v \\ v = \begin{cases} - \pi sgn(v_R), u_R \geqslant 0 \\ 0, u_R < 0 \end{cases} \end{cases} \tag{4-45}$$

另外，相对风速与绝对风速以及船舶行驶速度的关系还可以表示成

$$\begin{cases} U_R\cos\alpha_R = U_T\cos(\psi_T - \psi) - V\cos\beta \\ U_R\sin\alpha_R = U_T\cos(\psi_T - \psi) + V\cos\beta \\ U_R = \sqrt{U_T^2 + V^2 + 2U_T V\cos(\psi_T - \beta)} \end{cases} \tag{4-46}$$

式中：β 为船舶的漂角。

(4) 波浪干扰的数学模型

本节主要讨论一阶波浪力的干扰力。首先需计算出一阶波浪作用在船体上的波浪载荷。计算波浪载荷的方法大致可以分为两类。一类是傅汝德-克雷洛夫力，简称傅氏力，是忽略船体对入射波的扰动，并忽略其变动的水压力所引起的流体动力。另一类是介于船体是个刚体，表面不可穿透，波浪遇到船体产生的绕射力。采用傅氏力进行计算，对波浪力的计算结果数据通过计算机模拟程序获得，而本节将给出其原理的具体计算过程和方法。

一阶波浪载荷计算思路和流程：

第一步，利用切片原理的方法，把船舶在船长方向截成 n 个等长的截面，在船高方向截成 m 个等高的截面。整个船体外表面将被分成 $n\times m$ 个较小的单元格，此举是为了确定各个截面上的压力积分。

第二步，计算每个单元格的中心在随船坐标系中的法向向量，利用该集装箱船的型值表，获取各站的型值以进行插值。

第三步，由于截取的时间是个极为短暂时间段，按照准静态的方法定义，用前一时间节点的船体在流场中的位置坐标计算各个单元格在流场中的具体位置。

第四步，计算每个单位时间节点波面在纵向截面上的爬升变化高度。这一步是整个计算中的重点部分，将在下面进行详细阐述。

为了描述船舶在波浪中的运动，首先建立如下坐标系及定义，如图 4.2 所示：

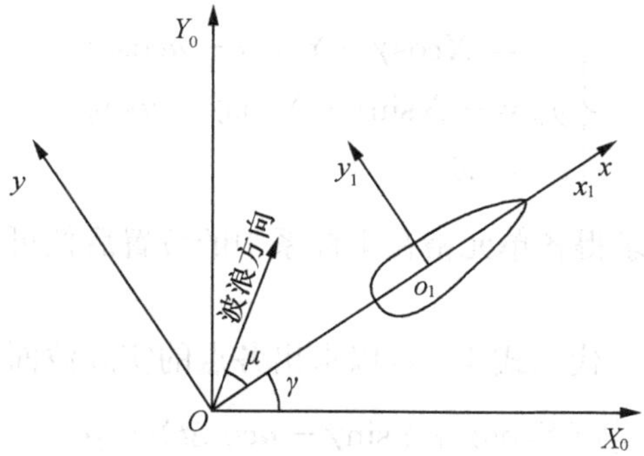

图 4.2　波浪作用下船舶运动坐标系的定义

根据上文规则波的假设内容，设定流场中任一点的波形坐标以及计算方法可以表示成

$$\begin{cases}\zeta=\zeta_a\cos(kx\cos\mu+ky\sin\mu-\omega_e t)\\ \mu=\beta-\gamma\\ \omega_e=\omega-uk\cos\mu\end{cases}\tag{4-47}$$

式中：ζ_a 为波幅，μ 为波与船所成角度，k 为规则波的数量，ω_e 为遇波频率，β 为浪向角，γ 为首向角，ω 为波浪频率。

当 $\mu=0$ 时，波浪前进的方向和船前进的方向一致，称为随浪。这时，遇波频率为

$$\omega_e=\omega\left(1-\frac{u\omega}{g}\right)\tag{4-48}$$

当$\mu=\pi$时，波浪的前进方向和船的前进方向相反，称为迎浪。这时，遇波频率为

$$\omega_e=\omega(1+\frac{u\omega}{g}) \tag{4-49}$$

当$\mu=\frac{\pi}{2}$时，波浪前进的方向垂直于船前进的方向，称为横浪。这时，遇波频率为

$$\omega_e=\omega \tag{4-50}$$

当$\frac{4\pi}{6}\leqslant\mu\leqslant\frac{5\pi}{6},\frac{7\pi}{6}\leqslant\mu\leqslant\frac{8\pi}{6}$时，称为首斜浪。当$\frac{\pi}{6}\leqslant\mu\leqslant\frac{2\pi}{6},\frac{10\pi}{6}\leqslant\mu\leqslant\frac{11\pi}{6}$时，称为尾斜浪。利用坐标变换公式

$$\begin{cases}x_w=X\cos\gamma+Y\sin\gamma-u\cos\beta t\\ y_w=-X\sin\gamma+Y\cos\gamma-u\sin\beta t\\ z_w=Z\end{cases} \tag{4-51}$$

在利用上述公式求得各单元格在坐标系中的位置后便可确定该时刻船体的湿表面。

第五步：将式4-51代入式4-47，以求出各点的实际波面所处高度，即

$$\begin{aligned}\zeta_{ij}=\zeta_a\cos[&k(X\cos\gamma+Y\sin\gamma-u\cos\beta t)\cos\mu\\&+k(-X\sin\gamma+Y\cos\gamma-u\sin\beta t)\sin\mu-(\omega-Uk\cos\beta\cos\mu)]\end{aligned} \tag{4-52}$$

第六步：把各个单元格的随船坐标高度与惯性坐标系高度作差，在每个横剖面上取其最小值，依次对每个单元格进行计算，最终得到船体两侧湿表面的变化。

第七步：根据湿表面的变化计算横剖面上的波浪产生的压力。即

$$\overrightarrow{F_L(i)}=\sum_{h=0}^{j}(\rho g z_n\Delta z\Delta l\cdot\vec{n}+\rho g e^{kz_h}\zeta_i\Delta z\Delta l\cdot\vec{n}) \tag{4-53}$$

同理可以求出该剖面右舷流体作用力。

第八步：将所求的的剖面流体力沿着船长方向积分。

综上所述，可以计算出该时刻点的一阶波浪载荷。

4.4 成果应用简介

4.4.1 某原油码头预警系统研发

监测系统一般需要配备海洋环境监测设备和气象预报系统，通过港口防风防

汛预警管理系统的实际应用,港口码头堆场可以实时有效掌握周围作业环境,合理安排生产作业,并可以利用系统的预警功能及时掌握和预判异常情况,统筹制定有针对性的应急方案。结合该系统的各种功能,用户可以根据自身实际情况选择适宜的功能组合,为自身的安全生产经营提供技术支持。该系统可推广应用于阵风较大或台风活动频繁的公路、机场、大型货场等,监控场区整体范围内的风速、风向等数据,能够为用户提供安全预警,保障用户的安全生产和运营。

码头为开敞式码头,其周围海洋波浪条件未知,首先需要进行前期的波浪条件进行推算。

4.4.1.1 海浪数值预报

研究根据波浪数值模型,针对码头区域建立模型参数化方案,计算区域首先选取以 CCMP 风场及 ECMWF 风场为模型的驱动力,计算至近岸时针对码头进行模型的精细化处理,并进行二次嵌套计算。其中考虑涌浪的传播具有明显的线性特点,尤其是低频部涌浪,几乎不存在非线性相互作用,能够不受衰减地自由传播。我们取涌浪低频部分和高频部分划分为0.125 Hz(相当于 8 s 周期),即小于 0.125 Hz 的低频涌浪可以不受衰减地自由传播,而大于 0.125 Hz 的高频涌浪将很快地衰减,即在一个时间步长(1 h)内全部衰减。此外,大于0.125 Hz 的能量在谱中仅占很小的部分,即使略去也无大的影响。初始条件假定海面是平静的。这种人为的初始条件一般需 24~48 h 可以消除,其时间长短视起始时刻是否有较大风浪或涌浪而定。边界条件分两类,一类为陆边界,假定陆边界波浪能量全部吸收。另一类为开边界,我们假定波浪能量可以自由通过开边界。当预报海域以外波浪能量较预报海域内较大时,这种边界条件就过小地估计了外海域的贡献,反之就过大地估计了外海域的贡献,但是这种边界条件不会造成预报海域内波浪能量的人为积储,海浪预报的模型计算网格分布如图 4.3 所示,其对应的水深分布如图 4.4 所示。

冷锋也是引起工程海区较大波浪的主要天气系统之一。我们对 2016 年 6 月和 2018 年 3 月的天气过程各作了 1 个月的波浪后报。图 4.5 和图 4.6 是 2016 年 6 月和 2018 年 3 月码头前沿波浪的观测值和模型后报值的比较图,从图中看出其演变趋势相当吻合。将后报值和实况分析值的误差作了统计分析。结果表明,相关系数是 0.83,平均误差为 0.49 m,方差为 1.01。

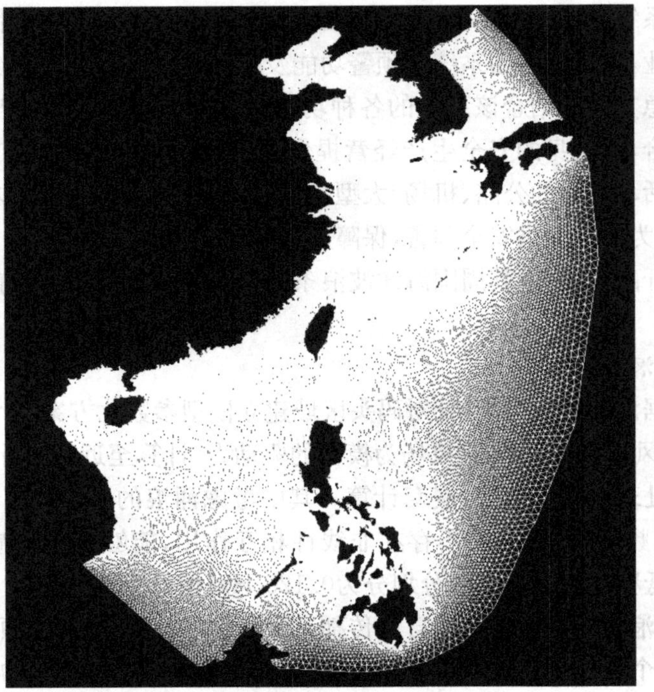

图 4.3　模型计算域网格分布

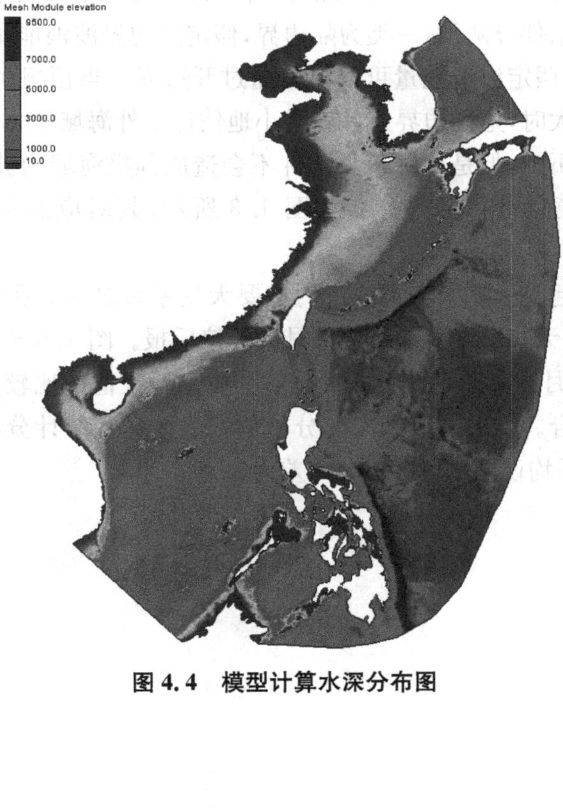

图 4.4　模型计算水深分布图

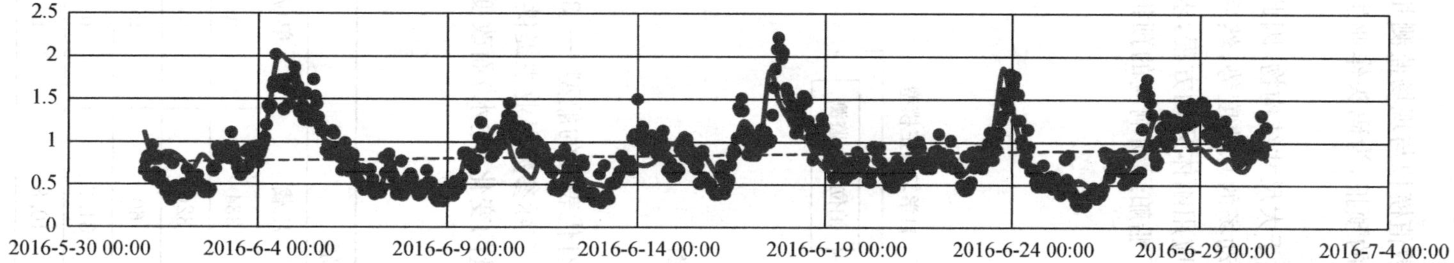

图 4.5　2016 年 6 月码头区域模型计算与实测对比过程

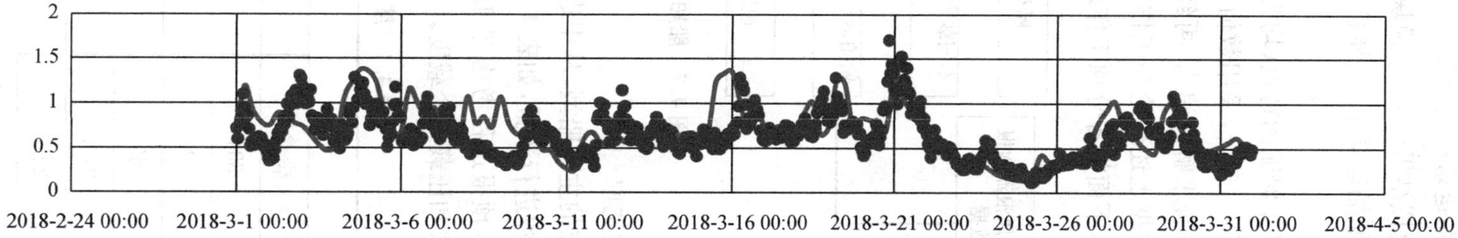

图 4.6　2018 年 3 月码头区域模型计算与实测对比过程

4.4.1.2　系泊船舶运动响应预报

在得到波浪模拟结果以后，本模块通过理论计算、数值模拟与现场监测相结合的手段，实现系泊船舶运动量、缆绳拉力与护舷撞击力的预报，为码头作业生产提供技术指导。

针对本工程停靠船舶的特点（均为大吨位船舶），属于大尺寸结构物，因此拟在频域下，基于线性绕射理论，采用数值计算方法求得波动场的总速度势，然后应用线性化的伯努利方程求解波浪力，再经过傅里叶变换，应用刚体运动方程，求得物体的运动响应。根据上述理论和工作预测需求，制定了船舶运动响应的预报流程图，如图 4.7 所示，下面将各分项工作进行详述。

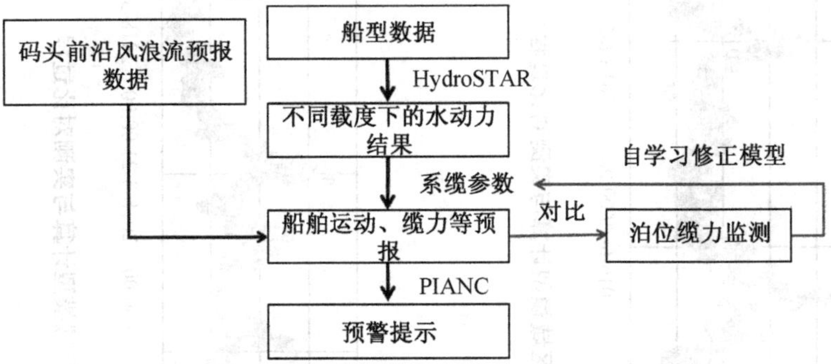

图 4.7　船舶运动响应预报流程图

(1) 船舶参数选取

调研停靠泊位的主力船型，从中进行挑选，选择具有代表性的船型——30 万 t 油船，作为模型参数进行预报，如表 4.1 和图 4.8 所示（实际参数以业主提供为准，此处仅作为参考），预报过程考虑船舶载度随着装卸量的变化（吃水）而改变的情况，考虑满载、半载和压载三个载度。

表 4.1　某 30 万 t 油船参数表

参数	30 万 *DWT* 油船			
	满载	半载	压载	单位
船总长	334	334	334	m
柱间长	326	326	326	m
船型宽	60	60	60	m
型深	31.2	31.2	31.2	m
吃水	22.5	14	10.8	m

续表

参数	30 万 *DWT* 油船			
	满载	半载	压载	单位
排水量	378 926.1	227 917	171 058.1	t
重心高	21.2	20.6	21.5	m
浮心高	12.375	8.05	6.75	m
稳心半径	14.286	22.431	26.371	m
纵稳心半径	341.601	478.439	437.912	m
稳性高	5.46	9.88	11.62	m
纵稳性高	332.78	465.89	423.16	m
横摇周期	18.21	14.06	13.14	s
纵摇周期	13.61	10.73	10.52	s

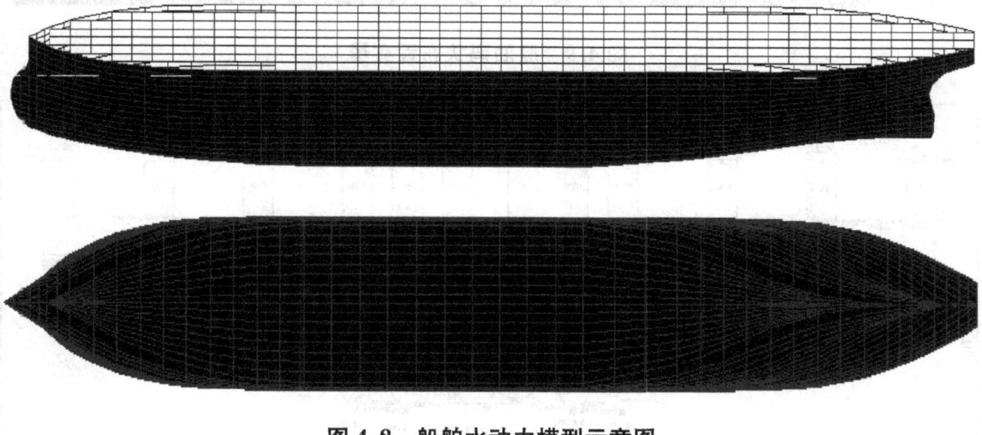

图 4.8　船舶水动力模型示意图

(2) 船舶水动力分析

应用上述公式，分别建立各自的定解条件，通过数值计算得到浮体的附加质量、阻尼系数和波浪载荷等水动力特征。

基于以上方法，得出停靠该泊位的主力船型对应的不同载度下的水动力参数库，在后续计算求解时，直接调用不同载度对应的附加质量、阻尼系数和波浪载荷数据库。

(3) 平面布置

某港区 30 万 t 级原油码头工程位于已建防波堤外侧，东临已建 30 万 t 级矿石码头。码头呈蝶形布置，由工作平台、6 个系缆墩(MD1～MD6)、4 个靠船墩(BD1

～BD4)及引桥组成。码头总长为 450 m,码头轴线走向 56°15′～236°15′,码头前沿底高程－27.0 m,引桥总长 455 m,码头平面布置图见图 4.9。码头结构考虑重力式圆沉箱结构方案。圆沉箱直径均为 15m,系缆墩顶高程为＋9.5 m,靠船墩顶高程为＋10.5 m,工作平台面板高程＋13.5 m;系缆墩、靠船墩和工作平台之间由人行桥连接,在系、靠船墩上设人行桥支座,人行桥底高程为＋13.5 m(图 4.10、图 4.11)。

图 4.9　原油码头布置实景

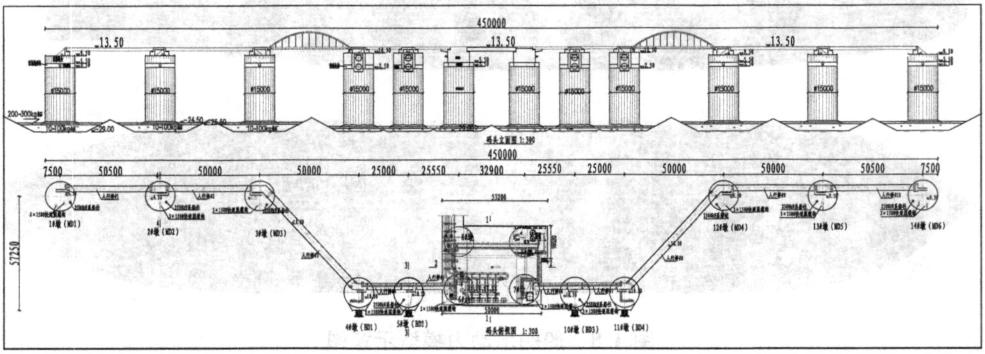

图 4.10　码头结构立面和俯视图

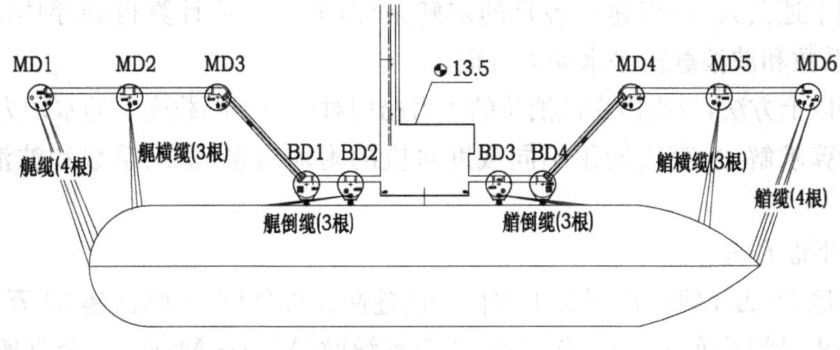

图 4.11　船舶系泊示意图

(4) 缆绳及护舷模拟

对 30 万 t 船舶,初步考虑采用∅=75 mm 尼龙缆绳,缆绳布置采用 4∶3∶3 方式(相关参数以业主提供数据为准)。

4 个靠船墩上分别设置二鼓一板 3000H 低反力型鼓型橡胶护舷,其性能如表 4.2 和图 4.12 所示。

表 4.2 SUC3000H(R1)型单鼓低反力型橡胶护舷性能表

橡胶配方	设计反力 (kN)	最大反力 (kN)	设计吸能量 (kN-M)	最大吸能量 (kN-M)
R1 低反力型	3 750	4 400	4 300	4 650

注:设计压缩变形 47.5%,最大压缩变形 50%,公差:±10%。

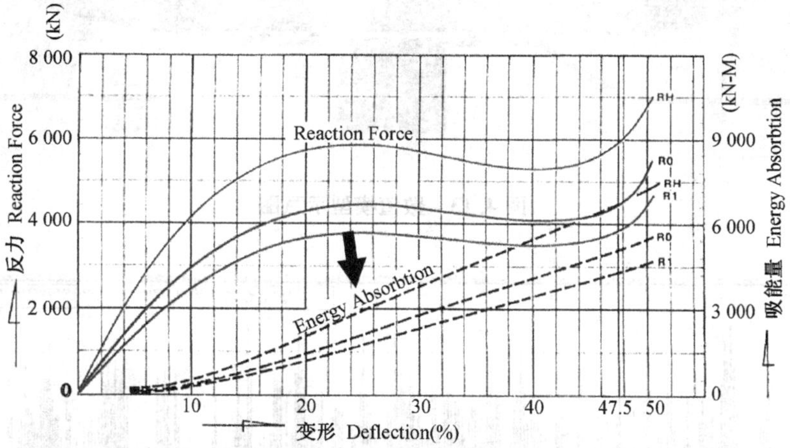

图 4.12 SUC3000H(R1)型单鼓低反力型橡胶护舷性能曲线

(5) 建立时域分析预报模型

计算采用时域分析方法求解系泊系统的响应,考虑缆绳及护舷的非线性刚度,建立了系泊船舶在风、浪、流等环境载荷和系泊载荷的共同作用下处于平衡的运动方程。在时域内,考虑系泊系统之后的平衡方程如公式所示:

$$\{[\boldsymbol{M}_{ij}]+[\boldsymbol{A}_{ij}]\}\{\ddot{\boldsymbol{X}}_j\}+\int_{-\infty}^{t}[R_{ij}(t-\tau)]\{\dot{\boldsymbol{X}}_j\}\mathrm{d}\tau+[\boldsymbol{C}_{ij}]\{\boldsymbol{X}_j\}=[F_{wj}(t)]+\sum_{k=1}^{r}F_m+F_c+F_{wave}+F_{wind}+f_{护舷} \tag{4-54}$$

式中:$\boldsymbol{M}_{ij}$ 为浮体质量矩阵;$\boldsymbol{A}_{ij}$ 为浮体附加质量矩阵;$\boldsymbol{X}_j$ 为浮体的位移向量(包括纵移、横移、升沉、横摇、纵摇和艏摇);$\boldsymbol{C}_{ij}$ 为浮体恢复力系数矩阵;R_{ij} =

$\frac{2}{\pi}\int_{0}^{\infty}B_{ij}(\omega)\frac{\sin\omega t}{\omega}d\omega$ 为系统的时延函数；F_m 为系泊力；n 为锚泊线的数量；F_{wave} 为波浪力；F_c 为流载荷；F_{wind} 为风载荷；$f_{护舷}$ 为承受的护舷载荷。

上式中的参数均提前算好，在预报时直接进行调用，已达到预报及时的目的，数值模型如图 4.13 所示，模拟结果如图 4.14 所示，从模拟的时间历程响应中，挑出该工况对应的最大值作为预报值，与现场进行对比验证，进而优化相关计算参数，提高计算的准确度。

图 4.13　数值模型示意图

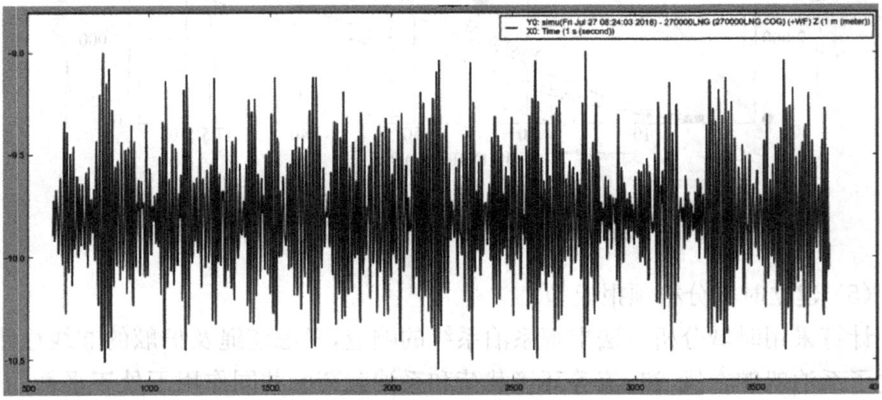

图 4.14　运动模拟结果图

4.4.1.3　*基于神经网络方法的船舶运动响应预测技术*

1）数据集说明

(1) 数据清洗

原始数据都存储在 Excel 文件中，总共有 10 532 条实验数据，首先需要对数据集进行数据清洗，删除掉错误和冗杂的数据。数据清洗完后，还剩余 6 822 条数据。之后，为了便于程序执行，删除 name 列，保存数据到 Excel 表格中。

(2) 数据归一化处理

为了消除模型比尺的影响和数据之间的量纲，同时也便于对神经网络进行训练，需要进一步对数据进行归一化处理。

2) 输入参数

船舶吃水、波浪周期、波高、波向、风速、风向、流速、流向作为输入参数。

3) 输出参数

在该项目训练的模型中输出结果为船舶的六自由度运动量(横荡、纵荡、垂荡、横摇、纵摇和艏摇)，缆绳拉力(艏缆、艏横缆、艏倒缆、艉倒缆、艉横缆和艉缆)、护舷撞击力(4 个护舷)。

4) 构建神经网络

(1) 输入层

输入层包含 8 个参数，包括风浪流要素、船舶装载等几方面。

(2) 隐含层

隐含层节点设置为 20 个，激活函数为非线性函数，选取 tanh 函数，见图 4.15。即

$$f(z) = \tanh(z) = \frac{e^{z} - e^{-z}}{e^{8} + e^{-2}}$$

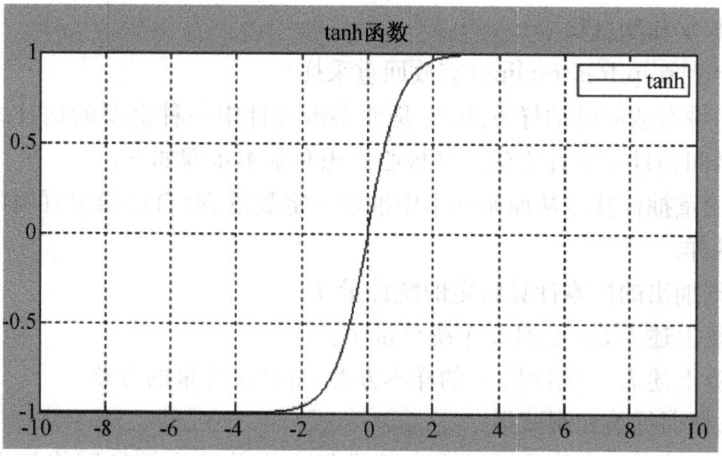

图 4.15　隐藏层函数图

(3) 输出层

输出层包含 16 个参数，即运动量、缆力和护舷撞击力等。

(4) 神经网络结构

将神经网络的结构设置好，损失函数为均方误差 MSE，即

$$\mathrm{MSE}(y,y')=\frac{\sum_{i=1}^{n}(y_i-y_i')^2}{n}$$

上式中，y_i 为一个 batch 中第 i 个数据的实验值，而 y_i' 为神经网络给出的预测值。训练函数为 trainlm()，即采用 Levenberg-Marquardt 算法。构建好的神经网络结果如图 4.16 所示：

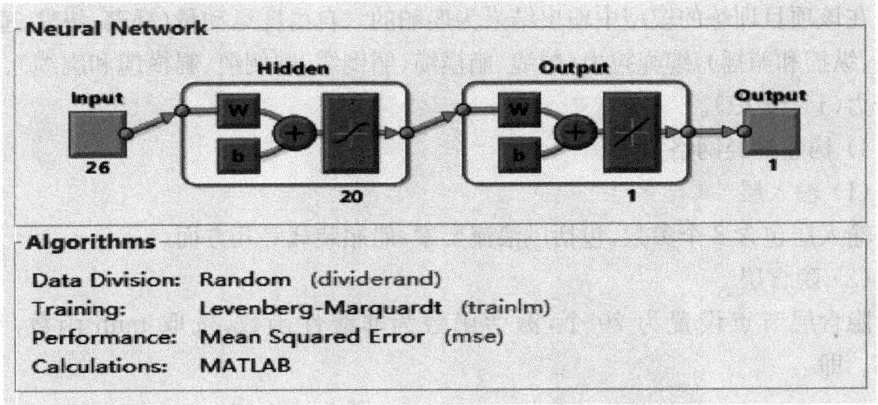

图 4.16　构建好的神经网络图

5）训练集和测试集

(1) Bootstrap Resampling（有放回重采样）

这是一种有放回的抽样方法，它是非参数统计中一种重要的估计统计量方差进而进行区间估计的统计方法。其核心思想和基本步骤如下：

① 采用重抽样技术从原始样本中抽取一定数量 N（自己给定）的样本，此过程允许重复抽样。

② 根据抽出的样本计算给定的统计量 T。

③ 重复上述 L 次，得到 L 个统计量 T。

④ 计算上述 L 个统计量 T 的样本方差，得到统计量的方差。

(2) 选择训练集和测试集

对于本次实验，我们采取以下步骤进行采样并选取神经网络的训练集和测试集：

① 采用重抽样技术从原始样本中抽取数量为 $N=6\ 822$ 的样本，此过程允许重复抽样；

② 将抽出的样本作为训练集来训练神经网络，进而预测运动量等参数；

③ 重复上述 $L=500$ 次，得到 L 个运动量的统计量 q；

④ 计算上述 L 个统计量 q 的样本方差，得到运动量等数值的方差。

容易得到，原始样本中的任一个样本被抽中的概率为 63%，不被抽中的概率为 37%。因此，原始样本中的约 4 298 个样本作为训练集，2 154 个样本作为测试集。

(3) 训练结果分析

① 误差分析

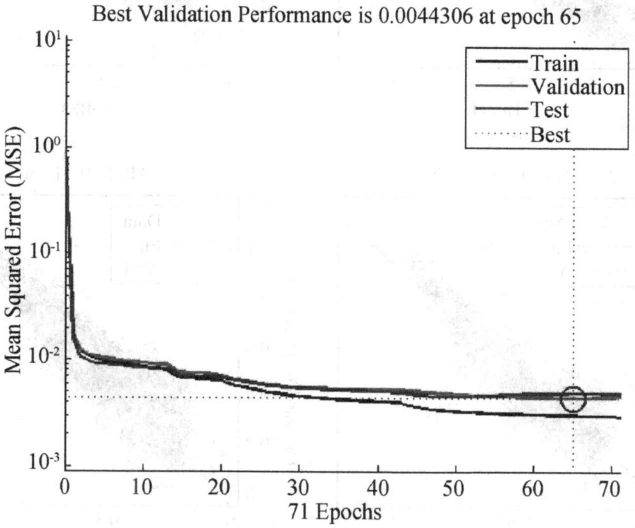

图 4.17 数据训练误差分析图

随着迭代次数的增加，可以看到该神经网络的训练误差(图 4.17)、验证误差和测试误差迅速减小至 10^{-2}以下，表明该网络模型效果非常好。

② 线性相关分析

上图中 R 值依次为训练样本、验证样本、测试样本和全部样本的回归系数，可以看到 R 值均在 0.9 以上，表明该网络预测的结果和实验结果有很强的线性相关性，表明该网络模型有很好的预测能力，见图 4.18。

6) 预测结果分析

将运动量、缆力及护舷撞击力误差 $q>10^{-6}$ 的数据输入网络中，预测其结果，并与试验值比较。如图 4.19 所示，以横坐标为试验值，纵坐标为预测值。可以看到，大部分数据都落在了网络预测的 90%显信区间内。

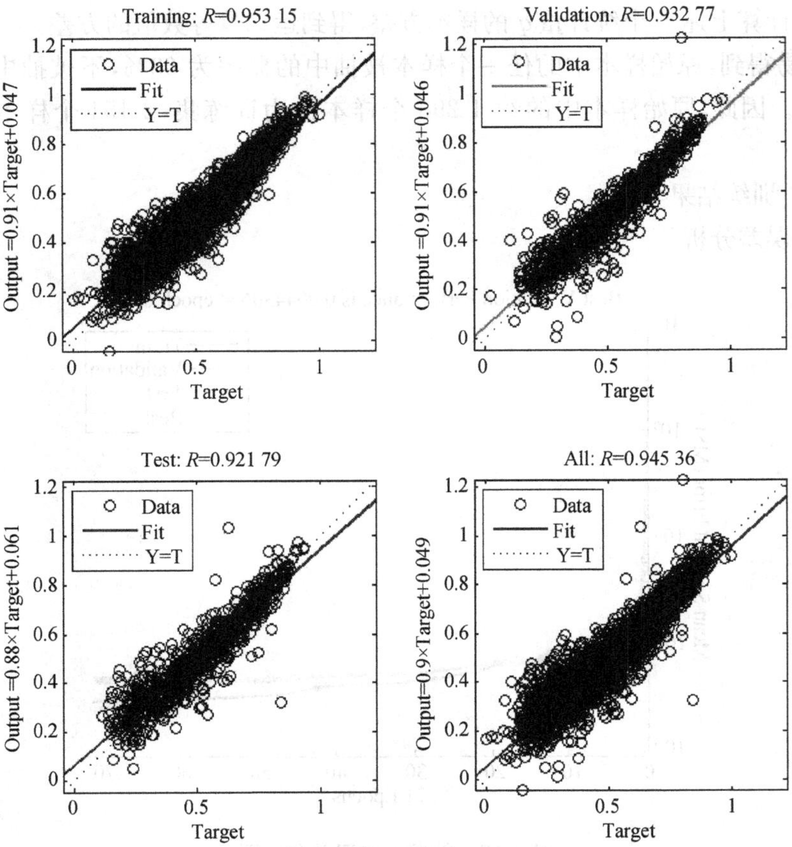

图 4.18　计算结果的线性分析图

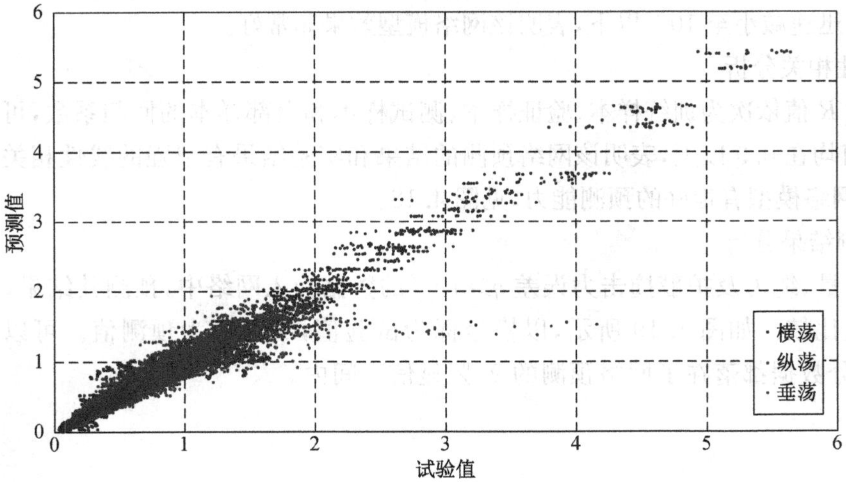

(a)

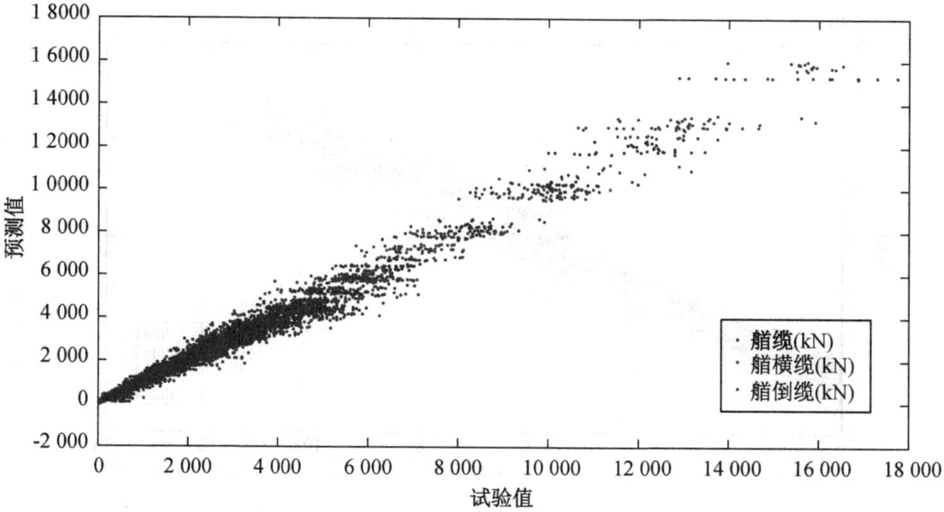
1 8000
1 6000
1 4000
1 2000
1 0000
8 000
6 000
4 000
2 000
0
-2 000
预测值
0
2 000
4 000
6 000
8 000
10 000
12 000
14 000
16 000
18 000
试验值
艏缆(kN)
艏横缆(kN)
艏倒缆(kN)

(b)

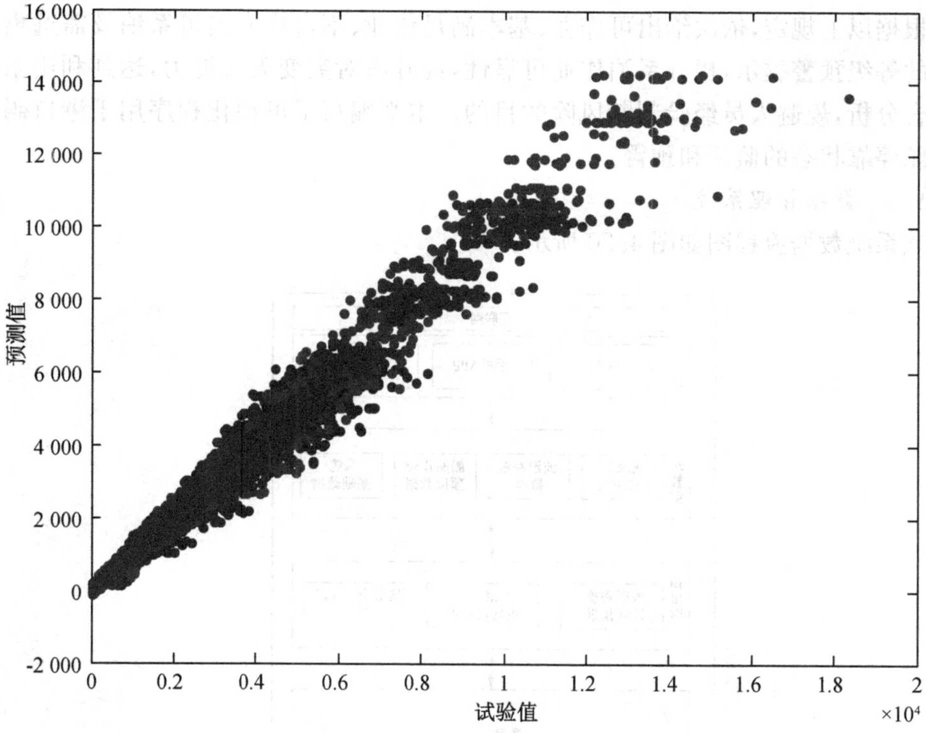
16 000
14 000
12 000
10 000
8 000
6 000
4 000
2 000
0
-2 000
预测值
0
0.2
0.4
0.6
0.8
1
1.2
1.4
1.6
1.8
2
试验值
×10⁴

(c)

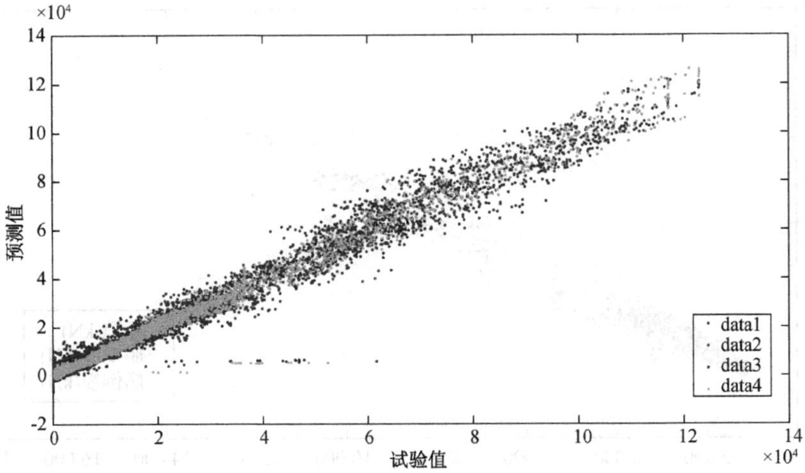

(d)

图 4.19 预测结果分析图

根据以上规定,依次给出可作业、基本满足作业、不可作业但可系泊及需逃离码头的等级预警提示,提升系泊作业可靠性,提升应对突变天气能力,达到利用系统综合分析,规避人员经验判断风险的目的。本文编写了可视化程序用于港口码头船舶停靠状态的监测和预警。

4.4.1.4 数据管理系统

该系统数据流程图如图 4.20 所示。

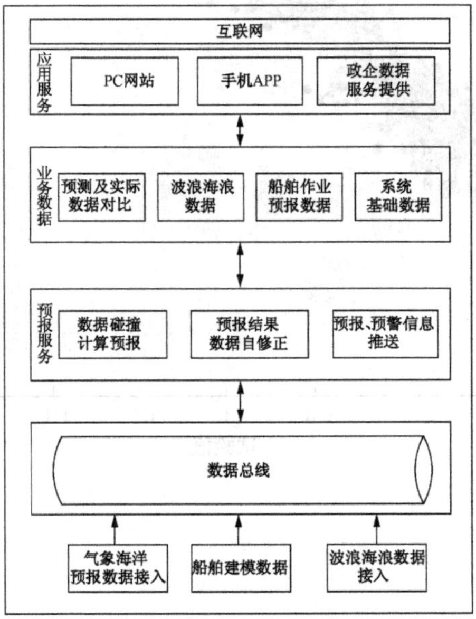

图 4.20 数据流程图

4.4.1.5 系统性能设计

该船舶作业条件预报预警系统软件平台要求系统在运行效率、数据交互、系统配置等方面具有较高的性能，硬件要求具有较强的处理能力、有较高的性价比，软件要求有较高的操作便利、较为高效科学的算法、可靠稳定性，以及较高的可维护性。以下是对该系统性能的介绍：

1. 数据中心基础设施服务

本系统将提供平台运行的基础设施服务，包括保证 7×24 h 平台系统在线运行的稳定性、高效性；需保证高效率的数据交换性能的优化及安全性。

2. 共用服务组件库

系统设计将采用主流关系数据库 Oracle、各类应用接口，提供给各节点共享，通过配置服务组件的参数即可实现与应用系统、数据库的数据交换。

(1) 性能指标设计

① 请求并发访问量≥50；

② 系统登录平均响应时间≤2 s；

③ 页面进入、切换、操作的时间≤2 s；

④ 常用查询响应时间≤5 s；

⑤ 非常用查询、模糊查询、多条件组合查询响应时间≤10 s。

(2) 系统可靠性

① 系统支持 7×24 h 的工作模式；

② 系统宕机时间每年不超过 3 次；

③ 系统每次宕机时间最多不超过 10 min。

(3) 数据库设计

① 实现数据库的快速读写和修改；

② 程序语言统一方便不同模块的对接。

4.4.1.6 预警系统软件功能实现

该系统结构如图 4.21 所示，主要针对港内船舶泊稳、波浪和潮位的实时监测，以及船舶在该海洋环境条件下的船舶运动及护舷系缆力预报，实现了对船舶靠岸状态的预警。该系统中包含五个模块，分别为船舶监测、船舶预测、波浪水流监测、波浪预测以及潮流潮位预测。一方面，对于该码头，考虑到水文环境多变，其中对于波浪、水流和潮位变化的监测分别成立相应的监测模块，而对于港内码头的船舶状态监测，包含根据实时的风浪流条件直接从数据库中读取结果以及通过神经网络方法学习的结果，来预报船舶泊稳情况。另一方面，对于未来将要停靠的船舶，本系统也提供“船舶预测”模块，通过手动输入得到该环境参数下的船舶泊稳状态，用于判断当前码头是否可以用于停靠该船舶，实现对于该码头的船舶停靠时的预

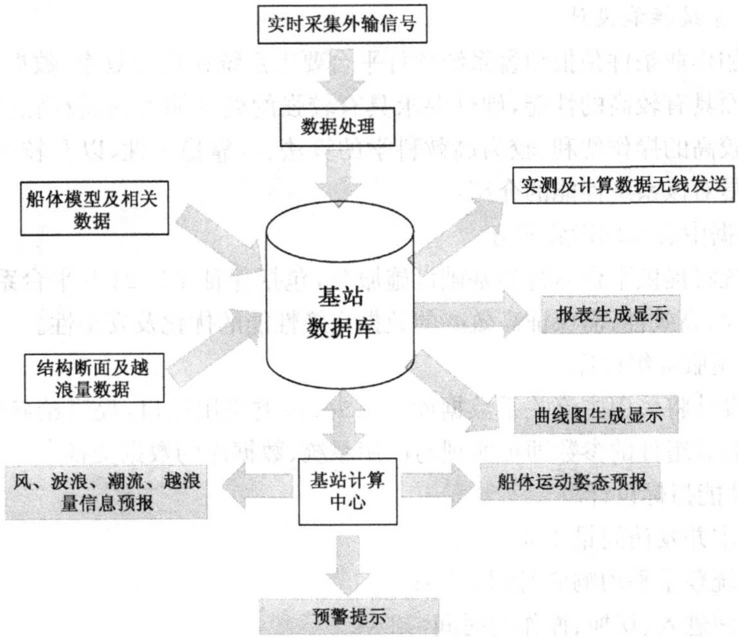

图 4.21　船舶系泊预警预报系统结构

警状态的预估判断。

4.4.2　天津 LNG 码头预警系统研发

4.4.2.1　项目背景

天津液化天然气(LNG)项目位于南港工业区东突堤北端，码头东侧有防波堤掩护，包括 1 个 26.6 万 m^3 LNG 船的 LNG 泊位(设计代表船型为 8 万 m^3～26.6 万 m^3 LNG 船，兼顾 3 万 m^3 LNG 船)、1 个工作船码头及相应的配套设施。其中 LNG 码头泊位由工作平台、4 个系靠船墩、6 个系缆墩及栈桥等组成，平面布置见图 4.22 和图 4.23。但是由于该码头距离岸边较近，因此，需要对船舶泊稳进行实时预警，以保证船舶停靠时的安全。

4.4.2.2　研究内容

研究本码头的船舶相关参数，包括对船舶的泊稳条件以及对靠泊撞击力进行监测和预警。

首先，根据提供的码头水文环境进行物理模型试验，该码头水文环境参数如下：

(1) 风

本工程位于渤海湾湾顶，与天津港距离很近，其风场的分布特征与天津港相近。根据天津港多年实测资料，天津海域常风向 NW(9.07%)，次常风向 SE

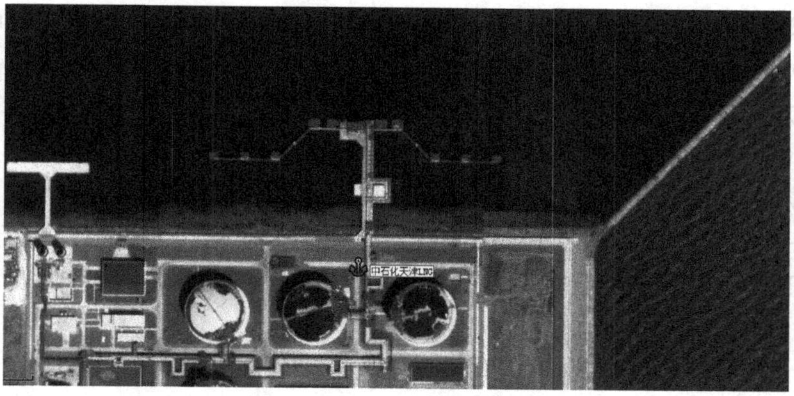

图 4.22　天津中石化 LNG 码头卫星照片

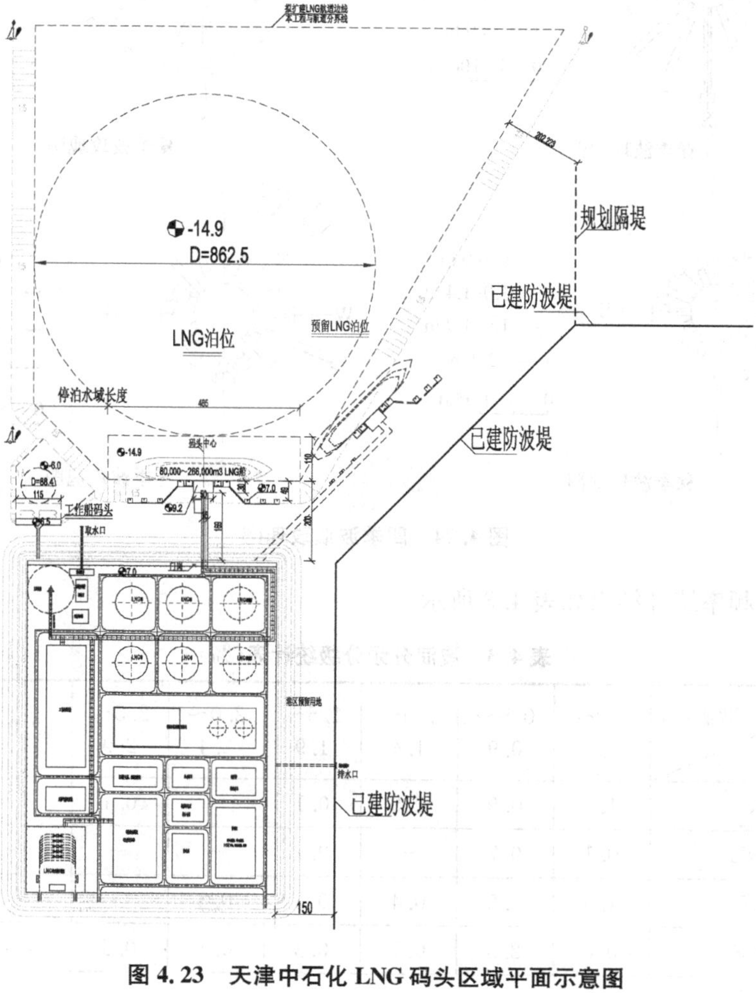

图 4.23　天津中石化 LNG 码头区域平面示意图

(7.64%)、SW(7.54%),强风向 NW,最大 22 m/s,次强风向 ENE,风速最大 21 m/s。

(2) 波浪频率分布

根据天津港实测资料,该海区是以风浪为主(占 71%);涌浪为辅(29%)。表明了当地大风是该海区产生波浪的主要因素,风浪是本地区的主导波浪。各季各向风浪频率,春季(3—5 月)以 E～S 向为主;夏季(6—8 月)以 ESE～SW 向为主;秋季(9—11 月)以 S～NW 向为主,冬季(12—2 月)以 WSW～NNW 向为主;全年各向以 E 向分布最多,各季波浪玫瑰图分别见图 4.24,波浪分频分级见表 4.3。

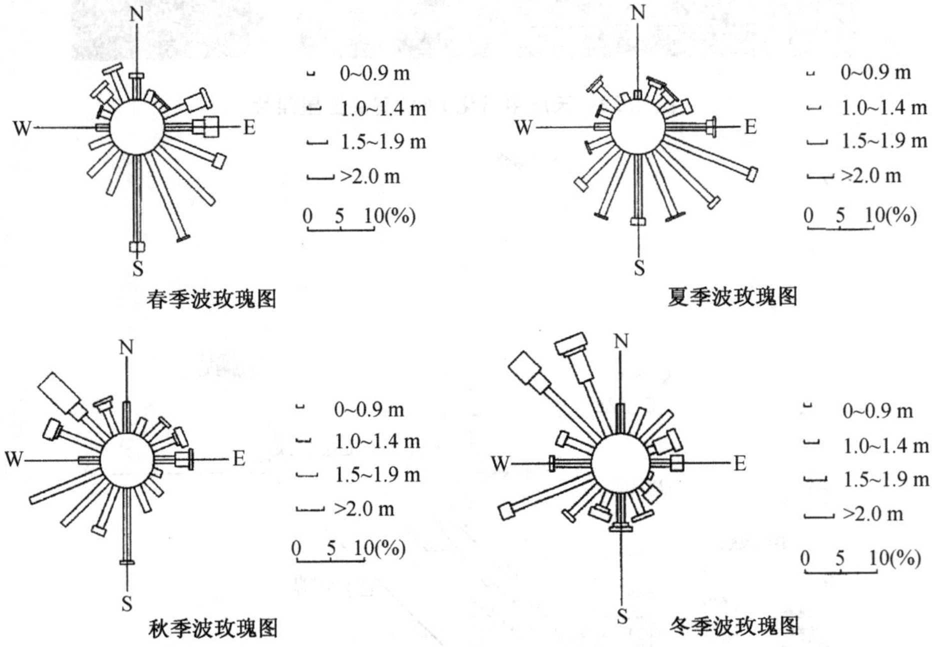

图 4.24 四季波浪玫瑰图

波浪频率统计结果如表 4.3 所示:

表 4.3 波浪分频分级统计表(%)

波高(m) / 波向	0.0～0.4	0.5～0.9	1.0～1.4	1.5～1.9	2.0～2.4	2.5～2.9	≥3.0 m	合计(%)
N	1.5	0.9	0.5	0.1	—	0.1	—	3.1
NNE	0.1	0.7	—	0.1	—	—	—	0.9
NE	1.5	1.5	0.4	0.8	0.3	—	—	4.5
ENE	0.8	2.5	0.7	0.3	0.1	0.5	0.3	5.2

续表

波高(m) 波向	0.0~0.4	0.5~0.9	1.0~1.4	1.5~1.9	2.0~2.4	2.5~2.9	≥3.0 m	合计(%)
E	6.9	7.9	2.0	0.9	0.4	—	0.1	18.2
ESE	3.6	3.4	0.3	0.1	—	—	—	7.4
SE	7.9	3.3	0.1	—	—	—	—	11.3
SSE	4.1	2.6	0.3	—	—	—	—	7.0
S	4.8	2.4	0.1	—	—	—	—	7.3
SSW	1.1	1.5	—	—	—	—	—	2.6
SW	5.3	3.6	0.1	—	—	—	—	9.0
WSW	1.5	1.5	—	—	—	—	—	3.0
W	2.0	1.7	—	—	—	—	—	3.7
WNN	0.5	1.5	0.3	0.3	—	—	—	2.6
NW	3.3	4.9	1.5	0.5	—	—	—	10.2
NNW	0.9	1.7	1.1	0.4	—	—	—	4.1
合计	45.8	41.6	7.4	3.3	0.8	0.6	0.4	99.9

(3) 波高分布

根据海浪实测资料统计本海区年平均波高为 0.6 m,在年周期中,秋季平均波高最大,夏季最小。实测最大波高为 4.0 m,在年周期中,其最大波高出现在春秋季;夏季出现不多,而且波高也相对较小,全年平均最大波高为 2.7 m。根据实测资料统计出本海区 3.5 m 以上波高基本出现在 NW~E 向范围之中,而 ESE~WNW 各向最大波高均在 3.0 m 以下。本海区各向平均波高的分布趋势与最大波高相似。

(4) 潮位特征值

设计高水位	+4.30 m
设计低水位	+0.50 m
极端高水位	+5.88 m
极端低水位	−1.29 m

根据上述条件,整理出物理模型试验条件如表 4.4 所示:

表 4.4 风、浪、流环境条件组合

条件	数值	方向
风	V=20 m/s、30 m/s	艄来顺风、离岸横风

续表

条件	数值	方向
海流	落潮流流速 0.24 m/s，与码头呈 10°的离岸流	
波浪	$H_{4\%}=1.5$ m; $\overline{T}=7$ s	0°、45°、90°
船舶装载状况	压载、满载	—
水位	设计高水位	—

(5) 船型参数

以下是对相关于本码头停靠的船型，最大船型为 17.5 万 m^3 LNG 船，具体的参数如表 4.5 所示：

表 4.5 试验船型 175 000 m³ 模拟参数(比尺 1∶60)

满载	实船	模型	单位	压载	实船	模型	单位
船总长	298.43	4.974	m	船总长	298.43	4.974	m
柱间长	282	4.700	m	柱间长	282	4.700	m
船型宽	46	0.767	m	船型宽	46	0.767	m
型深	26.8	0.447	m	型深	26.8	0.447	m
吃水	12.3	0.205	m	吃水	6.8	0.113	m
排水量	132 471.0	0.598 334	t	排水量	67 811.1	0.306 28	t
重心高	17.40	0.290	m	重心高	20.80	0.347	m
浮心高	6.765	0.113	m	浮心高	4.08	0.068	m
稳心半径	15.929	0.265	m	稳心半径	31.118	0.519	m
纵稳心半径	484.902	8.082	m	纵稳心半径	947.271	15.788	m
横惯性矩	36 728 037	0.047	t·m²	横惯性矩	21 736 632	0.028	t·m²
纵惯性矩	658 414 171	0.847	t·m²	纵惯性矩	337 038 269	0.433	t·m²
稳性高	5.294	0.088	m	稳性高	14.398	0.240	m
纵稳性高	474.27	7.9	m	纵稳性高	930.55	15.51	m
横摇周期	14.52	1.87	s	横摇周期	10.30	1.22	s
纵摇周期	9.63	1.61	s	纵摇周期	7.21	1.03	s

(6) 护舷参数

在 4 个靠船墩上分别布置了 SUC2250H 两鼓一板低反力型橡胶护舷，其性能参数见表 4.6，性能曲线见图 4.25。

表 4.6　SUC2250H 低反力型单鼓橡胶护舷性能表

橡胶配方	设计反力 (kN)	最大反力 (kN)	设计吸能量 (kN-M)	最大吸能量 (kN-M)
R1 低反力型	2 126	2 260	2 101	2 224

注：设计压缩变形 52.5%，最大压缩变形 55%，公差：±10%。

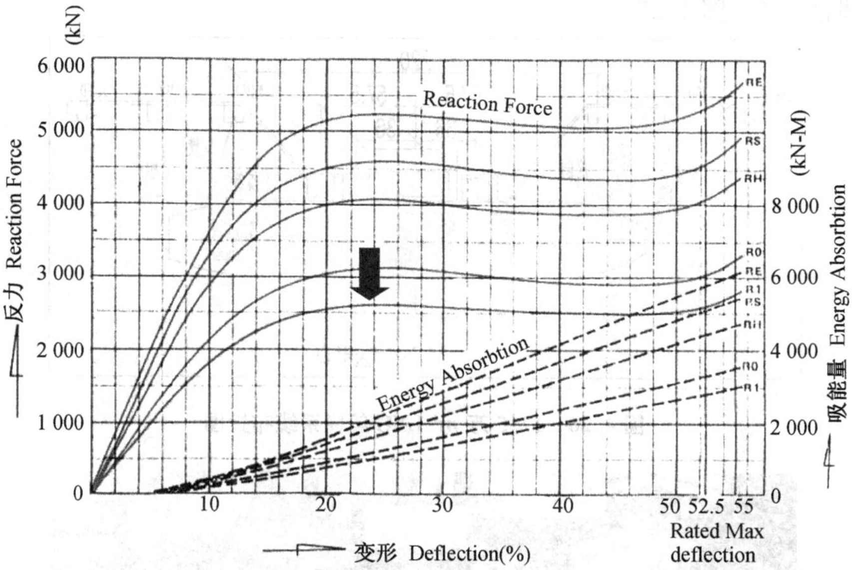

图 4.25　SUC2250H 单鼓低反力型橡胶护舷性能曲线

（7）缆绳参数

对于 17.5 万 m³ LNG 船实际采用的是∅44 mm 的 HMPE 缆绳，其参数如表 4.7 所示：

表 4.7　试验船型系泊缆绳规格

船型	最大缆数	HMPE		尼龙缆尾索	
		直径 (mm)	破断力 (kN)	直径 (mm)	破断力 (kN)
17.5 万 m³	18	44	1 370	100	1 870

注：1. 试验时应考虑绞车至导缆孔之间距离的缆绳长度；2. 出缆孔应与实船出缆孔一致。

对于直径为∅44 mm 的 HMPE 缆绳，其最小破断力为 1 370 kN，则单根缆绳所受到的最大拉力应小于 685 kN（50%的最小破断力）；对于直径为∅36 mm 的 HMPE 缆，其最小破断力为 930 kN，则单根缆绳所受到的最大拉力应小于 465 kN（50%的最小破断力）。

由于在缆绳模拟时，一组缆绳是由 2 根或 3 根缆绳合并成一根进行模拟，因此试验数据成果附表中（除特别说明为单根缆力外）的缆力数据均代表这一组缆绳所受的拉力，报告中单根缆所受拉力为该组缆力除以其所包括的缆绳根数，未考虑缆绳受力的不均匀性。

（8）船舶系缆布置

见图 4.26、图 4.27。

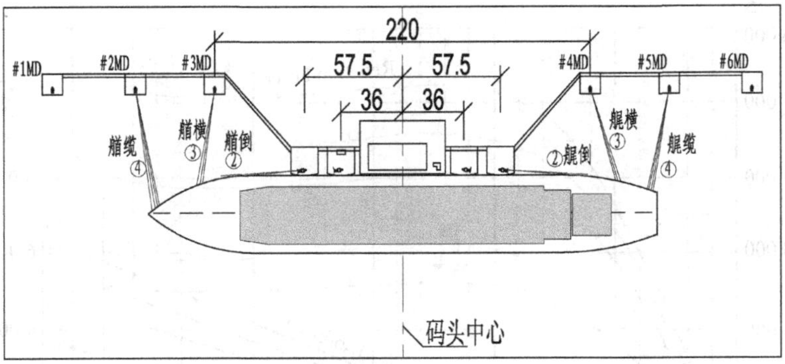

图 4.26　17.5 万 m^3 LNG 船模系缆布置图

图 4.27　17.5 万 m^3 LNG 船模型实景照片

4.4.2.3　码头作业预警系统

本码头预警系统一共分为三个部分：船舶系泊条件实时预警、船舶系泊条件手动计算和船舶撞击力瞬间预测，如图 4.28 和图 4.29 所示。

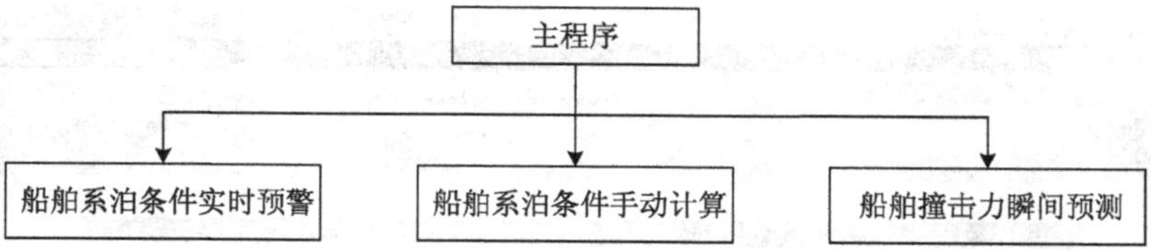

图 4.28　码头预警系统框架图

图 4.29　码头预警系统主程序界面

该系统是基于 Mathwork 公司的 MATLAB GUI 软件平台开发的，预警系统的程序编写语言主要为 C 语言、MATLAB 内部函数和 GUI 程序模块(图 4.30)，完成平台程序的界面同时，使用程序编译模块(图 4.31)完成程序的独立开发。

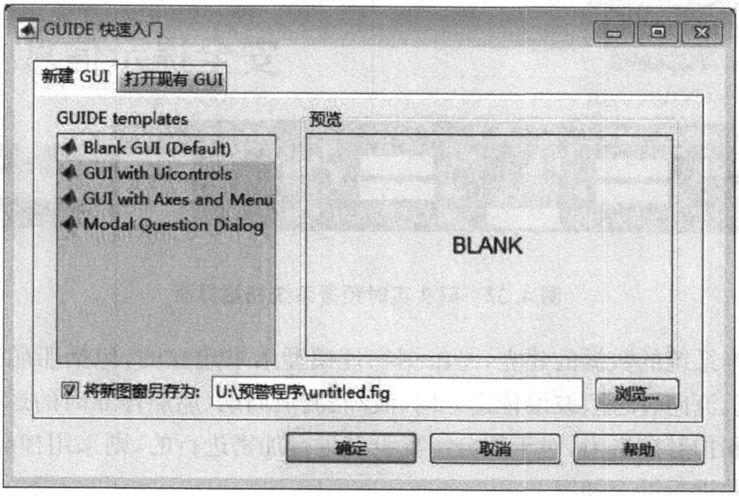

图 4.30　MATLAB GUI 开发平台

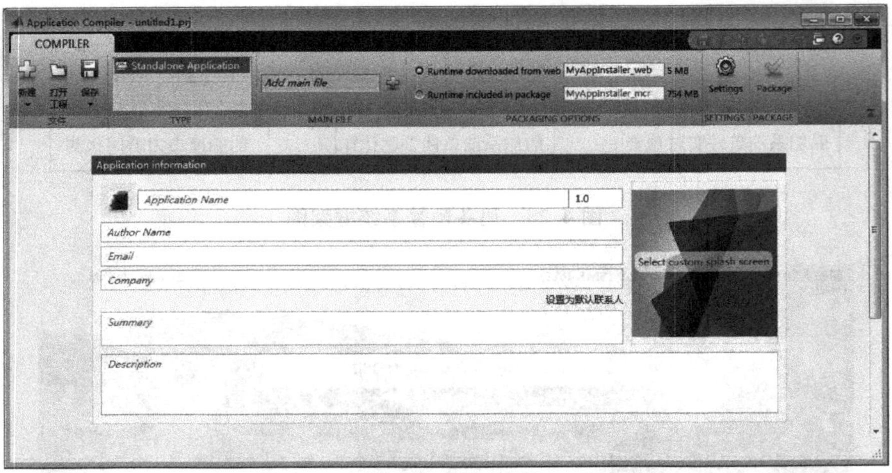

图 4.31　MATLAB 程序编译平台

(1) 船舶系泊条件实时预警

本部分是对码头停靠后的船舶进行实时的预警，在选择该模块后，初始界面如图 4.32 所示：

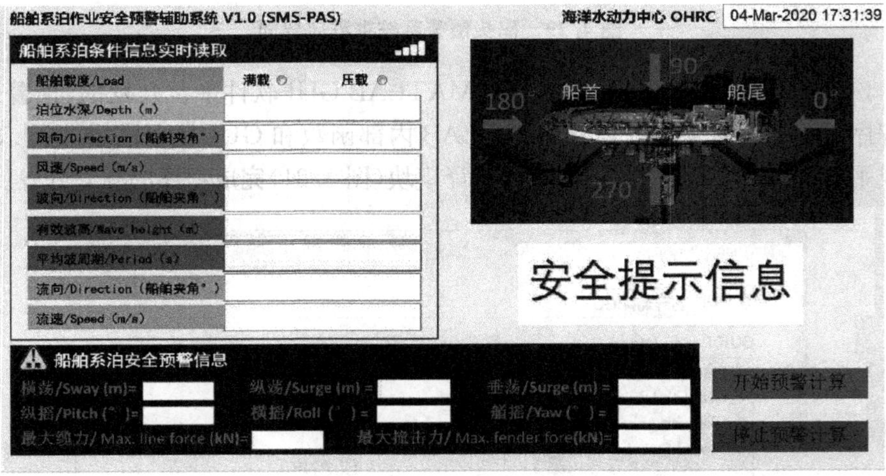

图 4.32　码头实时预警系统初始界面

对于本系统的数据的建立，是根据物理模型结果建立的，包括船舶装载情况，风向、风速、流向、流速、波浪传播方向、波高、波浪周期、船舶停靠时的运动量、缆绳最大拉力和护舷撞击力，对于部分情况没有进行加密进行的，则采用神经网络算法进行学习并进行补充加密。

在得到数据库后，是对本预警系统的程序设计。在本部分码头系泊安全实时预警模块中，首先根据不同装载度的船舶选择不同的数据库，然后前沿水深是通过布置在码头前的测量装置实时发送数据得到的。

在得到该数据库以后，需要对得到的风速、风向、流速、流向、波浪周期、波高以及波浪传播方向等码头环境变量进行预处理，每个变量的处理方式相同，现在以波高为例。

首先获得数据库中所计算得到的所有波高，存储到波高序列中，当导入的波高变量如果等于某一数据库中的波高，则直接读取该条信息，否则将选取数据库中距离该输入波高最近的数据库中的波高为 H_0，然后选取数据库中下一较大波高 H_1，当该波高 H_1 小于数据库中的波高最大值 H_{max} 时则选取 H_1，否则 $H_1=H_{max}$。同理，当输入波高小于数据库中波高最小值 H_{min} 时，则 $H_0=H_{max}$。在确定 H_0 和 H_1 以后，即确定出相近的数据和相邻的下一组较大的数据，然后依次类推得到风速、风向、流速、流向、波浪周期以及波浪传播方向，从数据库中找到这两组数据。

在找到这两组数据后，得到后面对应的船舶六个方向上的运动量和护舷撞击力以及系缆力，考虑到插值结果的快速性，以及之前数据库在计算时已经针对关键区域进行加密组次，此时结果输出是取两组数据的每一个参数的平均值，例如，较大横摇运动 $Roll_1$ 和较小横摇运动 $Roll_0$，输出的结果为 $Roll=1/2\times(Roll_1+Roll_0)$，对于船舶运动量，根据交通运输部颁布的 LNG 码头设计规范《液化天然气码头设计规范》(JTS 165—5—2016) 中要求的船舶运动量作业标准进行设定（如表 4.8 所示），将不同用处的码头的相关信息预先录入系统中，用于判断该码头的标准，超过该设定范围将提示出现危险的信息。

表 4.8 液化天然气船舶作业条件标准

项目		进出港航行	靠泊操作	装卸作业	系泊
风速(m/s)		≤20	≤15	≤15	≤20
允许波高(m)	横浪 $H_{4\%}$	≤2.0	≤1.2	≤1.2	≤1.5
	顺浪 $H_{4\%}$	≤3.0	≤1.5	≤1.5	<2.0
允许流速(m/s)	横流	<1.5	<0.5	<1.0	≤1.0
	顺流	≤2.5	<1.0	<2.0	<2.0

此外，在本预警程序中，还将对以下几处危险情况进行预警：

① 流向为开流，横向流分量大于 0.25；

② 波浪夹角大于 15°，小于 180°时；

③ 吹开风时，风向介于 0°～180°；

④ 长周期波浪，即波浪周期大于等于 8 s。

在出现上述条件时，将提示危险信息，用于警示码头操作人员。

选择船舶满载或者压载时，单击右下角的“开始预警计算”按钮，船舶预警系统开始运行。外部的风浪流实测数据实时发送到计算机中，并保存在一个文件中，本系统则实时读取风浪流信息，当船舶正常作业时，可以看到如图 4.33 所示的系统显示安全作业的提示信息。

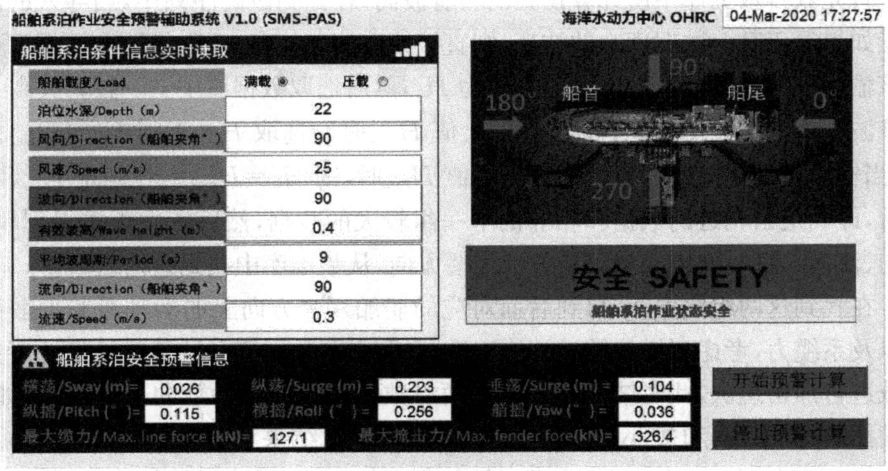

图 4.33　码头实时预警系统提示安全界面

当某一运动量超标时，则会提示系泊作业出现危险，并在该项目中标红，如图 4.34 所示。

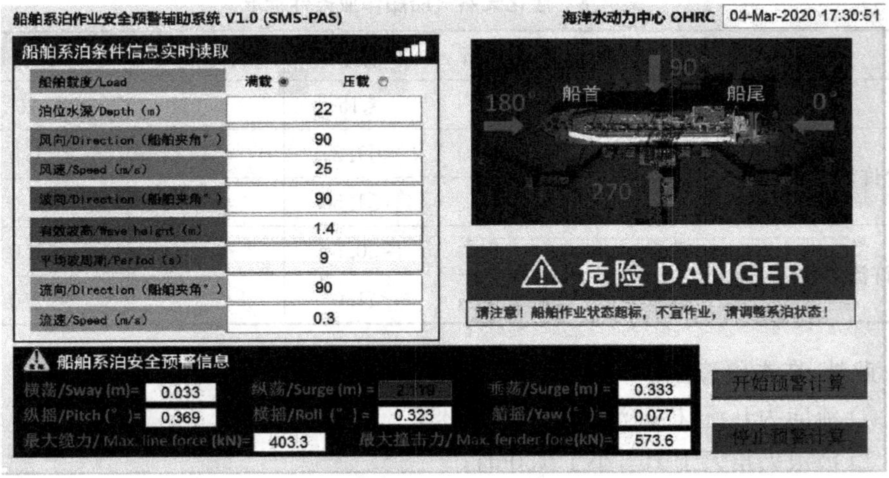

图 4.34　码头实时预警系统提示预警界面

（2）船舶系泊条件手动计算

该部分主要针对将要停靠的船舶是否满足停靠的作业标准，则需要预先手动输入参数进行计算校核，这一部分的风浪流信息是根据需要手动输入的，然后将以上信息输入程序内部进行分析，包含从数据库中提取数据并计算相应的船舶运动量、系缆力和护舷撞击力结果，这一过程与“（1）船舶系泊条件实时预警”中的介绍方法相同，这里不再赘述，程序初始界面如图 4.35 所示。

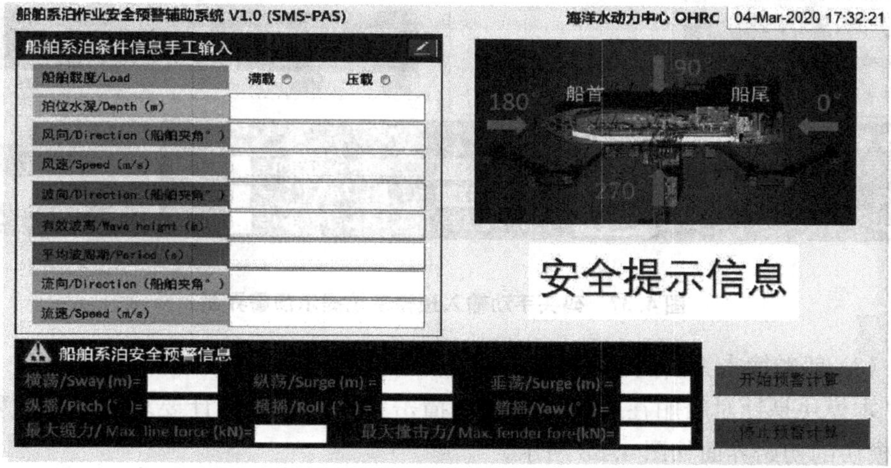

图 4.35　码头手动输入预警系统初始界面

其余的安全可作业提示信息和危险信息如图 4.36 和图 4.37 所示。

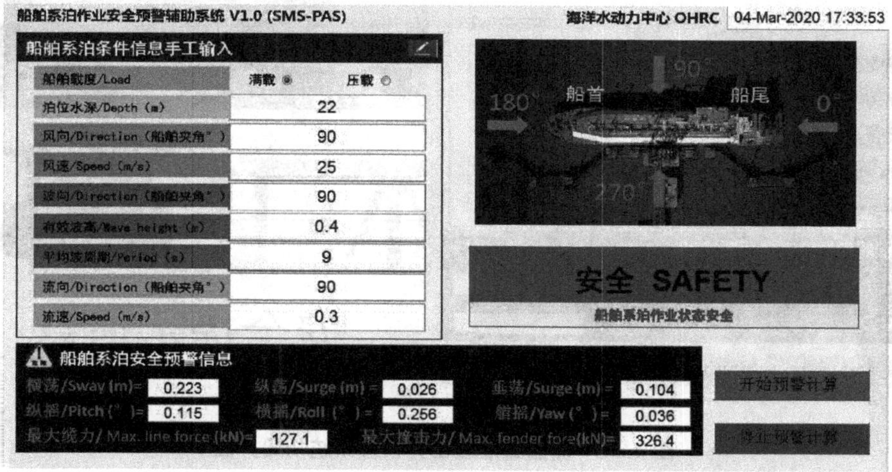

图 4.36　码头手动输入预警系统提示安全界面

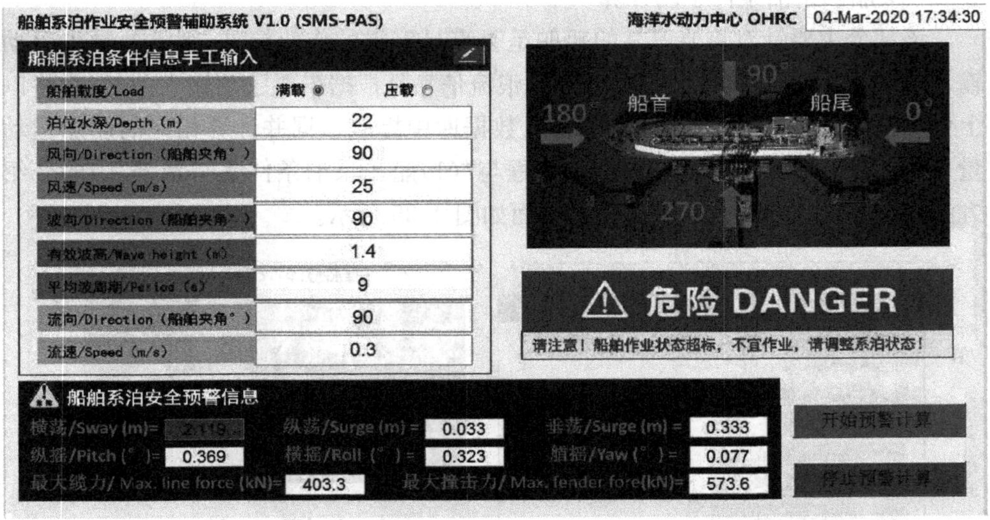

图 4.37　码头手动输入预警系统提示预警界面

(3) 船舶撞击力瞬间预测

本模块是针对船舶在靠泊时对码头撞击力是否满足设计要求进行的预警计算,模块的初始界面如图 4.38 所示。

图 4.38　船舶靠泊撞击力预警系统初始界面

本部分程序按照如下方法进行设计。

一、船舶撞击能量和撞击力的计算公式

1. 船舶靠岸时的撞击能量按下式计算

$$E_0 = \frac{1}{2} m V_n^2 C_M C_E C_S C_C \tag{4-55}$$

式中：E_0 为船舶靠岸时的有效撞击能量，kJ；m 为船舶质量，t，按设计船型满载排水量计算；V_n 为船舶靠岸法向速度，m/s；C_M 为船舶附加质量系数；C_E 为偏心系数，通常为 0.65；C_S 为柔性系数，通常为 1.0；C_C 为泊位形状系数，对于透空式高桩码头和开敞式码头，取 $C_C=1.0$；而实体岸壁的 C_C 值，建议采用 0.9。

2. 船舶靠泊时的撞击力

$$F = C \times V_n \times \sqrt{DWT} \tag{4-56}$$

式中：F 为船舶靠泊时的撞击力，kN；C 为撞击力系数，取 80～120；DWT 为船舶载重量，t；V_n 为船舶的法向靠岸速度，m/s（表 4.9）。

表 4.9 撞击力系数 C 值的选取

船舶满载排水量 W(t)	船舶的法向靠岸速度 V_n(m/s)	C 值
$W<50\ 000$	—	120
$50\ 000 \leqslant W < 100\ 000$	$V_n \leqslant 0.2$	120
	$V_n > 0.2$	100
$W \geqslant 100\ 000$	$V_n < 0.10$	120
	$V_n = 0.10$	110
	$V_n = 0.15$	80

二、输入条件

1. 船型：选项输入；选项有“散货船、集装箱船、油船、液化天然气船、液化石油气船、滚装船、客船”等。

2. 载重量/总吨（DWT/GT）：手动输入。

3. 船舶排水量：根据第 1、2 项的输入条件，结合表 4.10 计算后自动得出。

表 4.10 满载排水量与载重吨/总吨的回归关系

船型	关系式
散货船（General cargo ships）	$DT=1.174DWT$
集装箱船（Container ships）	$DT=1.385DWT$

续表

船型	关系式
油船(Tankers)	$DT=1.235DWT$
滚装船[Roll-on roll-off(RORO) ships]	$DT=1.022GT$
专用汽车运输船[Pure car carriers(PCC)]	$DT=0.751GT$
液化石油气船(LPG carriers)	$DT=1.400GT$
液化天然气船(LNG carriers)	$DT=1.118GT$
客船(Passenger ships)	$DT=0.573GT$
短途渡轮(navigation distance of less than 300 km)	$DT=1.279GT$
长途渡轮(navigation distance of 300 km or more)	$DT=1.240GT$

注：DT—船舶满载排水量；DWT—船舶载重吨；GT—船舶总吨。

4. 靠岸法向速度：手动输入。

5. 船舶吃水：手动输入。

6. 船宽：手动输入。

7. 附加质量系数 C_M：根据计算公式自动得到，即步骤 5、6 输入后自动按下式生成

$$C_M = 1 + \frac{2D}{B} \tag{4-57}$$

式中：D 为船舶吃水，m；B 为船宽，m。

8. 偏心系数：默认数据 0.65。

9. 柔性系数：默认数据 1.0。

10. 码头结构型式：选项输入；选项有“高桩透空式、开敞式、重力岸壁式”。

11. 泊位形状系数：根据 10 的码头结构形式选项自动生成，对于高桩透空式/开敞式为 1.0；对于重力岸壁式：0.9。

12. 撞击力系数：根据输入条件 3 和 4 的结果，结合表 4.10 自动得出。

三、输出结果

船舶撞击能量(kJ)：由公式(4-55)计算出。

船舶撞击力(kN)：由公式(4-56)计算出。

在完成上述程序的输入条件后，包含：船型和码头形式的选择，目标船舶的船宽、吃水和载重吨，以及靠泊速度。此外，还需给出码头护舷设计的反力值，根据计算出的船舶靠泊时的最大撞击力和最大撞击能量，用于判断靠泊时是否安全，当最大撞击力小于码头护舷设计反力时，则提示安全(如图 4.39)；否则提示危险信息

(如图 4.40)。

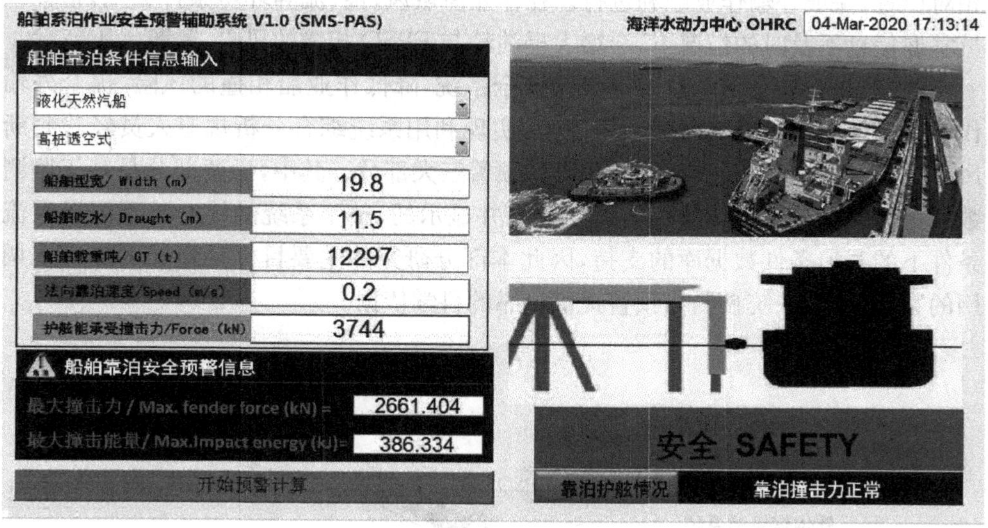

图 4.39 船舶靠泊预警系统提示安全状态信息

图 4.40 船舶靠泊预警系统提示危险状态信息

4.4.3 FPSO 外输系统预警系统研究

4.4.3.1 研究目的

以渤海湾为某油田为例，FPSO、提油轮、拖轮采用协同作业的方式，三船为直线排列，拖轮通过钢缆拖拽提油轮，依靠外输操作人员个人经验指挥，调整三船相对位置，保证外输作业顺利进行。在作业海域风、浪、流等环境条件突变，指挥人员掌握信息不及时的情况下，会增大提油轮与FPSO相撞的风险，如图4.41。

因此，建立一套FPSO外输作业安全系统，降低作业船相撞的风险，提升外输作业可靠性和提升应对突变天气能力，实现利用系统综合分析规避人员经验判断风险的目的。该系统包含监测、预测和预警三大部分。其中，后两部分是基于监测数据进行科学计算来预测船体运动状态并显示的，整个系统的核心是不同风浪流条件下的系泊条件数据库的支持，因此本部分研究的主要目标是建立可供系统调用的数据库，为系统预测与预警提供可靠的科学依据。

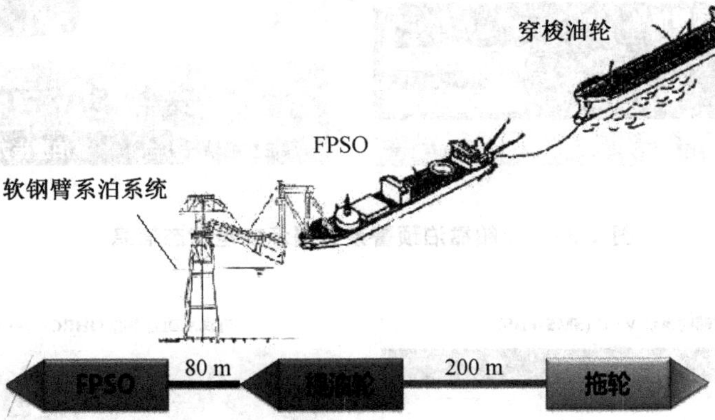

图4.41　工程方案示意图

4.4.3.2　研究内容

FPSO外输作业安全辅助系统是一套软硬件集成的完整系统，实现监测、预测、预警三大功能。系统应用传感器实时在线监测技术、海洋工程数学模型计算预测模拟技术、无线数据传输和推送技术，以实测潮流、波浪、风况等海洋自然环境数据及拉力、荷载、吃水等船舶自身状态数据，配合GPS罗经仪采集的船舶位置、艏向角和六自由度运动数据，构建相关数学模型，模拟预测船舶受力情况及移动规律，从而计算下一时刻FPSO和提油轮位置及艏向角，通过与作业安全条件和临界指标进行对比判断，用文字、声音等信号为船舶操作管理人员提出预警，从而降低提油作业风险、保障提油作业安全。

本系统软件部分主要分为计算机终端部分和手持终端部分。其中，计算机终端软件分为数据存储与实时显示模块、海洋工程数学模型预测模拟模块、危险状态预警与应急预案提示模块；手持终端分为实时显示模块、危险状态预警模块、应急预案提示模块。

4.4.3.3 预警系统开发平台介绍

本系统软件拟采用 Microsoft Visual Studio 2010 程序开发平台 C# 程序开发语言，以面向对象的程序开发方法进行软件主模块的开发。

手持终端软件根据终端不同的操作系统会有以下选择(图 4.42)：

① 如终端为谷歌 Android(安卓)系统，采用在 Windows 操作系统下安装 JDK +Eclipse+Android SDE 搭建虚拟 ADV 开发环境的方法，进行终端软件的开发。

② 如终端为苹果 IOS 系统，采用在 Mac OS X 操作系统下安装 IOS SDK 及开发工具 X-CODE，进行终端软件的开发。

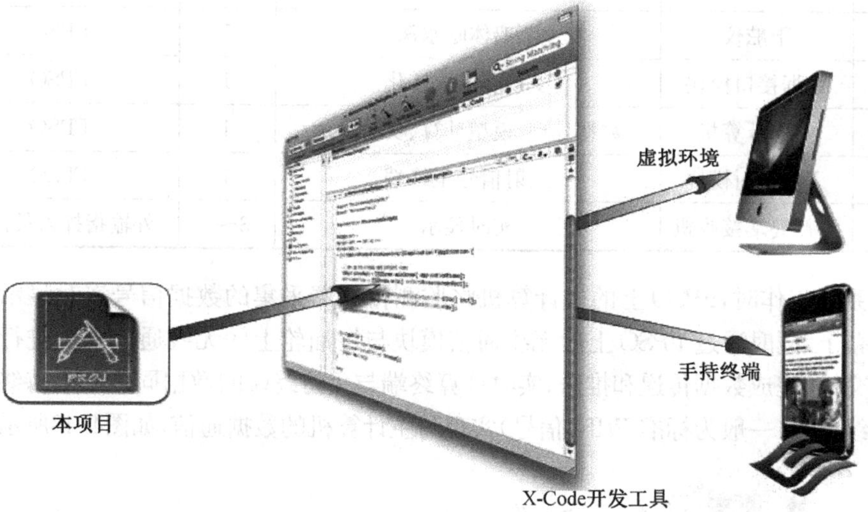

图 4.42 手持终端软件开发

该系统的具体构成如下：

(一) 系统物理架构

本系统涉及的数据采集传感器设备、作用、数据及安装位置如表 4.11 所示。

其中，风速仪、波浪仪、流速仪安装在 FPSO 单点上，拉力传感器安装在 FPSO 缆绳上，配载仪、GPS 罗经仪、干舷仪安装在 FPSO 船体上，通过电缆将数据接入多信号数据集成转化模块，然后将数据信号以标准 COM 接口的形式接入主计算机。主计算机通过电缆与无线发射模块进行连接。提油轮上也安装 GPS 罗经仪，由外输指挥人员登船时携带安装，并将 GPS 罗经仪与无线发射模块用电缆相连接。

表 4.11 FPSO 外输作业安全辅助系统硬件配置表

序号	硬件	作用	数量	安装位置
1	风速仪	测量作业海域风速风向	1	FPSO 单点

续表

序号	硬件	作用	数量	安装位置
2	波浪仪	测量作业海域浪高浪周期	1	FPSO 单点
3	流速仪	测量作业海域流速流向	1	FPSO 单点
4	拉力传感器	测量系泊大缆拉力	1	FPSO 缆绳
5	配载仪	测量提油载荷	1	FPSO
6	GPS 罗经仪模块	测量两船的位置和艏向角及六自由度运动	2	FPSO、提油轮
7	干舷仪	预测船体吃水深度	1	FPSO
8	数据接口模块	多信号集成转化	1	FPSO
9	中心计算机	数据处理、模型计算、实时显示	1	FPSO
10	无线发射模块	发射信号至终端	1	FPSO
11	手持终端接收机	实时显示	3～4	外输指挥人员携带

系统工作时，FPSO 上的主计算机将监测传感器采集的数据信号实时显示在显示屏幕上，同时通过 FPSO 上的无线通信模块与提油轮上的无线通信模块进行数据传输交换，完成数据传递和推送，实时计算终端与手持终端的数据同步。手持终端通过无线信号(一般为标准 WIFI 信号)实现与主计算机的数据通信，如图4. 43所示。

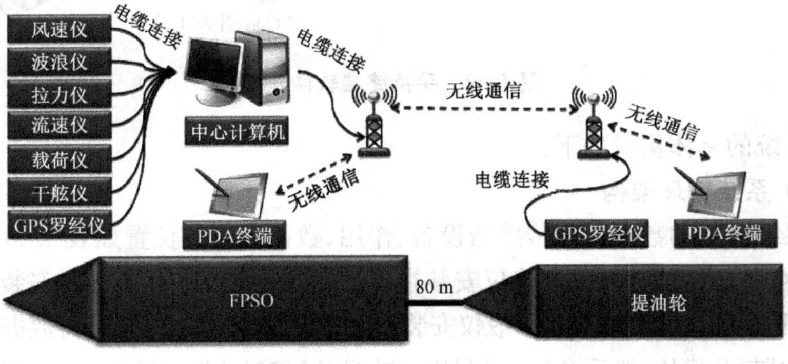

图 4. 43　FPSO 外输作业安全辅助系统物理结构

（二）系统介绍

FPSO 外输作业安全辅助系统在逻辑结构上可划分为数据输入、模型计算、显示输出三个主要流程，见图 4. 44。

1）传感器实时数据采集

系统运行后传感器处于 24 h 不间断工作状态，实时采集数据，实时将数据通过电缆或无线通信模块，将数据汇总至主计算机数据库，以时间点为顺序依次存储，同时在软件系统界面实时数据显示窗口进行更新显示(表4.12)。

表4.12 传感器及实时采集参数

要素	采集仪器	采集参数
风况	风速仪	风速、风向
潮流	流速仪	流速、流向
拉力	拉力仪	缆绳拉力
荷载	配载仪	荷载吨位
干舷	干舷仪	吃水深度
FPSO定位	GPS罗经仪	位置、艏向角、运动
提油轮定位	GPS罗经仪	位置、艏向角、运动

2) 自赋值

用户可以开启自赋值功能，对风速、风向、浪高、波向、流速、流向、缆绳拉力、荷载吨位、吃水深度9个参数进行自行赋值，赋值完成后点击确定按钮，系统即可运行数学计算模型，给出在自赋参数值情况下的预测结果，并在电子海图上显示船舶预测位置和艏向。

3) 默认值

在自赋值功能的基础上，如果用户想以经验赋值进行预测，则可以点击默认值按钮，系统自动对风速、风向、浪高、波向、流速、流向、缆绳拉力、荷载吨位、吃水深度等9个参数按照多年风、浪、流在当前日期时间经验值及空载、半载、满载经验值等情形，赋予经验值，赋值完成后点击确定按钮，系统即可运行数学计算模型，给出在自赋参数值情况下的预测结果，并在电子海图上显示船舶预测位置和艏向。

4) FPSO、提油轮参数录入

系统提供接口，用户可以自行输入FPSO和提油轮的相关参数，保存后下次可以选择调用。FPSO、提油轮参数的改变，也会导致预测结果的改变。

(三) 预警系统模型介绍

本系统软件的模型计算建立在对风、浪、流多种自然环境作用及荷载、拉力等合力作用下FPSO、提油轮、拖轮三船受力条件进行海洋工程专题科学研究及数学建模计算的基础之上，结合GPS罗经仪位置、艏向、六自由度运行实时测量结果，综合运用多种数学模型计算公式进行模型计算和预测(图4.44)。

各种传感器的监测数据由电缆通过COM接口和无线通信引入系统监测数据库；GPS罗经仪测量的位置参数结合电子海图引入系统空间数据库，实现实时定位

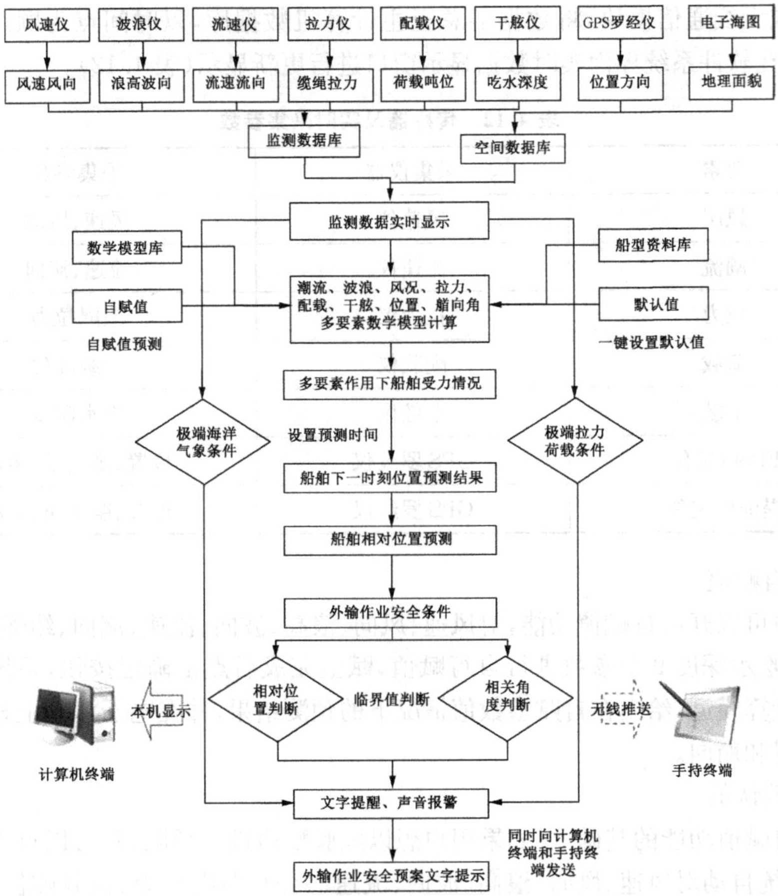

图 4.44　FPSO 外输作业安全辅助系统逻辑结构

和更新；通过预先进行的数学模型专题研究和计算，将数学模型计算公式引入数学模型库；同时整理集成 FPSO 和提油轮船舶资料引入船型资料库。以上四个数据库作为模型计算的数据来源和支撑。

综合以上数据，进行多要素作用下船舶受力情况分析计算，用户设定预测时间(一般为 5 min、10 min、15 min)，系统自动计算出船舶下一时刻位置、艏向等关键信息，并在电子海图上显示下一时刻船舶预测位置及艏向。

根据预测的三船相对位置和艏向，综合 FPSO 外输提油作业安全条件，对船舶的相对位置、相关角度进行判断，如预测结果达到相对距离或相关角度的临界值，则同时在计算机终端和手持终端用文字给出提示，同时声音报警。直至外输指挥人员采取相应措施后，报警解除。

预先将应急预案细化，并根据危险发生的不同情形和等级，制定不同应急预案细则。预测到有危险情况发生时，在给出文字提示和声音报警的同时，响应应急预案，给出外输作业安全预案措施文字提示。

如果传感器监测到的数据已经超过 FPSO 安全作业规范标准，一种是监测到极端海洋气象条件，例如，7 级以上大风、3 m 以上大浪，系统将不经过模型计算，直接发出文字提醒和声音报警；另一种是监测到极端拉力、荷载条件，例如拉力超过缆绳限值、荷载超过船舶最大承载，系统也将不经过模型计算，直接发出文字提醒和声音报警。

（四）预警系统输出显示

1）监测数据实时显示

以一定时间间隔（取决于传感器数据采集间隔，一般为 5 s 一次）实时更新风速、风向、浪高、波向、流速、流向、吃水、拉力、荷载、船体相对距离、船体艏向角等数据显示。

以曲线图的形式显示一定历史时间段（1 h、3 h、6 h、12 h、24 h）的风速、风向、浪高、波向、流速、流向、吃水、拉力、荷载、船体相对距离等变化过程；以玫瑰图的形式显示一定历史时间段（1 h、3 h、6 h、12 h、24 h）的船体艏向角变化过程。

以统计表格的形式显示一定历史时间段（1 h、3 h、6 h、12 h、24 h）的风速、风向、浪高、波向、流速、流向、吃水、拉力、荷载、船体相对距离、船体艏向角等数据。

2）电子海图定位显示

以电子海图为底图，进行船舶定位显示和相对位置关系显示。

电子海图显示水深、海底地质、FPSO 单点、输油管线、FPSO 作业范围，FPSO 船舶形状、FPSO 位置及经纬度（动态更新）、提油轮船舶形状、提油轮位置经纬度（动态更新）等信息。

电子海图具备放大、缩小、平移等功能，可以选择显示模式（显示/隐藏要素），可以选择正北为正方向，也可以选择 FPSO 艏向为正方向。电子海图可以根据 FPSO、提油轮的船舶位置智能调整显示范围和显示大小，始终让 FPSO、提油轮位于海图正中央。也可以切换成谷歌地图作为底图，在大范围内定位 FPSO 及提油轮。还可以切入 AIS 信号，在电子海图上位置显示作业区域附近的船舶信息及其航行和通过情况，排除其他船舶对 FPSO 提油作业的干扰（需要 AIS 信号接入）。

3）文字提示声音报警

预警提示信息："船体艏向角偏向过大！"

应急预案信息："拉力 300 t，方向 125°！"

用不同颜色的字体进行不同等级预警信息的文字提示，计算机终端采用新闻滚动播放的形式重复显示，直至报警解除；手持终端采用弹出对话框的形式显示文字提示。

计算机终端和手持终端都提供声音报警。具体系统界面如下：

① 计算机终端软件系统界面

计算机终端软件系统界面概要设计如图 4.45 所示，该界面由 5 个模块构成：1—实时监测数据显示区，2—系统功能设置操作区，3—电子海图显示定位区，4—预警信息滚动播放区和 5—指挥员短信发送窗口。

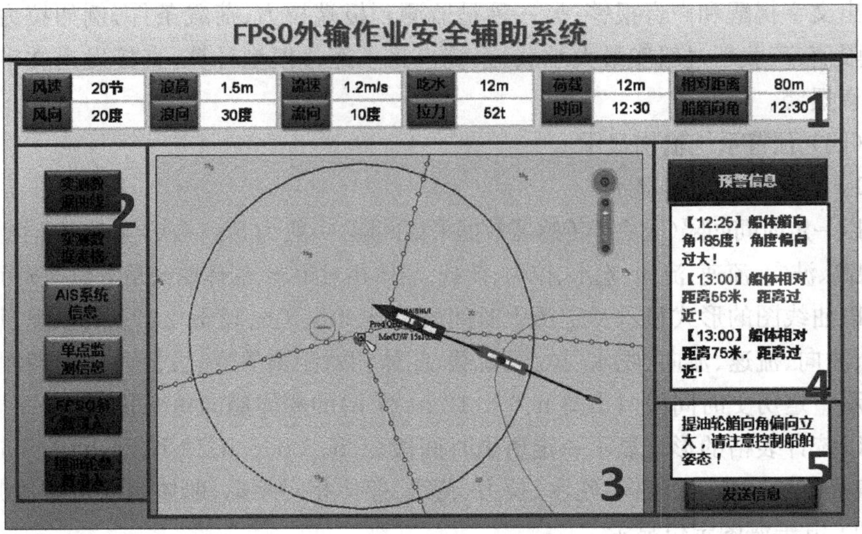

图 4.45　计算机终端软件系统界面示例

② 手持终端软件系统界面

手持终端应具有重力感应模块，生产商软件系统界面概要设计如下图所示，根据手持终端的持握方式不同，可自动在竖持界面(图 4.46)和横持界面(图 4.47)之间切换，该界面分为三个模块：1—电子海图显示定位区；2—实时监测数据显示区；3—预警信息滚动播放区。

图 4.46　手持终端竖持界面

4.4.4　港区通航安全评估系统研究

4.4.4.1　研究背景

港口常年进出船只较多，为了满足进出船舶的通航要求，本课题以散货船码头为研究对象。

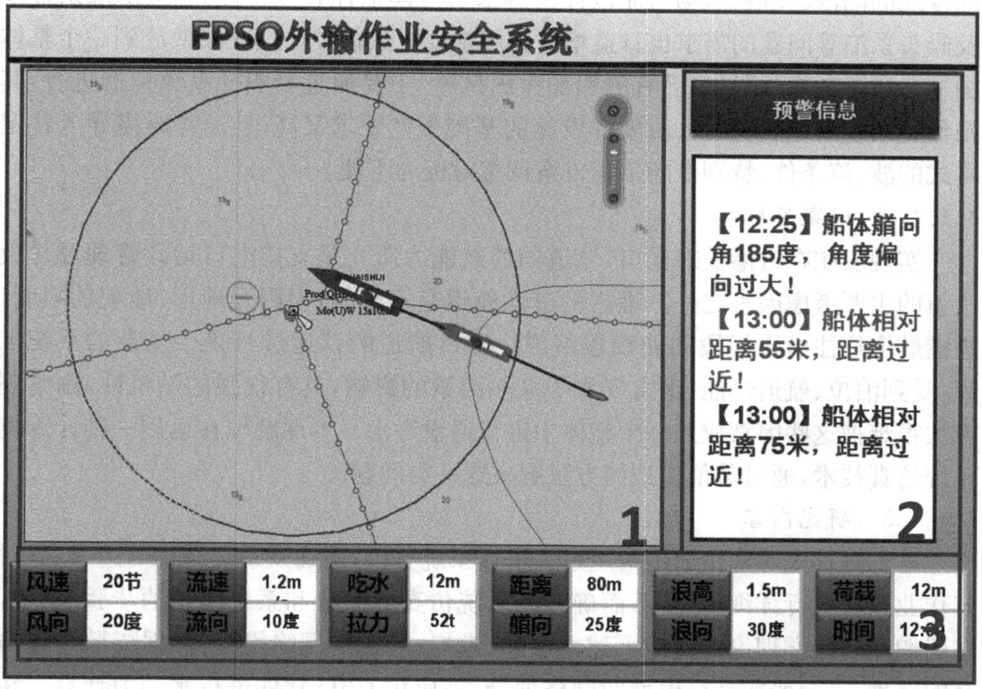

图 4.47　手持终端横持界面

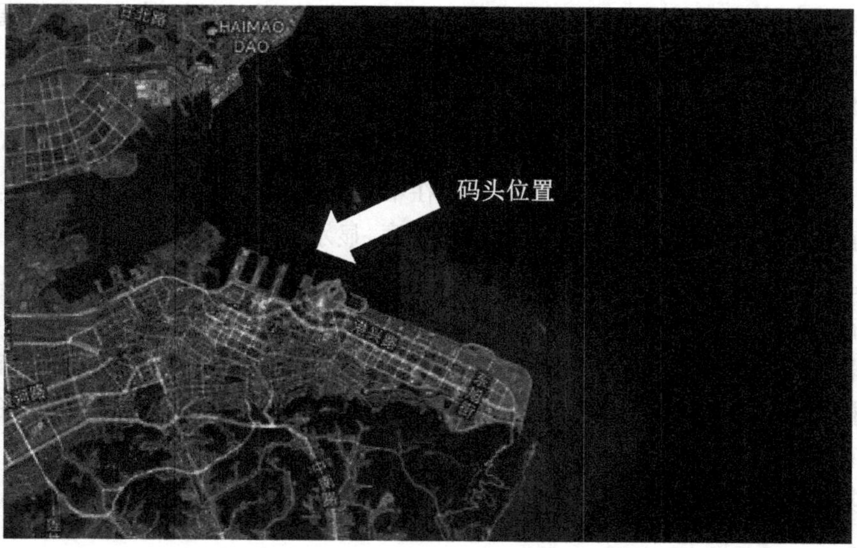

图 4.48　某散货船码头位置示意图(卫星图片)

除常规的潮汐、波浪、流场与泥沙冲淤等水动力模拟计算外，对船舶进出港条件以及码头系泊等问题的需求也日益增多。用常规方法很难把这些因素放到一个整体中进行通盘考虑，而目前已有的船舶操纵试验，主要通过船舶操纵模拟器进行，其报价相对较高、周期较长、对硬件设施的基础条件要求又高，且运算时需导入特定格式的波、流条件，特别是随工程方案调整时极为不便。

4.4.4.2 研究目标

实现船舶在进港前对港口、航道的通航能力研究是支持港口运营管理及建设决策的主要考虑因素之一。理想的进港航道是直线的，但因受地形、地貌的限制，进港航道往往由直线段和曲线段组成。港口航道的营运过程是个复杂的系统工程，受到泊位、航道性能、水文气象等众多因素的影响，具有很强的随机性，用常规方法很难把这些因素放到一个整体中进行通盘考虑。本课题拟在运用一种计算机系统仿真技术，通过数值模拟的方法解决这一类问题。

4.4.4.3 研究内容

本方案首先对港口航道营运过程进行系统分析，明确该系统结构与边界，并对其作业过程进行详细描述，从而确定了系统仿真的对象和系统模拟的步骤；其次，在船舶水动力学理论的支撑下建立船舶、港口、航道的网络模型，根据离散系统仿真的原理，进行船舶港口模型的网格划分，并应用 CFD 软件进行水动力计算。在对影响航道使用的通航规则、水文气象条件、乘潮条件及人为指令控制等因素进行分析后，建立包含各项因素的模拟航道通过能力的具体操纵数学模型。最后，应用所建立的仿真模型对港口、航道的营运过程进行模拟，分析并评估港口航道通航能力，如图 4.49 所示。

4.4.4.4 通航能力评估系统应用

针对港区船舶通航系统的进港船舶操纵性介绍，本文开发了一种基于 Visual C++的船舶操纵仿真软件，通过对船舶在不同工况下的操纵运动进行仿真，评估船舶在港区或码头的通航性能。双击该程序，显示该系统的启动界面，如图 4.50 所示。

在该软件界面过后显示的仿真界面，如图 4.51 所示。

软件左侧是海图，显示船舶航行的轨迹、海洋地理环境等，右侧是参数修改、船舶操控界面，可以修改船舶主尺度、海洋环境、操纵控制等参数，实现不同船舶的通航仿真，并得到最终的评估报告，下面简要介绍一下本系统的使用方法。

具体实现方案如下：首先，通过滚动鼠标滚轮，定位到船的相应位置，如图 4.52。

各部分功能实现的操作步骤如下图 4.53 至图 4.55 所示。

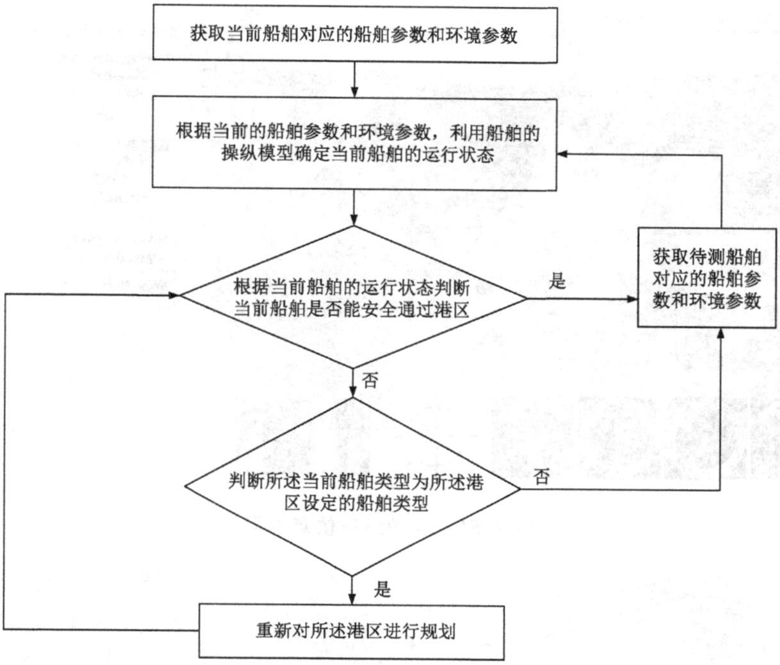

图 4.49　通航预警系统计算流程图

图 4.50　系统软件界面

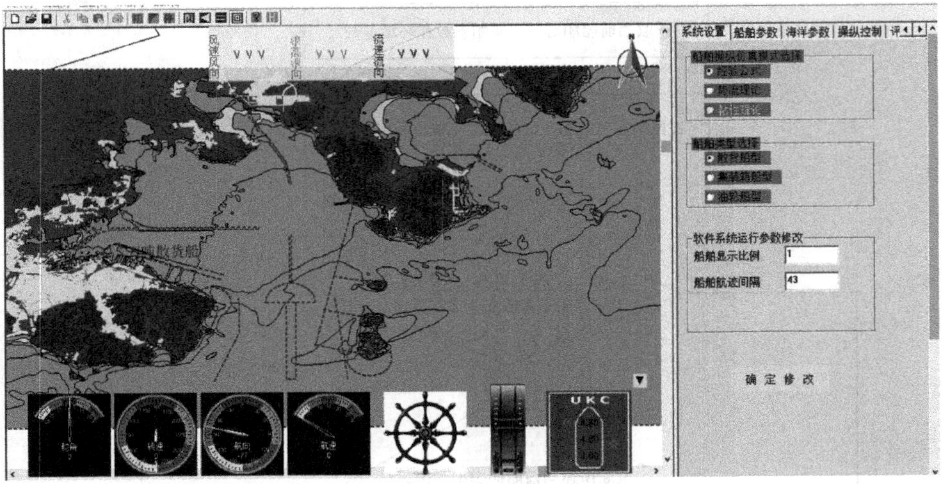

图 4.51　船舶通航仿真界面

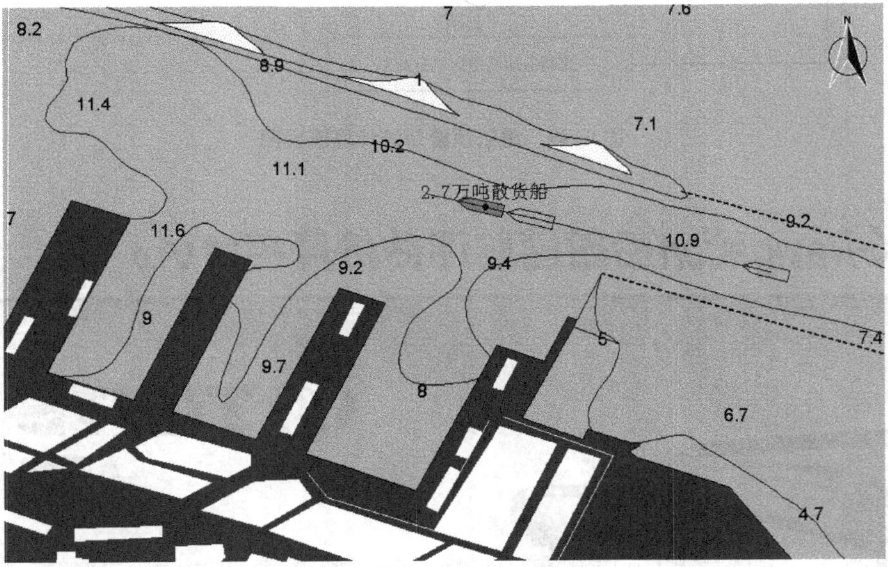

图 4.52　港口海域电子海图

点击更新海洋环境按钮，此时我们可以看见海图界面上方的表示风浪流大小和方向的箭头发生了相应的变化，说明海洋环境已发生了变化。

另外，该系统还可以针对自定义的图片地图开展计算，可以通过风、浪、流、水深参数文件导入，自动匹配不同时间、不同位置的风、浪、流、水深参数；例如，先导入图片地图，如图 4.56。

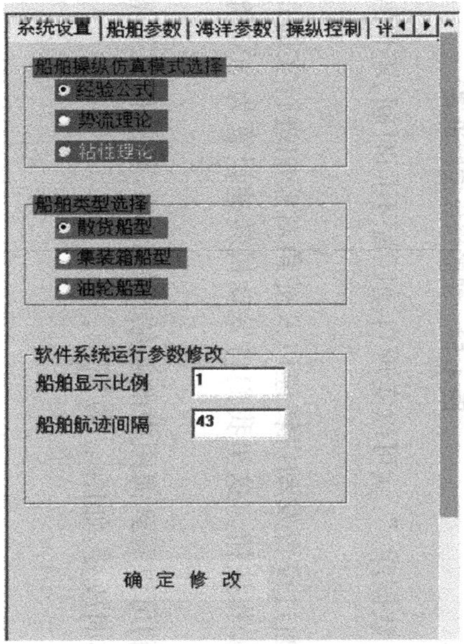

图 4.53　系统设置

点击系统设置，可根据需要选择操纵仿真模式、船舶类型以及对系统运行参数进行修改，完成后点击确认修改按钮；这里我们选择经验公式仿真模型，选择散船型，设置船舶显示比例为 1，船舶航迹间隔为 43，如图 4.53 所示。

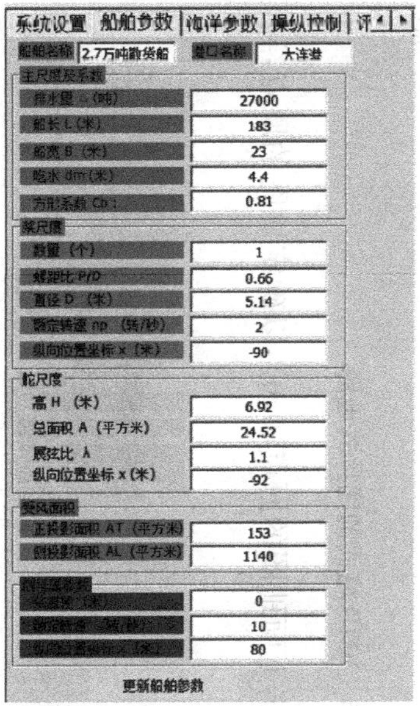

图 4.54　船舶参数设置

点击船舶参数，用户可根据需要修改船舶名称和港口名称，设置船舶的主尺度及系数、桨尺度、舵尺度、受风面积、侧推器参数，在设置完成后需点击更新船舶参数按钮；这里我们将船舶参数设置为如图 4.54 所示。

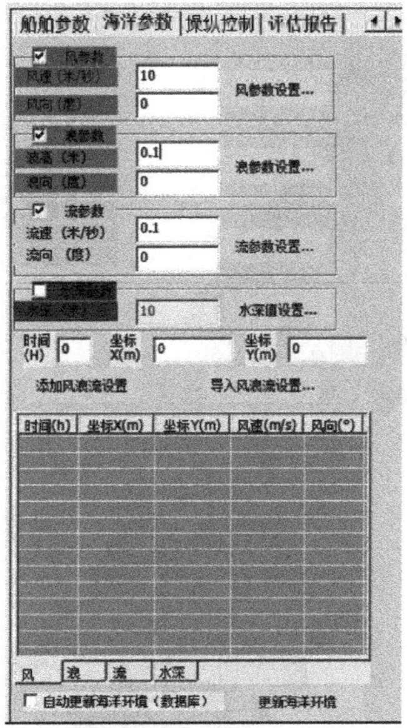

图 4.55　海洋参数设置

点击海洋参数，用户可对风、浪、流、水深进行勾选设置，也可点击导入风浪流设置按钮，对风浪流水深进行数据的导入，完成后点击更新海洋环境按钮或勾选自动更新海洋环境进行自动更新。这里我们勾选风参数、浪参数、流参数，将风速设置为 10 m/s，风向设置为 0 度；波高设置为 0.1 m，浪向设置为 0 度，流速设置为 0.1 m/s，流向设置为 0 度，如图 4.55 所示。

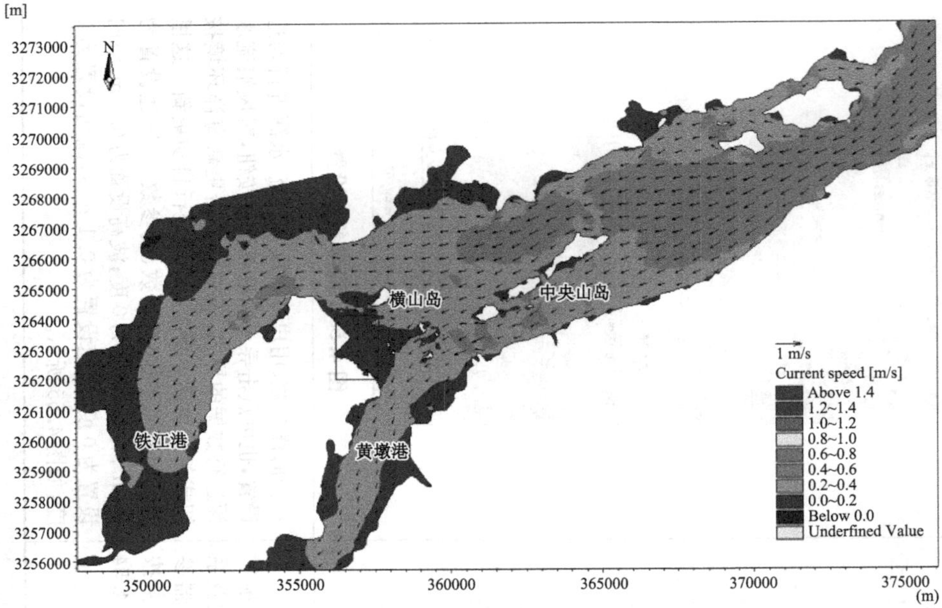

图 4.56　BMD 格式的图片式地图

通过选择工具栏的按钮，点击上面地图的原点(0,0)，以确定地图的原点，再导入流参数信息，如图 4.57 所示。

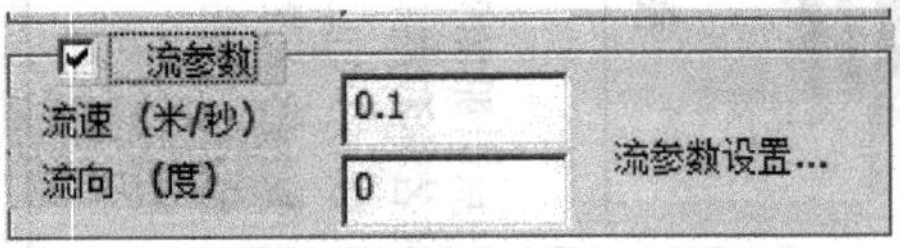

图 4.57　导入流参数信息

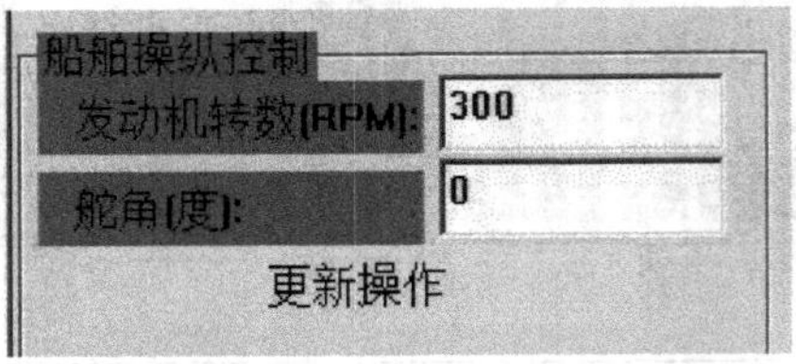

图 4.58　船舶操纵控制设置

再选中“自动更新海洋环境(数据库)”，就可以实现自动匹配不同时间、不同位置的风、浪、流、水深参数。

点击操纵控制按钮，用户可通过设置发动机转速以及舵角对船舶进行实时的操纵控制，设置完成后点击更新操作按钮。这里我们将发动机转速设置为 300，舵角设置为 0°，如图 4.58 所示。

点击更新操作按钮，此时我们可以看到海图中的船舶开始运动，船舶位置姿态显示以及航道信息显示也随之实时改变，如图 4.59 所示。

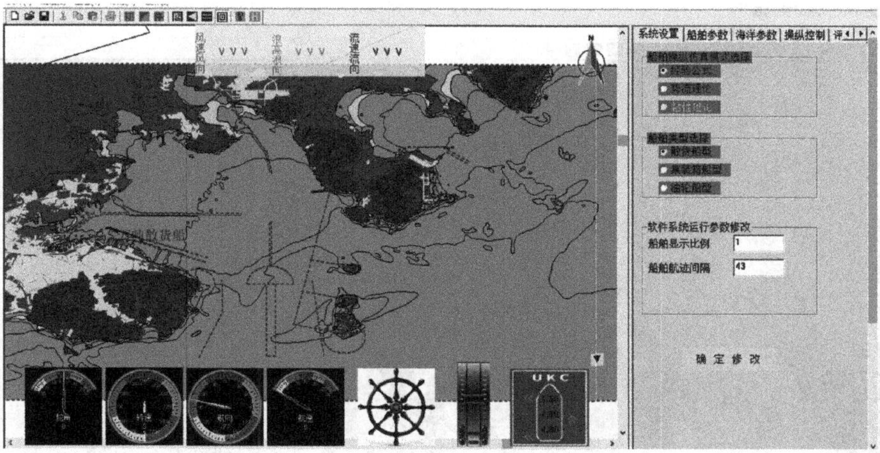

图 4.59　船舶操纵仿真系统主界面

海图界面下方的舵角、转速、航向、航速、舵盘、操纵杆、水深也会随着船舶运动的实时情况显示。如图 4.60 所示。

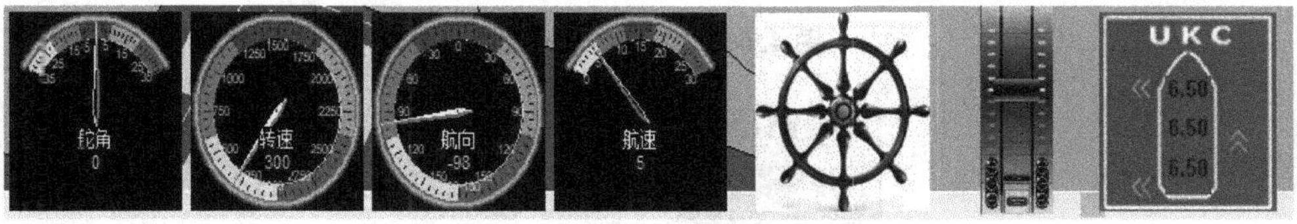

图 4.60　实时运动情况显示图

在船舶即将进港时应根据海图上船舶的位置信息、航向角速度来对船舶发动机转速和舵角进行实时调整，以确保船舶顺利进港，如图 4.61 所示。

此时，船舶即将进港，我们需要调整舵角来进行船舶方向的控制，将舵角调整为－10°，如图 4.62 所示。

此外，这里也可以导入预先编制好的自动操纵文件，实现自动操纵船舶进港。

在入港过程中，我们需特别注意应结合船舶运动信息以及其位置姿态显示来对其舵角和发动机转速的实时调整，以确保船舶入港后的姿态和位置，如图 4.63 所示。

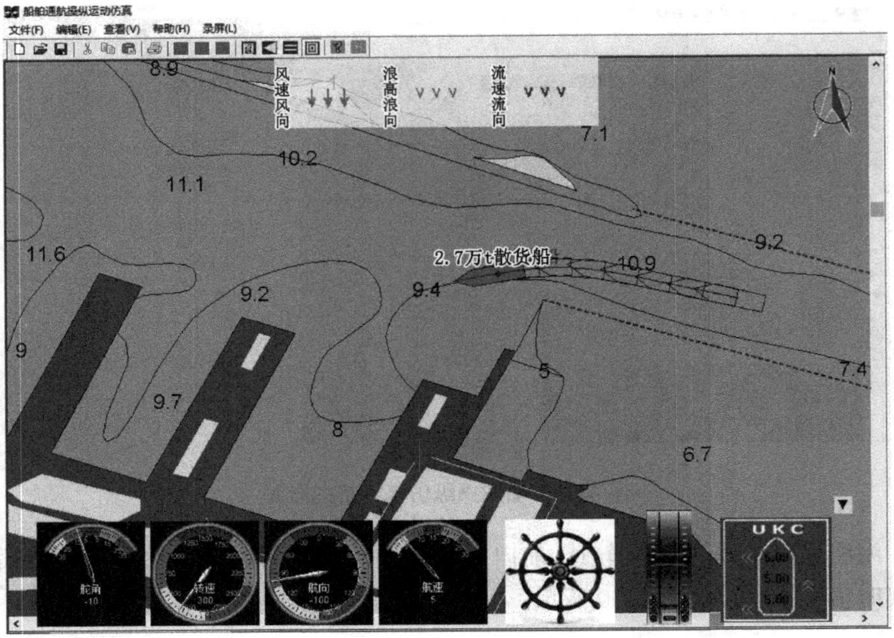

图 4.61　船舶操纵仿真图

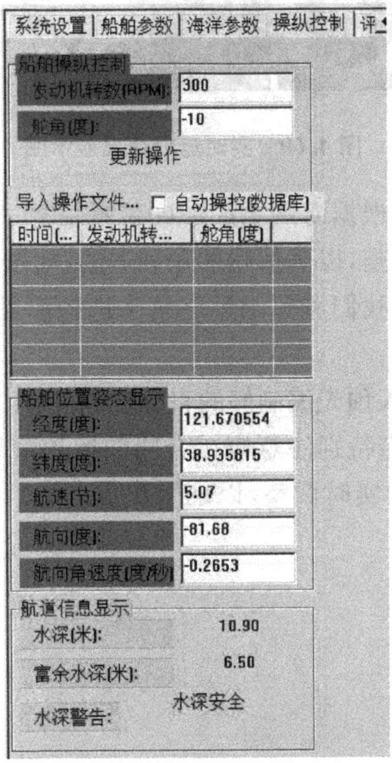

图 4.62　舵角调整

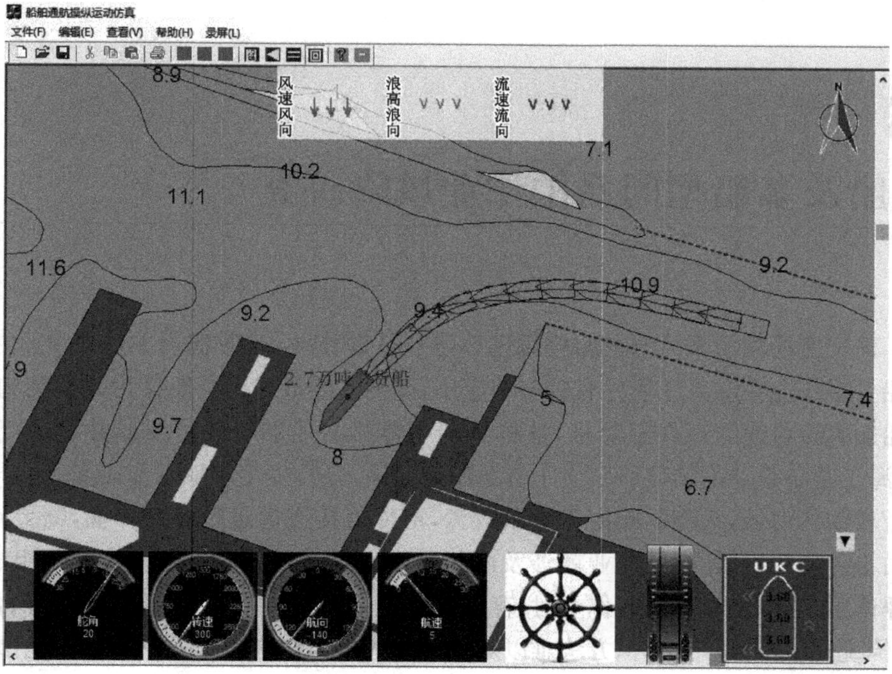

图 4.63 船舶操纵仿真图

此时，在我们的实时操纵下，船舶已经顺利入港。

通过上述系统的仿真模拟，考虑了港区、码头等的航道条件，以及水动力等自然环境因素对船舶通航的影响，通过对港口航道运营系统的分析，全面地考虑了各种影响船舶通航的因素，应用船舶操纵数学模型与 CFD 水动力计算等技术提出了港口航道最大通航能力的模拟计算方法，应用该方法可以对港口、码头等设施在具体条件下的通航能力进行评估，从而为港口建设决策和运营管理提供理论依据和技术指导。

5

双船及多船型间系泊作业风险研究

前文所述均为常见的单船停靠港口进行装卸作业，同时值得关注的是双船及多船并靠作业在港口工程界有较多的应用，如某些港口采用趸船作为码头结构，停靠船舶直接将缆绳系在趸船上，这样趸船与停靠的船舶组成了双船并靠系统；同时，海工装备企业的舾装码头由于资源岸线紧缺，经常发生船舶双靠现象；另外，在航道较浅的海域，大型船舶由于吃水较深，不能直接进港进行装卸作业，需要在外海由小船进行过驳，过驳作业就涉及两船或多船并靠的问题。以上这些都组成了多浮体系统，当多浮体协同作业时，存在波浪作用、非线性系泊、浮体运动等耦合作用，传统的单浮体数值模拟方法难以对多浮体的运动响应和受力进行准确地预报，作业的可靠性和安全性无法得到保证。因此针对多浮体系统需要更加深入的研究，分析浮体间的水动力干扰和运动响应特性，为其海上作业提供技术指导。

5.1 多浮体理论基础

5.1.1 坐标系定义

在多浮体系统中，需要建立多个坐标系来描述各浮体运动。以双浮体系统为例，需要建立三个坐标系，分别为固定于平静水面的整体坐标系 $O-XYZ$，固定于浮体的局部坐标系 $O_1-X_1Y_1Z_1$ 和 $O_2-X_2Y_2Z_2$。局部坐标系原点位于浮体重心，波浪入射角为来流方向与 x 轴正向夹角，见图 5.1。

5.1.2 控制方程与边界条件

基于线性势流理论，假定流体无黏性、流动有势、不可压缩，浮体作小幅度简谐振荡运动，流体速度势表示如下：

$$\Phi = \mathrm{Re}(\varphi e^{\mathrm{i}\omega t}) \tag{5-1}$$

当多浮体系统由 N 个浮体组成，其中某一浮体 m 的空间速度势 φ 可分解为辐

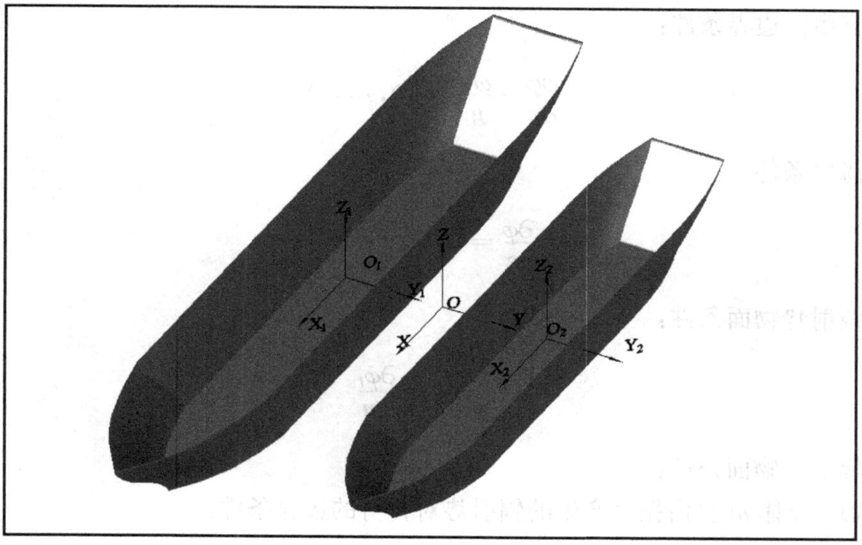

图 5.1 双浮体系统坐标系

射势和散射势。

$$\varphi = \varphi_R + \varphi_S \tag{5-2}$$

$$\varphi_R = \mathrm{i}\omega \sum_{l=1}^{N} \sum_{j=1}^{6} (\varphi_j^{lm} \xi_j^l) \tag{5-3}$$

$$\varphi_S = \varphi_I + \varphi_D \tag{5-4}$$

式中：φ_j^{lm} 是当浮体 m 固定不动时，由于浮体 l 的振荡而作用在浮体 m 上的辐射势；ξ_j^l 表示浮体 l 模态 j 的运动响应；φ_D 为绕射势，表示流场中静止浮体对流体分布的影响；φ_I 表示入射势，为假设浮体不存在时入射波流场的速度分布情况，其表达式如下：

$$\varphi_I = -\frac{\mathrm{i}gA}{\omega} \frac{\cosh[\nu(z+H)]}{\cosh \nu H} \mathrm{e}^{\mathrm{i}\nu x\cos\beta + \mathrm{i}\nu y \sin\beta} \tag{5-5}$$

式中：ω 表示波浪圆频率，z 表示波面高度，H 表示水深，A 表示波幅，波数 ν 表示色散关系$\frac{\omega^2}{g} = \nu \tanh \nu H$ 的实数根，β 表示波浪入射角。

浮体 m 的速度势应满足如下边值条件[36]：

Laplace 方程：

$$\nabla^2 \varphi = 0 \tag{5-6}$$

自由面边界条件：

$$\frac{\partial \varphi}{\partial z}-\frac{\omega^2}{g}\varphi=0, z=0 \tag{5-7}$$

海底条件：

$$\frac{\partial \varphi}{\partial z}=0, z=-H \tag{5-8}$$

绕射势物面条件：

$$\frac{\partial \varphi_D}{\partial \boldsymbol{n}}=-\frac{\partial \varphi_I}{\partial \boldsymbol{n}} \tag{5-9}$$

辐射势物面条件：

(1) 浮体 m 自由振荡产生的辐射势对自身的边界条件：

$$\frac{\partial \varphi_j^{mm}}{\partial \boldsymbol{n}}=\boldsymbol{n}_j^m \tag{5-10a}$$

(2) 浮体 l 自由振荡产生的辐射势对浮体 m 的边界条件：

$$\frac{\partial \varphi_j^{lm}}{\partial \boldsymbol{n}}=0 \tag{5-10b}$$

无穷远处辐射条件：

$$\lim_{R\to\infty}\sqrt{R}\left(\frac{\partial \varphi_j}{\partial R}-\mathrm{i}\nu\varphi_j\right)=0, R=\sqrt{x^2+y^2+z^2} \tag{5-11}$$

式中：$(n_1, n_2, n_3)=\boldsymbol{n}$，$(n_4, n_5, n_6)\times\boldsymbol{n}$，$\boldsymbol{n}$ 表示垂直于物体表面且指向物体的单位法向量。

5.1.3 速度势的求解

利用格林公式将上述一阶边值问题转化为物体表面上的积分方程进行求解，则辐射速度势 φ_j 与绕射速度势 φ_D 在各浮体的湿表面上满足以下方程：

$$2\pi\varphi_j(P)+\iint_{S_1+S_2+\cdots S_N}\varphi_j(Q)\frac{\partial G(P;Q)}{\partial n_Q}\mathrm{d}S=\iint_{S_1+S_2+\cdots S_N}n_j G(P;Q)\mathrm{d}S \tag{5-12}$$

$$2\pi\varphi_D(P)+\iint_{S_1+S_2+\cdots S_N}\varphi_D(Q)\frac{\partial G(P;Q)}{\partial n_Q}\mathrm{d}S=-\iint_{S_1+S_2+\cdots S_N}\frac{\partial \varphi_I(Q)}{\partial n}G(P;Q)\mathrm{d}S \tag{5-13}$$

式中：$P=(x,y,z)$表示场点；$Q=(\zeta,\eta,\zeta)$表示物体表面的源点；$G(P;Q)$为格林函数，表示 Q 点处强度为-4π 的点源在场点 P 处引起的速度势，其在有限水深中的表达式如下：

$$G(P;Q)=\frac{1}{r}+\frac{1}{r^2}+\frac{2K}{\pi}\int_0^{\infty}\frac{(k+K)\cosh(z+H)\cosh[k(\zeta+H)]}{k\sinh kH-K\cosh kH}e^{-kH}J_0(kR)\mathrm{d}k \tag{5-14}$$

式中：$K=\dfrac{\omega^2}{g}$，$J_0(x)$是第1类零阶贝塞尔函数，$r=\sqrt{(x-\zeta)^2+(y-\eta)^2+(z-\zeta)^2}$，$r_2=\sqrt{(x-\zeta)^2+(y-\eta)^2+(z+2H+\zeta)^2}$，$R=\sqrt{(x-\zeta)^2+(y-\eta)^2}$。

对于积分方程(5-12)和(5-13)采用面元法进行离散求解，将各浮体的连续湿表面用四边形面元进行离散，且认为每个面元上的源强是常数，从而将分布源积分方程转化为未知源强的代数方程组并进行求解，得到未知源强和速度势。

5.1.4 水动力参数求解

以双浮体系统为例，浮体1表面的动压力可采用线性伯努利方程进行计算：

$$p=-\rho\frac{\partial\Phi}{\partial t}\bigg|_{S_1}=\mathrm{Re}\{-i\omega\rho\varphi\mid_{S_1}e^{i\omega t}\}=\mathrm{Re}\{-i\omega\rho(\varphi_R+\varphi_S)\mid_{S_1}e^{i\omega t}\} \tag{5-15}$$

基于线性化后的自由面条件和伯努利方程，沿着静水湿表面进行水压力积分，可得一阶线性流体力：

$$F^{(1)}=\iint_{S_1}pn^{(1)}\mathrm{d}S \tag{5-16}$$

波浪绕射力(矩)为：

$$F_W^{(1)}=\mathrm{Re}\left\{-\iint_{S_1}i\omega\rho\varphi_D e^{i\omega t}n^{(1)}\mathrm{d}S\right\}=\mathrm{Re}\left\{-i\omega\rho e^{i\omega t}\iint_{S_1}\varphi_D n^{(1)}\mathrm{d}S\right\} \tag{5-17}$$

k 方向波浪辐射力(矩)为：

$$\begin{aligned}F_R^{(1)}&=\mathrm{Re}\left\{-i\omega\rho e^{i\omega t}\iint_{S_1}\varphi_R n^{(1)}\mathrm{d}S\right\}\\&=\mathrm{Re}\left\{-\omega^2e^{i\omega t}\sum_{j=1}^{6}\left[\xi_j^{(1)}\left(\mu_{kj}^{(11)}+\frac{\lambda_{kj}^{(11)}}{i\omega}\right)+\xi_j^{(2)}\left(\mu_{kj}^{(12)}+\frac{\lambda_{kj}^{(12)}}{i\omega}\right)\right]\right\}\end{aligned} \tag{5-18}$$

式中：

$$\mu_{kj}^{(11)}+\frac{\lambda_{kj}^{(11)}}{i\omega}=\rho\iint_{S_1}\varphi_j^{(11)}n^{(1)}\mathrm{d}S \tag{5-19}$$

$$\mu_{kj}^{(12)}+\frac{\lambda_{kj}^{(12)}}{i\omega}=\rho\iint_{S_1}\varphi_j^{(12)}n^{(1)}\mathrm{d}S \tag{5-20}$$

式中：μ_{kj}^{lm}表示浮体m第j方向上运动引起的浮体l第k方向的附加质量；λ_{kj}^{lm}表示浮体m第j方向上运动引起的浮体l第k方向的阻尼系数。由于各运动模态的速度势为调和函数，附加质量和阻尼系数有如下对称关系：

$$\mu_{kj}^{(12)}=\mu_{kj}^{(21)},\lambda_{kj}^{(12)}=\lambda_{kj}^{(21)} \tag{5-21}$$

5.1.5 多浮体频域运动方程

在多浮体系统中对于任意浮体，其频域运动方程如下所示：

$$-\omega^2\boldsymbol{M}X=F \tag{5-22}$$

式中：$\boldsymbol{M}$表示浮体质量矩阵，X表示浮体的六自由度运动，F表示浮体所受外力，包括静水回复力F_C、波浪力F_W和辐射力F_R。

$F_C=\boldsymbol{C}X$，$\boldsymbol{C}$表示静水回复刚度矩阵，表达式如下：

$$\boldsymbol{C}=\begin{bmatrix}0&0&0&0&0&0\\0&0&0&0&0&0\\0&0&\rho gA_w&0&\rho gA_w\overline{x_f}&0\\0&0&0&\rho g(A_wd_3^2+z_B\Delta)&0&0\\0&0&\rho gA_w\overline{x_f}&0&\rho g(A_wd_1^2+z_B\Delta)&0\\0&0&0&0&0&0\end{bmatrix} \tag{5-23}$$

式中：A_w表示浮体水线面面积；Δ表示排水量；d_1表示绕Y轴回转半径，d_3表示绕X轴回转半径；z_B表示浮心垂向坐标；X_f表示水线面的漂心纵坐标。

以双浮体系统为例，对式(5-22)进行整理，双浮体一阶频域运动方程可表示如下：

$$[-\omega^2(\boldsymbol{M}^{(1)}+\mu^{(11)})+\mathrm{i}\omega\lambda^{(11)}+\boldsymbol{C}^{(1)}]X^{(1)}+(-\omega^2\mu^{(12)}+\mathrm{i}\omega\lambda^{(12)})X^{(2)}=F_W{}^{(1)} \tag{5-24}$$

$$[-\omega^2(\boldsymbol{M}^{(2)}+\mu^{(22)})+\mathrm{i}\omega\lambda^{(22)}+\boldsymbol{C}^{(2)}]X^{(2)}+(-\omega^2\mu^{(21)}+\mathrm{i}\omega\lambda^{(21)})X^{(1)}=F_W{}^{(2)} \tag{5-25}$$

联立两式即可求解双浮体六自由度运动响应。

5.2 浮码头与趸船双船并靠风险研究

浮码头又称为“趸船码头”，是由锚碇在岸边的、供船舶停靠的趸船组成的码头。旁靠船舶通过系泊缆、橡胶护舷等与浮码头连接在一起。旁靠时，由于船舶与浮码头之间的距离较近，二者之间形成多浮体系统，该系统的运动响应特性受两者之间的水动力干扰比较明显。因此，浮码头与旁靠船舶的运动响应特性研究备受关注。

目前，国内外学者已对多浮体间的水动力干扰进行了相关研究。P. Teigen 和 J. M. Niedzwecki 对单驳船和两个并靠驳船周围的波浪力和波浪间相互作用进行了全面的研究，研究结果表明横浪作用下两条船间的波浪载荷有重大的不同，这对系泊系统的操作可能会产生问题。Pessoa J 和 Fonseca N 等人通过数值分析和实验研究相结合的方式研究了迎浪状态下多浮体靠泊系统的运动响应特性。王翔等采用势流理论和刚体动力学理论，考虑了浮体间水动力的相互作用，以及锚链张力与浮体间连接力的耦合作用，研究了多浮体系泊系统的波浪载荷与运动响应问题。王强等针对 FPSO 串靠外输作业工况时的多浮体系统的响应进行了研究，分析了不同装载工况、不同系缆参数以及危险环境条件对系统响应的影响。刘元丹、章培等都研究了 FPSO 与 LNG 船并靠系统的水动力的相互作用问题。赵文华等对 FLNG 旁靠卸载作业系泊进行物理模型试验，分析其水动力性能。通过水池模型实验得到了在风、浪、流共同作用下 FLNG 船体的运动响应情况、FLNG 与 LNG 运输船间的相对运动情况、系泊系统的受力情况、两船之间连接系统的受力情况。刘春阳、吕林等开展了线性规则波入射条件下不同宽度固定双长方形箱状附体的二维窄缝共振试验，研究了不同浮体宽度及浮体间距对水动力响应的影响。可见，浮体间的相互影响是多浮体分析的重要问题。

本课题以浮码头与旁靠的散货船为研究对象，基于三维频域势流理论，采用数值分析的方法研究了多浮体系统在不同工况组合下的响应特性，考虑缆绳和护舷的非线性特性，探求了波浪周期对浮体运动、系缆力的影响规律，为浮码头的设计提供理论依据。

5.2.1 数值计算模型

5.2.1.1 船舶模型

计算所用浮码头和散货船的主尺度如表 5.1 所示，模型如图 5.2 所示。

表 5.1 浮体主尺度参数

参数	浮码头	散货船	单位
船总长	90.00	130.00	m
船型宽	20.00	16.30	m

续表

参数	浮码头	散货船	单位
型深	2.80	7.00	m
吃水	1.50	4.30	m
排水量	2 543.64	6 647.84	t
重心高	1.54	4.55	m
浮心高	0.76	2.22	m
横稳性高	23.62	2.77	m
纵稳性高	412.02	227.67	m

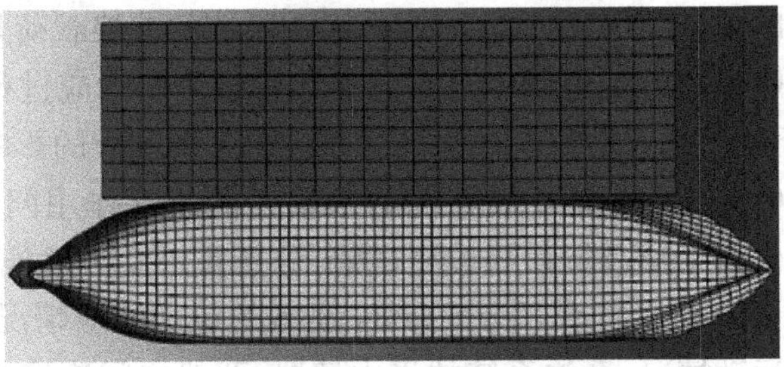

图 5.2　趸船与散货船水动力网格模型

5.2.1.2　缆绳与护舷参数

根据设计方案，浮码头上安装 10 个竖向护舷，DA-A500H×2500L 标准反力型橡胶护舷，设计反力为 860 kN，设计吸能量为 180 kJ，护舷受力曲线如图 5.3 所示。浮码头通过 6 根直径 54 mm 的锚链固定，最小破断力为 1 135 kN。散货船通过艏艉缆、倒缆与浮码头旁靠系泊，选取直径 76 mm 的尼龙缆，最小破断力为 820 kN。系泊系统布置如图 5.4 所示。

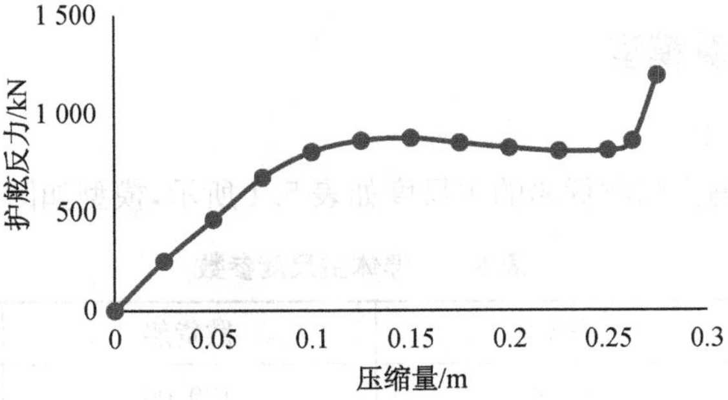

图 5.3　浮码头的护舷刚度曲线

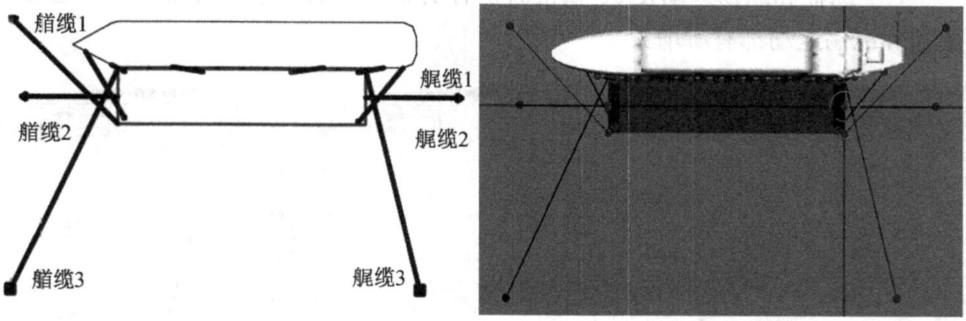

(a) 系泊系统设计图　　(b) 数值计算模型图

图 5.4　系泊系统示意图

5.2.1.3　环境参数

时域模型计算工况，见表 5.2。

表 5.2　风浪流组合工况参数表

工况	流	风	浪向	波高	波高周期
Case1	码头前沿向岸流，流速 1.0m/s，流向 18°	与浮码头夹角 90°，风速 22m/s	90°	H_s=0.4m	T_p=3.6 s
Case2					T_p=4.8 s
Case3					T_p=6.0 s
Case4		与浮码头夹角 45°，风速 22m/s	45°		T_p=3.6 s
Case5					T_p=4.8 s
Case6					T_p=6.0 s

5.2.2　数值计算结果分析

5.2.2.1　水动力特性分析

基于势流理论，在频域内分别考虑浮码头影响和不考虑浮码头影响，计算了散货船在 90°横浪、45°斜浪和 0°顺浪作用下的水动力特性，见图 5.5 和图 5.6。从计算结果可以看出：

(1) 横摇、横荡和艏摇三个自由度的差别在 0°顺浪时最为明显。若散货船不考虑浮码头的影响，当受到 0°顺浪作用时，横摇、横荡和艏摇三个方向的分力非常小，理想状态下这三个自由度的运动量接近零。而考虑旁靠浮码头的影响后，由于浮码头与散货船距离非常近，二者间隙内的水体运动较为剧烈，除了对船产生沿船长方向的力外，还有沿船宽方向的分力，从而产生较为明显的横摇、横荡及艏摇运动。

(2) 纵摇和纵荡运动在 90°横浪时也有明显的差别。考虑间隙内水体运动后，纵摇和纵荡运动都有所增大。

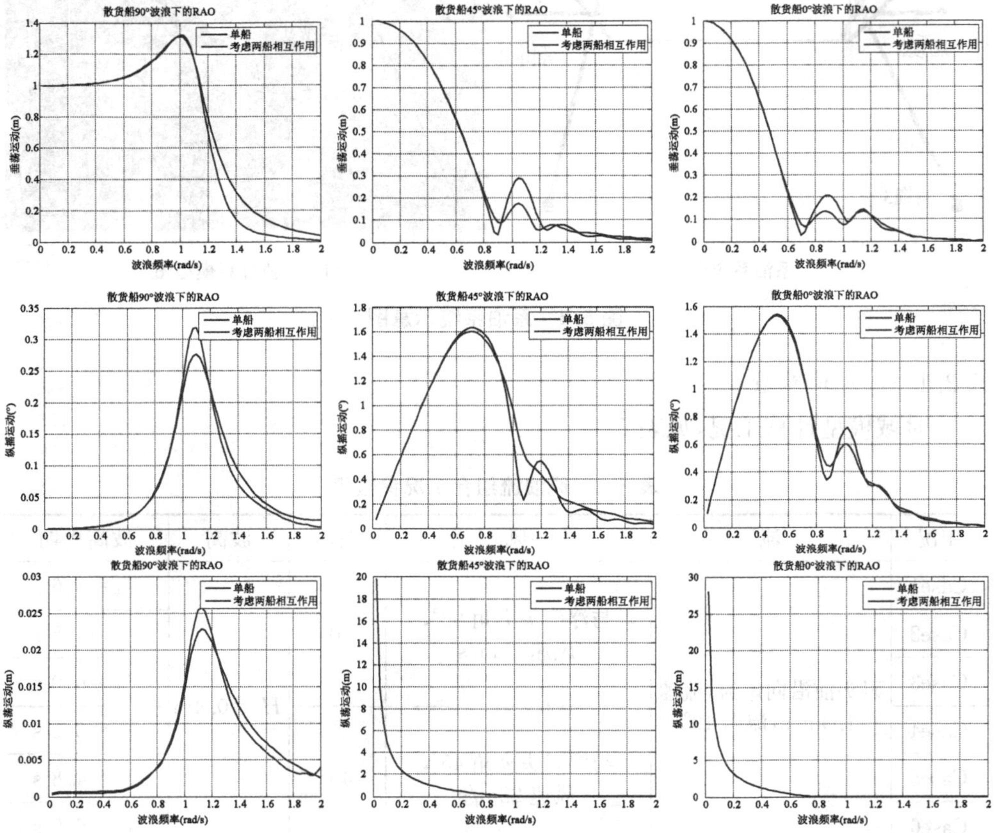

图 5.5　散货船垂荡、纵摇和纵荡 RAO 特性

5.2.2.2　时域运动特性分析

将计算得出的 RAO 结果导入 ARIANE 软件中，考虑风、浪、流环境力综合作用，进行系泊状态下的运动时域分析（如图 5.7 所示），得到缆绳拉力以及船舶运动结果，最后按照 3 h 回归周期得到计算的最大统计值。每组工况模拟 3 次，将统计值取平均。浮码头和散货船各个缆绳受力最大值的统计结果见表 5.3。

结果表明，在 90°浪和 45°浪作用时，浮码头和散货船六自由度运动量的最大值均随着周期的增大而增大。Case3（浪 90°）时，两船的横摇、横荡和垂荡运动最大，浮码头的横摇值是 3.33°，散货船的横摇值是 1.21°；45°波浪下（Case6）浮码头的横摇值是 0.98°，散货船的横摇值是 0.63°。

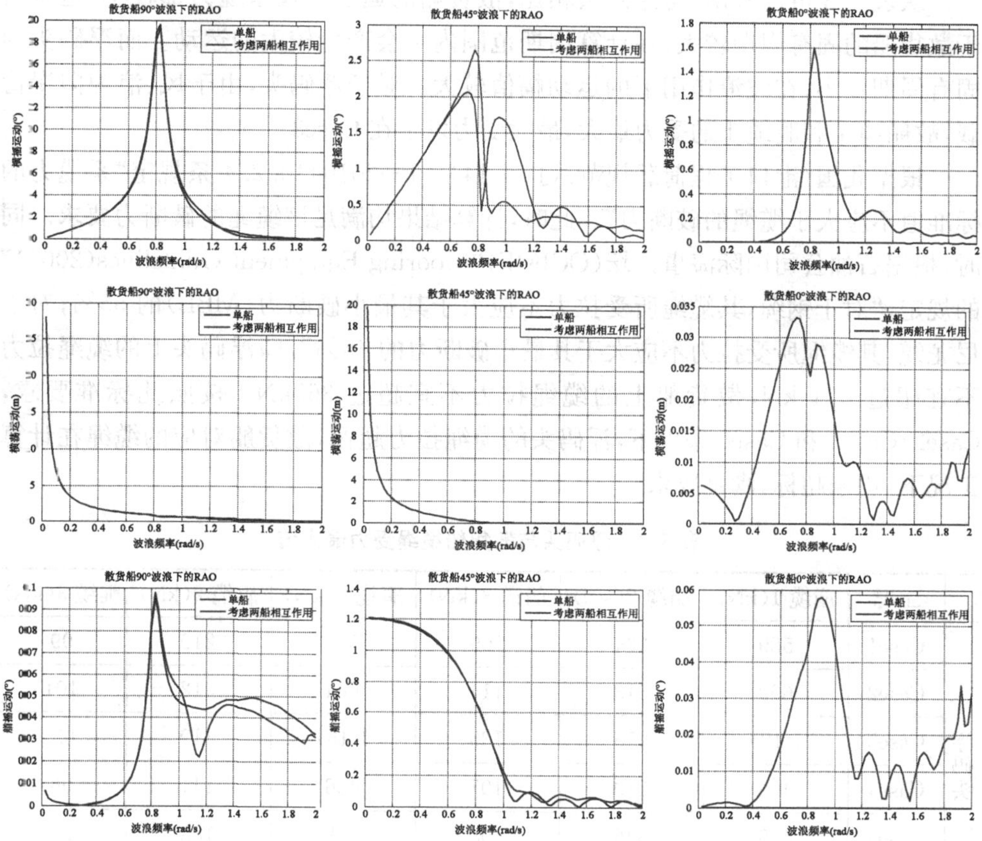

图 5.6　散货船横摇、横荡和艏摇 RAO 特性

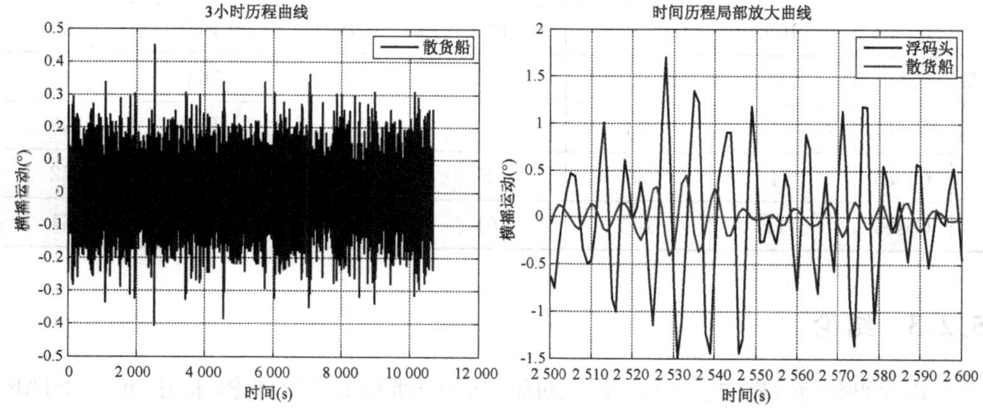

图 5.7　散货船横摇运动历程曲线(Case4)

从表 5.3 可以看出，与浮码头相比，散货船的运动以及系缆力都较小，这是由于散货船的固有周期较大，在计算周期范围内不会产生较大的运动。而浮码头的固有周期较小，在波浪作用下的运动幅值较大。对于浮码头，由于风、浪为向岸荷载，故艏缆 1 和艉缆 1 的受力最大，最大受力发生在 Case3。

根据我国《港口工程荷载规范》(JTS 144—1—2010) 10.2.4 条规定"系缆力的标准值不应大于缆绳的破断力"。此时，计算结果均满足该缆绳的破断力要求。同时，根据石油公司国际海事论坛(OCIMF)"Mooring Equipment Guidelines(2008)"的规定，"对于钢缆，其缆绳所受拉力不应大于其最小破断力(MBL)的 55%；对于尼龙缆，其缆绳所受拉力不应大于其最小破断力的 45%"，即浮码头上的缆绳拉力不宜超过 624 kN，散货船上的缆绳拉力不宜超过 369kN。按照此标准要求，Case2、Case3 和 Case6 条件下，浮码头的缆绳拉力超标，散货船对应的缆绳在计算工况下，均未超标，满足要求。

表 5.3　浮码头与散货船缆绳受力最大值

	工况	艏缆 1(kN)	艏缆 2(kN)	艏缆 3(kN)	艉缆 1(kN)	艉缆 2(kN)	艉缆 3(kN)
浮码头	Case1	559	264	109	547	210	99
	Case2	693	313	114	664	312	101
	Case3	1 105	975	135	1 154	810	113
	Case4	406	270	107	436	141	96
	Case5	475	346	108	498	183	97
	Case6	703	692	117	675	365	100
散货船	Case1	103	82	96	101	118	115
	Case2	109	90	105	108	153	153
	Case3	151	126	124	130	263	214
	Case4	84	83	89	110	101	136
	Case5	84	88	105	125	151	172
	Case6	111	105	161	193	356	361

5.2.3　结论

以浮码头与旁靠的散货船为研究对象，基于三维频域势流理论，采用 Hydro STAR 软件建立了浮码头和散货船的仿真模型，计算分析了系统在规则波中的频域水动力参数。考虑缆绳和护舷的非线性特性，讨论了波浪周期对浮体运动、系缆力的影响规律，主要结论有以下几点：

(1) 横摇、横荡和艏摇三个自由度的差别在0°顺浪时最为明显。考虑旁靠浮码头的影响后，由于浮码头与散货船距离非常近，二者间隙内的水体运动较为剧烈，除了对船产生沿船长方向的力外，还有沿船宽方向的分力。

(2) 散货船的纵摇和纵荡运动在90°横浪时有明显的差别。考虑间隙内水体运动后，纵摇和纵荡运动都有所增大，在横浪作用下散货船的纵荡和纵摇分别为0.15m和0.09°。

(3) 在90°浪和45°浪作用时，浮码头和散货船六自由度运动量的最大值均随着周期的增大而增大；各个缆绳的拉力也随着周期的增大而增大，且随着周期的增大，缆力增加的幅值越大，非线性特性明显。

5.3 FSRU与LNG双船并靠风险研究

代表项目特点：该工程选址海域面临孟加拉湾，受季风及强台风的影响显著。工程海域附近岸线整体呈现NNE-SSW方向走向，海底坡度较陡近海海底水深变化较快，至工程附近岬湾岸线逐渐呈现出N-S方向走向，海底地形变化对近岸波浪传播影响较大。工程外海海浪受台风影响外同时受北印度洋涌浪影响显著。因此工程海域波况较为复杂，同时受台风浪及涌浪影响，波型是以涌浪为主的混合浪，当波浪由外海传播至工程近岸受地形折射影响显著，波向将发生显著变化。

考虑到工程的可行性分析，需要分析该项目的不可作业天数，可为后续设计提供技术支撑。鉴于长周期涌浪的特点，规范没有给出不同波浪周期作用时系泊船舶所允许的作业波高，同时本项目又是两船并靠系泊作业，规范上并没有针对这种作业方式推荐允许作业波高，因此需要针对本项目首先进行多浮体水动力数值模拟，得出双船的允许作业波高，同时结合本工程的波浪模拟，逐月逐年分析不可作业天数，对并靠作业进行风险分析。

5.3.1 研究条件

(1) 厂址总平面布置方案

平面布置见图5.8所示，并靠作业时的系泊布置见图5.9。

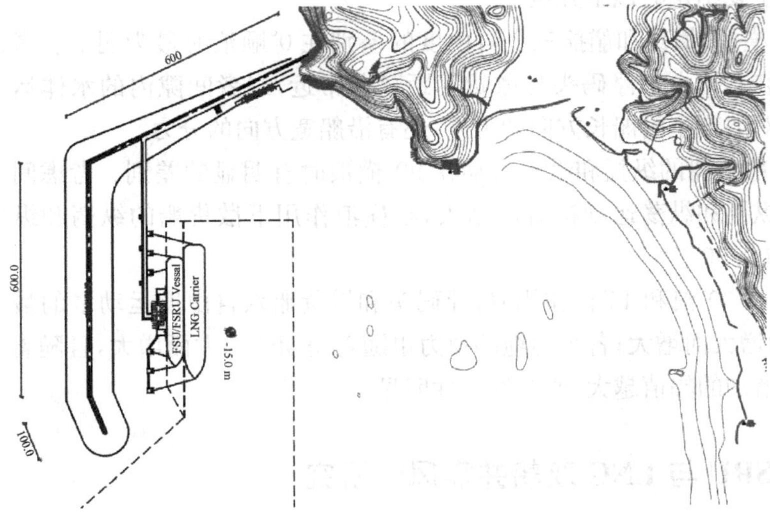

图 5.8　厂址总平面规划布置

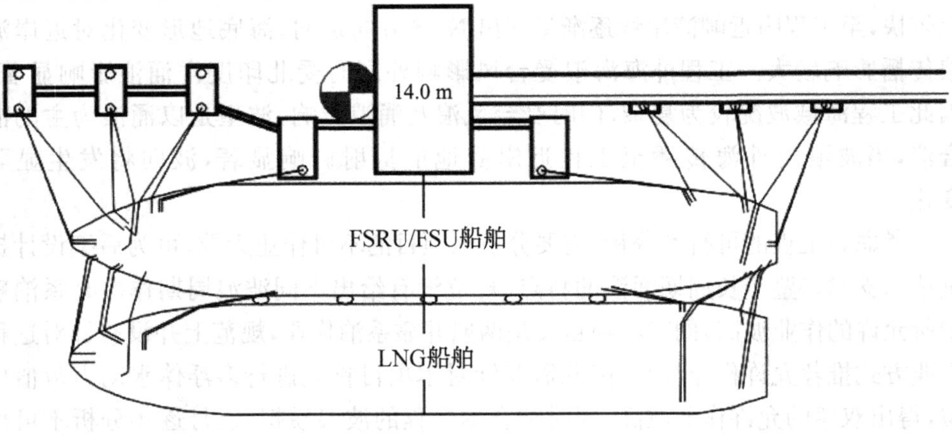

图 5.9　FSRU-LNG 并靠系缆布置示意图

(2) 设计水位

● 设计高水位：+2.58 m

● 设计低水位：+0.45 m

注：报告中提到的高程基准面为海图基面(CD)。

(3) 船舶参数

两艘船舶的详细参数见表 5.4 和表 5.5。

表 5.4　FSRU 船相关参数

FSRU	满载	压载	单位
船总长	294.00	294.00	m
船型宽	46.00	46.00	m
型深	26.60	26.60	m
吃水	12.00	9.50	m
排水体积	111 760.00	84 774.00	m^3
排水量	114 554.00	86 893.35	t
重心高	17.58	15.18	m
浮心高	6.52	5.17	m
横稳心半径	15.36	19.21	m
纵稳心半径	525.80	608.23	m
横稳性高	4.30	9.20	m
纵稳性高	514.74	598.22	m
横摇周期	16.70	11.82	s
纵摇周期	11.60	10.85	s

表 5.5　LNG 船相关参数

LNG	满载	压载	单位
船总长	290.00	290.00	m
船型宽	47.00	47.00	m
型深	26.25	26.25	m
吃水	11.70	9.30	m
排水体积	101 840	83 500	m^3
排水量	104 386.00	85 587.50	t
重心高	16.43	13.04	m
浮心高	6.68	5.06	m
横稳心半径	16.48	20.51	m
纵稳心半径	509.05	588.73	m
横稳性高	6.73	12.53	m
纵稳性高	499.30	580.75	m
横摇周期	13.04	10.20	s
纵摇周期	10.56	10.00	s

（4）计算波浪条件

方案的波浪条件：

根据《缅甸伊洛瓦底省 LNG 电站工程配套码头项目波浪数学模型研究报告》，由于防波堤的掩护作用，两个泊位处的波浪方向大多为 SWS 和 SW 向（具体推算过程详见该报告），本研究的研究目的旨在为不同波浪周期以及不同波向作用条件提供船舶可允许作业的波高。针对本方案的波浪特点，选定的工况如下：

● 波向：SWS 和 SW 向；

● 平均周期：8 s、10 s、12 s 和 14 s。

（5）海流计算参数

根据我院《缅甸伊洛瓦底省 LNG 电站工程配套码头项目循环冷却水温排放潮流数学模型》研究成果，提取了码头泊位前沿位置的海流计算结果作为模拟条件，0.17m/s 为最大流速，因此海流计算参数如下：

● 流向：N-W 的沿岸流；

● 流速：0.17 m/s。

（6）风计算参数

根据 OWI 1979—2016 年再分析风速数据，海域平均风速约为 6 m/s，考虑到不超过 8 m/s 的风速占全年频率为 91.83%（为频率很高的常年情况，具有代表性），该风速可以用于分析常年条件下船舶系泊的允许作业波高的需求。同时，根据以往的工程经验，结合该工程区域的水文特点，影响船舶作业的重要敏感程度依次为：波浪＞风＞流（本区流速数较小）。另外，符合本区实际所出现的情况，风向变换不会对允许作业波高结果造成颠覆的影响。因此，风计算参数选取如下：

● 风向：常风向 NW；

● 风速：8 m/s。

（7）缆绳参数

系泊时缆绳采用 HMPE，尾索为尼龙缆，初张力为 98 kN，各种缆绳材质的特性参数如表 5.6 所示：

表 5.6　缆绳主要参数表

船型	HMPE		尼龙缆尾索 11m	
	直径(mm)	破断力(kN)	直径(mm)	破断力(kN)
FSRU	44	1 370	100	1 870
LNG	44	1 370	100	1 870

其中 11 m 尾索以及破断力的取值是根据国际邮轮组织论坛(OCIMF)的规定,原文如下:

"When tails are fitted to mooring ropes they should have an MBL at least 25% higher MBL than that of the mooring line to which they are attached. Polyamide tails should have a 37% higher MBL than the mooring line to take account of loss of strength when wet(see Section 6.5.1). In general, tails should have a length of not less than 11m and be subject to rigorous examination and renewal procedures, as recommended in Section 6."

本次试验采用的 HMPE 缆绳伸长率 ε 与相对强力 ψ(张力相对于断裂强力的百分率)关系曲线根据"Mooring Equipment Guidelines 3rd Edition"确定,如图 5.10所示。

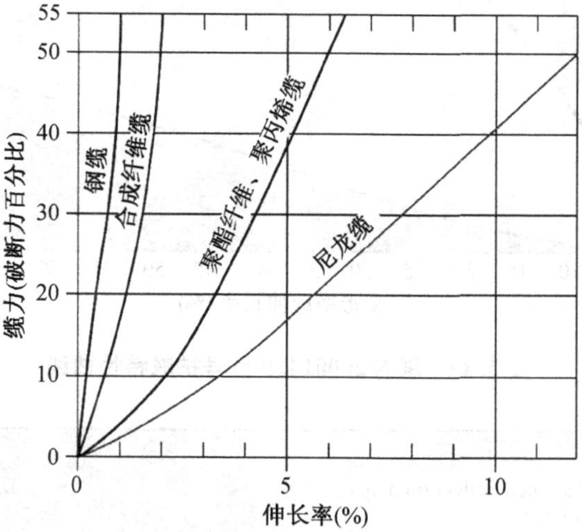

图 5.10　HMPE 缆绳伸长率与缆力关系曲线

(8) 护舷参数

在该项目中,用到的护舷主要有两种,第一种是 FSRU 船/LNG 船与码头间的碰撞护舷,第二种是 FSRU 与 LNG 船并靠时所用的碰撞护舷,具体性能与参数如下所述:

① FSRU 泊位与 LNG 泊位采用特瑞堡(TRELLEBORG)SCN 2000F1.8 型号的护舷,反力-变形特性曲线见图 5.11,相关参数见表 5.7。

表 5.7　SCN 2000F1.8 型号橡胶护舷性能表

橡胶配方	设计反力(kN)	设计吸能量(kN-M)
SCN 2000F1.8	3 321	3 858

② FSRU 与 LNG 船之间的护舷为 4 组∅4.5 m×9.0 m 护舷，以及 2 组∅2.0 m×3.5 m 护舷，反力-变形特性曲线见图 5.12，相关参数见表 5.8。

表 5.8 SCN 2000F1.8 型号橡胶护舷性能表

橡胶配方	设计反力(kN)	设计吸能量(kN-M)
ϕ4.5 m×9.0 m	5 747	4 752
ϕ2.0 m×3.5 m	675	308

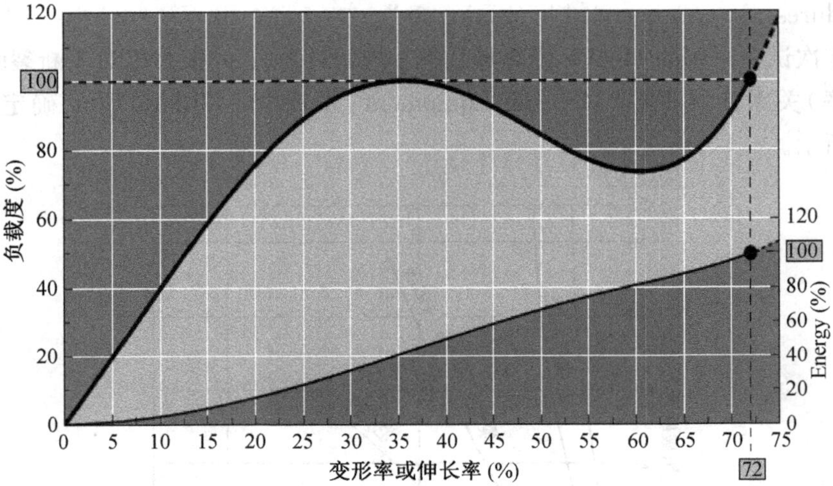

图 5.11 SCN 2000F1.8 型号护舷特性曲线

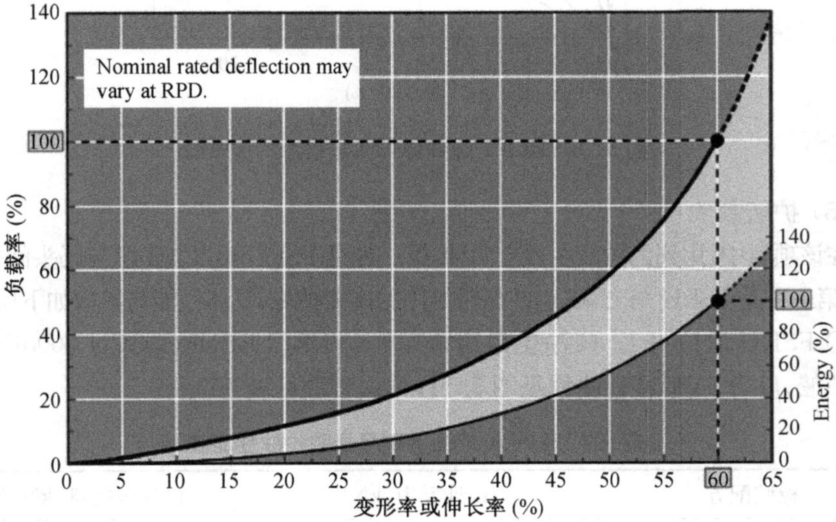

图 5.12 护舷特性曲线(船靠船间的护舷)

5.3.2 船舶的网格模型以及时域计算模型建立

根据研究需要，考虑了满载和压载两种载度，针对总平面布置方案，建立了船体的水动力模型(图 5.13)(满载作业装载和压载作业装载)，如图 5.14 所示为装载工况下的表面网格，水线以下部分根据每条船的主尺度参数生成。

根据以上的水动力模型，通过频域计算可得到以下动态系泊分析所需数据：船体运动幅值响应算子(RAO)，平均漂移载荷的二阶传递函数(QTF)等参数。根据码头总平面布置和系泊布置图，建立各个缆绳和护舷，动态系泊分析模型图见图 5.15 和图 5.16。

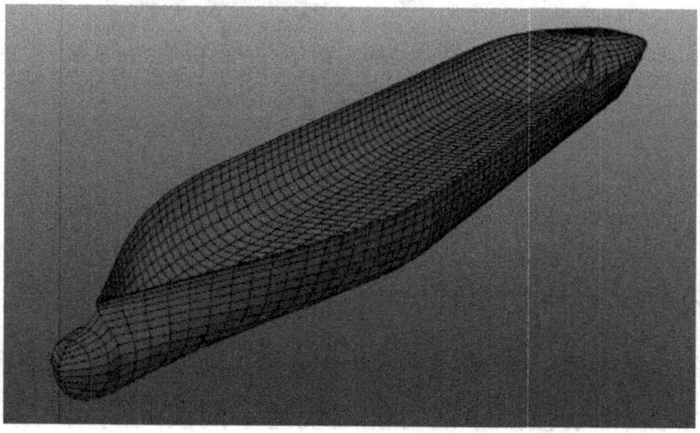

图 5.13　FSRU 单独系泊时对应的水动力模型(满载)

图 5.14　水动力模型

图 5.15　FSRU 动态系泊分析模型图

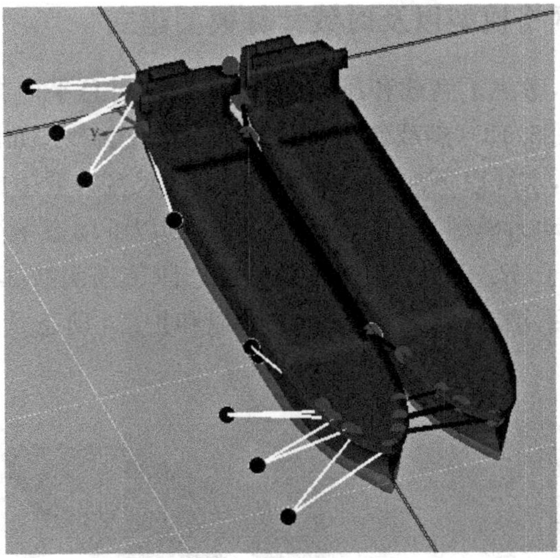
图 5.16　动态系泊分析模型图

5.3.3　可允许作业波高分析

该项目的整体分析思路如下：根据波浪数模结果，考虑了该工程后的几个主要影响浪向、代表水流和风，按照本区可能出现的不同波周期代入系泊数模计算，利用 HydroSTAR&ARIANE 软件进行不同方案下 FSRU 船和 LNG 船舶的系泊分析。依据 OCIMF 提供的经验公式计算船舶受到的风力系数和流力系数，用 HydroSTAR 水动力计算软件计算平均慢漂力和水动力系数、一阶波浪载荷传递系数，并在 Ariane 软件中考虑风、浪、流环境力综合作用进行系泊状态下的运动时域分析，得到缆绳的受力时历曲线，最后按照 3 h 回归周期得到船舶运动量和缆绳受力最大统计值。

根据得到的数值模拟结果与标准对比，得到对应的作业波高标准，最后再结合 30 年的 OWI 波浪数据分频分级逐月来核算，统计得到损失作业天数和最大连续不可作业天数。

FSRU 压载＋LNG 满载，FSRU 满载＋LNG 压载：按照上述的装载工况，分别计算了不同装载在风、浪和流载荷作用下的 FSRU 与 LNG 船的运动响应特性，得到了两船六自由度运动量、缆绳拉力以及护舷撞击力。根据上述提到的允许作业判断标准，综合考虑运动量、缆绳拉力以及护舷撞击力，分别得到两种装载组合工况下的允许作业波高，分别见表 5.9。

表 5.9 FSRU-LNG 并靠作业时的允许作业波高

周期	允许作业波高 H_s(m)			
	FSRU 满载+LNG 压载		FSRU 压载+LNG 满载	
	SW	WSW	SW	WSW
周期 8 s	0.8	0.8	0.8	0.8
周期 10 s	0.8	0.8	0.6	0.6
周期 12 s	0.6	0.6	0.4	0.4
周期 14 s	0.4	0.4	0.2	0.2

根据以上结果，选取最不利结果作为标准分析损失作业天数，如表 5.10 所示：

表 5.10 LNG 船与 FSRU 同时停靠作业的允许作业波高

选取最不利工况	H_s(m)	
	SW	WSW
周期 8 s	0.8	0.8
	SW	WSW
周期 10 s	0.6	0.6
周期 12 s	0.4	0.4
周期 14 s	0.2	0.2

除考虑 LNG 并靠作业外，本书还分析了 FSRU 单独作业时的情况，计算了 FSRU 不同装载在风、浪和流载荷作用下的运动响应特性，得到了该船六自由度运动量、缆绳拉力以及护舷撞击力。根据上述提到的允许作业判断标准，分别得到 FSRU 单独系泊工况下的允许作业波高，见表 5.11。

表 5.11 FSRU 单独系泊的允许作业波高

选取最不利工况	H_s(m)	
	SW	WSW
周期 8 s	1.0	0.8
周期 10 s	0.8	0.6
周期 12 s	0.4	0.4
周期 14 s	0.2	0.2

5.3.4 损失作业天数和最大连续不可作业天数分析

研究利用 OWI 1979—2016 年逐时海浪要素过程联合分析了工程海域波高周期特征，得到工程海域过程 30 年的波浪周期联合分频分级表，同时得到不同月份的波高周期联合分频分级表，结合允许作业标准统计得出 LNG 船与 FSRU 并靠作业时，各个月份的损失作业天数，总计为 57 天，见表 5.12。

表 5.12　LNG 船与 FSRU 同时停靠作业时的损失天数统计

	方案一(损失天数)
1 月份	3
2 月份	2
3 月份	3
4 月份	5
5 月份	5
6 月份	10
7 月份	8
8 月份	7
9 月份	5
10 月份	4
11 月份	3
12 月份	2
总计(天数)	57

研究利用 OWI 1979—2016 年逐时海浪要素序列数据分析了各年不同月份的连续作业损失天数，结果显示最大连续作业损失天数为 13 天，发生于 1987 年 7 月份。

结合允许作业标准统计得出 FSRU 单独系泊时，各个月份的损失作业天数，总计为 54 天，见表 5.13。

表 5.13　FSRU 单独作业时的损失天数统计

	方案一(损失天数)
1 月份	3
2 月份	2

续表

	方案一(损失天数)
3月份	3
4月份	5
5月份	5
6月份	9
7月份	7
8月份	7
9月份	4
10月份	4
11月份	3
12月份	2
总计(天数)	54

研究利用1979—2016年逐时海浪要素序列数据分析了各年不同月份的连续作业损失天数,结果显示最大连续作业损失天数为13天。两种工况条件下连续作业损失天数相近,表5.14给出了不同年份对应的不同月份的连续作业损失天数。

表5.14 工程区泊位处连续作业损失天数逐年统计表

年份	1月	2月	3月	4月	5月	6月	7月	8月	9月	10月	11月	12月
1979	3	0	0	2	1	6	3	4	4	2	1	2
1980	0	2	1	1	1	2	1	2	2	2	7	3
1981	2	0	2	0	3	4	3	5	5	3	1	0
1982	6	3	2	3	2	6	4	6	3	5	3	3
1983	5	3	3	1	1	7	4	2	0	3	3	3
1984	3	2	4	3	3	8	4	3	1	1	2	1
1985	1	0	0	1	1	8	6	0	1	1	2	2
1986	3	1	2	3	1	9	5	4	1	3	4	2
1987	1	2	3	1	2	2	13	6	2	7	1	1
1988	3	3	0	3	2	5	6	7	0	4	2	0
1989	3	3	1	0	3	5	4	2	5	3	2	4
1990	3	3	2	2	2	4	5	3	1	0	2	0

续表

年份	1月	2月	3月	4月	5月	6月	7月	8月	9月	10月	11月	12月
1991	1	3	1	6	0	7	2	6	1	0	2	2
1992	5	4	1	2	8	3	4	3	0	5	5	0
1993	2	1	0	3	4	8	4	2	3	3	3	0
1994	2	0	0	2	0	8	5	2	1	2	1	0
1995	0	2	0	2	3	3	0	2	2	0	0	1
1996	1	0	0	3	0	6	6	2	0	1	1	0
1997	0	0	0	2	2	4	5	6	3	3	0	1
1998	1	0	0	1	1	0	2	3	0	0	1	1
1999	0	0	1	0	0	0	0	5	0	4	2	2
2000	0	0	1	0	0	2	4	3	2	0	2	0
2001	0	0	0	1	1	5	3	0	1	1	2	0
2002	1	0	2	0	3	6	0	1	1	1	1	2
2003	2	0	2	1	3	0	0	0	0	0	0	3
2004	1	1	0	2	4	2	1	2	0	1	0	0
2005	0	0	1	0	1	0	5	0	2	0	0	1
2006	0	0	0	2	1	2	4	3	4	2	1	0
2007	1	2	0	1	4	4	5	7	1	1	1	1
2008	2	2	1	1	1	3	0	4	2	0	1	1
2009	1	0	0	0	2	3	5	2	3	0	2	0
2010	3	2	3	1	3	1	2	1	2	0	0	0
2011	2	0	2	3	1	3	3	2	4	5	1	1
2012	3	0	2	2	1	5	1	4	1	0	0	2
2013	1	0	0	2	2	3	2	2	3	3	3	0
2014	1	3	0	2	1	5	4	0	3	0	3	1
2015	5	0	0	3	2	10	5	0	2	4	1	2
2016	6	2	0	0	4	3	2	2	0	1	4	0

5.4 多浮体试验模拟及测试技术

模型试验作为一种最直观的研究手段，可以有效地反映物理现象。在缺乏条件进行实船试验的情况下，通过模拟实际的作业条件，以一定缩尺比来进行模型试验，分析模型的响应，亦可寻找其规律。试验中获得的大量数据，为理论和数值模拟计算提供验证依据。

5.4.1 相似法则与坐标系设定

5.4.1.1 相似法则

模型试验中，模型和实体应满足三个相似条件。(1) 几何相似，实体和模型的各项对应的线性尺度之比为常数。(2) 运动相似，在流体中运动时，模型和实体在同一时刻的速度、加速度等物理量比例相同。(3) 动力相似，流体作用在模型和实体上的重力、惯性力、表面张力、黏性力等互成比例。

船舶的水动力试验主要研究船舶在风浪流环境条件下的运动响应及所受波浪力，因此重力和惯性力是决定性因素，进而模型试验应满足傅汝德相似定律，即实体和模型傅汝德数(F_r)相等。此外，由于波浪条件下，船舶的运动响应和受力周期性变化，实体和模型也须保持斯特劳哈尔数(S_r)相等。即满足下式：

$$\frac{V_m}{\sqrt{gL_m}}=\frac{V_s}{\sqrt{gL_s}} \tag{5-26}$$

$$\frac{V_mT_m}{\sqrt{L_m}}=\frac{V_sT_s}{L_s} \tag{5-27}$$

式中：V、L、T 分别为特征速度，特征线尺度和周期。下标 m，s 分别为模型和实体。

根据上述相似法则，以 λ 为线性缩尺比，γ 为海水与淡水密度比(取 1.025)，列出如下模型值与实体值转换关系，如表 5.15 所示。

表 5.15 实体与模型各物理量换算关系

项目	符号	转换系数
线性尺度	L_s/L_m	λ
线速度	T_s/V_m	λ^2
线加速度	a_s/a_m	1
角度	φ_s/φ_m	1

续表

项目	符号	转换系数
角速度	φ'_s/φ'_m	$\lambda^{1/2}$
面积	A_s/A_m	λ^2
体积	∇_s/∇_m	λ^3
周期	T_s/T_m	$\lambda^{1/2}$
水密度	ρ_s/ρ_m	γ
质量	Δ_s/Δ_m	$\gamma\lambda^3$
力	F_s/F_m	$\gamma\lambda^3$
力矩	M_s/M_f	$\gamma\lambda^4$
惯性矩	I_s/I_m	$\gamma\lambda^5$

5.4.1.2　坐标系

模型试验中采用一个大地坐标系 $O-XYZ$ 与两个局部坐标系 $O_1-X_1Y_1Z_1$ 和 $O_2-X_2Y_2Z_2$。其中，$O_1-X_1Y_1Z_1$ 定位在船 A 重心处，以船尾向船艏为 x 轴正向，以右舷向左舷为 y 轴正向，从船底向甲板为 z 轴正向。$O_2-X_2Y_2Z_2$ 定位在船 B 重心处，坐标系方向类比船 A。局部坐标系随船舶运动而平动。$O-XYZ$ 定位在码头，三个坐标轴方向均与局部坐标系平行。船舶六自由度运动定义如下：纵荡(Surge)为船舶沿 x 轴正方向平动；横荡(Sway)为船舶沿 y 轴正方向平动；升沉(Heave)为船舶沿 z 轴正方向平动；横摇(Roll)为船舶沿 x 轴转动；纵摇(Pitch)为船舶沿 y 轴转动；艏摇(Yaw)为船舶沿 z 轴转动，见图 5.17。

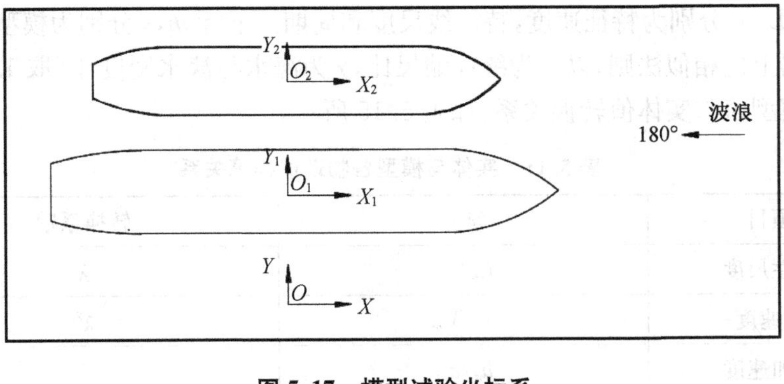

图 5.17　模型试验坐标系

5.4.2 试验装置及仪器

与单船系泊试验不同，双船并靠试验需要考虑更多的结构以及两船的连接装置。比如放置在两船中间的护舷。目前，船舶系泊在码头时的运动特性试验进行了较多的水池物理模型试验研究，通过试验装置（如图 5.18 所示）获得了橡胶护舷（安装在码头上）所受的挤靠力。但这类装置重量比较大，在水池模型试验时，如果直接将该装置装在过驳作业的船舶上，势必会影响船舶的总体质量，进而影响船舶的运动特性，从而降低试验的价值。因此，针对并靠作业船舶进行水池模型试验时，需要开发一种质量轻便、可模拟护舷非线性特性的装置，并且能将试验过程中护舷所受挤靠力进行记录存储的装置。主要模拟护舷的反力-变形曲线相似。我们团队进行了不同护舷结构的模拟。

（1）采用不同直径的弹性橡胶棒，通过对其掏空成不同大小的内径，以基本模拟出护舷变形 50%时的受力。护舷模拟如图 5.19 和图 5.20。

图 5.18　护舷模拟装置

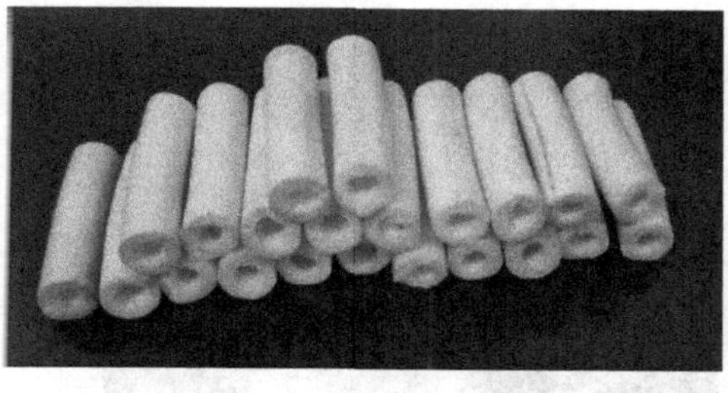

图 5.19　D30 mm×30 mm×150 mm 护舷模型

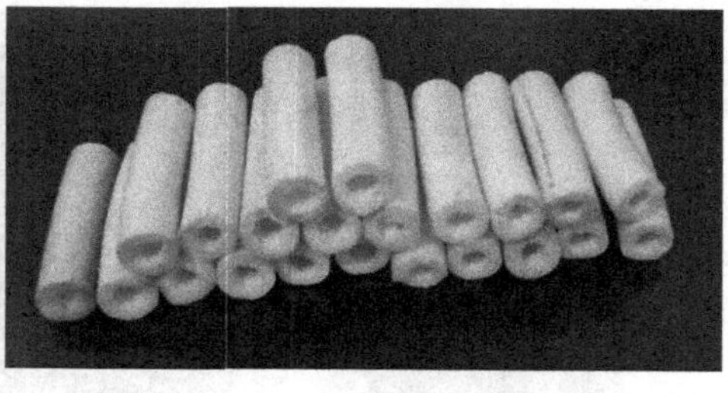

图 5.20　D40 mm×40 mm×150 mm 护舷模型

（2）采用 3D 打印技术，利用不同刚度的弹簧并联实现变形-受力曲线形似。具体的结构如图 5.21 至图 5.22 所示。

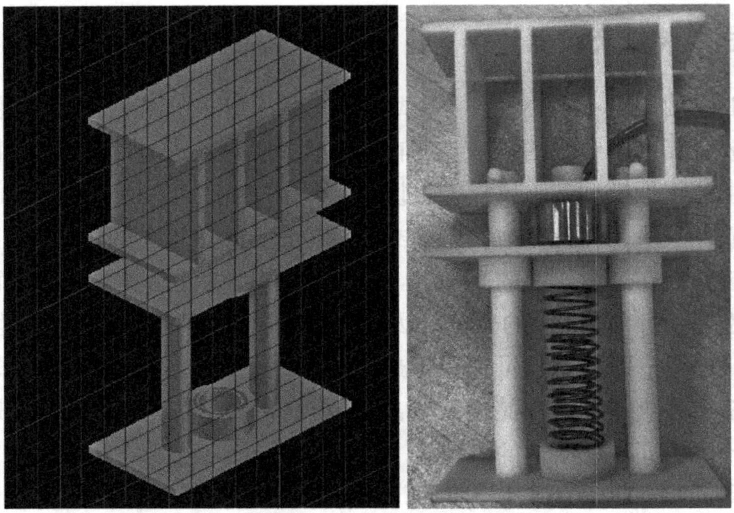

图 5.21　橡胶护舷模拟装置—整体结构部分以及完整护舷—传感器模型

（模拟橡胶护舷的试验室测力装置）

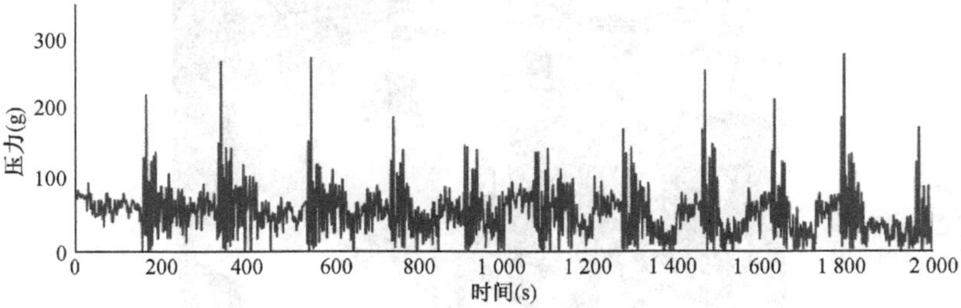

图 5.22　橡胶护舷模型挤靠力测量结果

如果两艘船串联铰接连接时，需要测量连接处的受力，为方便六分力传感器的安装，需要对胶接接头进行合理的模拟，我们团队对工程所用的铰接接头的模拟进行了概化，该模拟装置的照片如图 5.23。

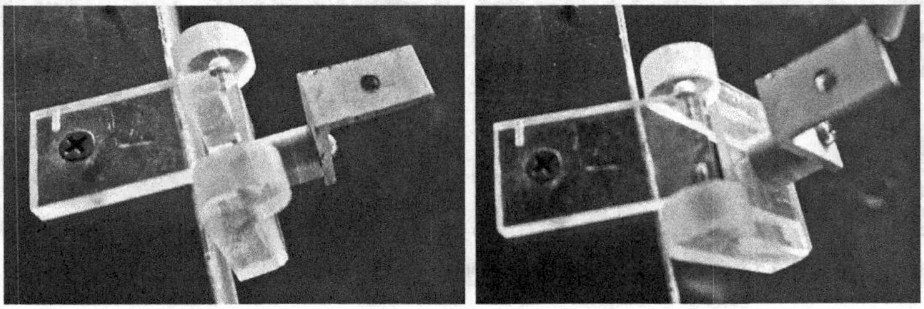

图 5.23　铰接接头的模拟

6 面向智能水运的系靠泊自动化安全辅助系统研发

6.1 智能系靠泊系统的技术发展现状分析

国外的自动化系泊设备的研究始于20世纪70年代，80年代采用应变测量法直接测量缆桩荷载数据，但当时计算机、传感器、电子及通信技术均不发达，研制码头系泊安全保障系统的条件尚未具备。80年代中期，芬兰的劳马—雷波拉甲板机械厂研制了一种配备电子控制自动装置的绞车，这意味着应用电子技术的自动装置开始替代传统的机械系统，成为世界上第一种自动化绞车系统，从此为码头系泊向的自动化控制迈出了第一步。近几年来，随着科学技术的进步，特别是高速大容量计算机性能的不断提升，传感器技术的飞速发展，实时监控技术水平的不断成熟，为系统的开发研制工作创造了极其有利的条件。国外从最初的单根缆绳荷载监测逐步发展到整个系泊系统的受力监测，完备的码头智能化系泊系统设备的开发也得到了国际上行业内的广泛认可，并逐步推广应用。目前，国际上有多家公司正在进行智能化、自动化的码头监测与系泊系统的研究与开发制造，如澳大利亚Marine Harbour（如图6.1）、丹麦的Marimatech和美国的OceanTech、Mampacy

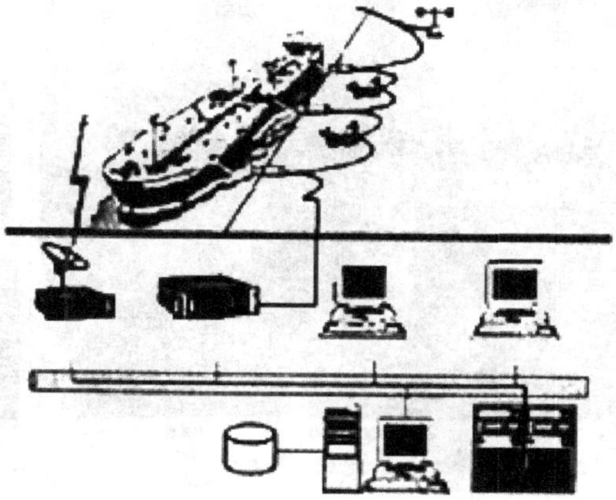

图6.1 Marin Harbour公司研制的智能码头管理方案

等。目前，在诸如 LNG、原油码头等使用的系泊快速脱缆钩系统较为常见，国内也有一些公司进行仿制和周边产品的研发。

为保证系泊船舶和系泊设施的安全，国外研究和设计的智能化码头系泊系统一般包括：船舶辅助进港系统（Berthing Aid System，简称 BAS）、系泊受力监测系统（Mooring Load Monitoring System，简称 MLMS）和气象环境监测系统（Environmental Monitoring System，简称 EMS）三大类系统设施。

6.1.1 船舶辅助进港系统（BAS）

如图 6.2 所示，BAS 系统的功能主要是利用激光或 GPS 技术，监视船舶靠离

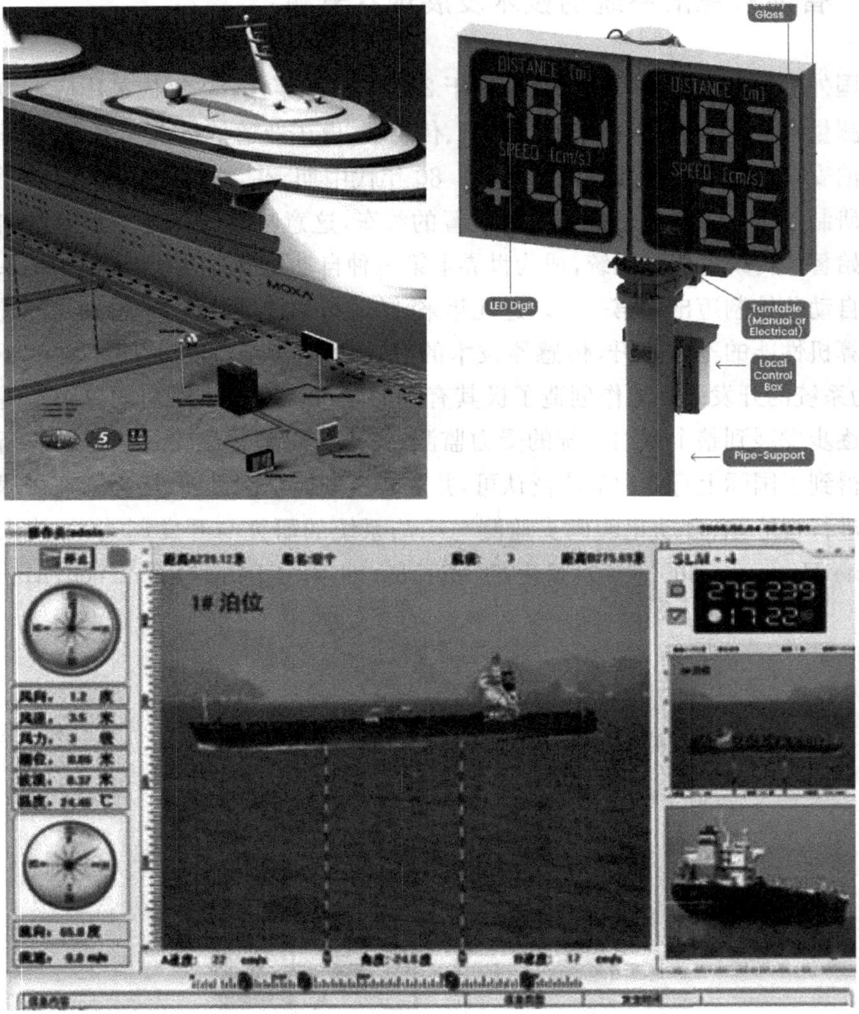

图 6.2　BAS 系统监视界面及激光辅助装置

泊码头，测量船舶与码头之间的距离与计算船舶靠近的速度，在码头上安装醒目的电子显示器与声光报警装置，甚至包含便携式控制/显示终端，以便于为港口引航员与码头管理者提供实时信息。当船舶速度或距离超过警戒值时，该系统则报警。根据统计，设置 BAS 系统的码头能够将事故发生率从 1/1 000 降低到 1/10 000。其典型代表是荷兰 Mampaey 公司，国内一些港口均有引进和使用，类似利用其原理开发的靠泊辅助系统，国内也有仿制，如世科光电等。

6.1.2 系泊受力监测系统(MLMS)

MLMS 类系统的典型代表即快速脱缆钩，是通过在本地的控制使本地或远处的系泊船舶缆绳部分或者全部脱钩，从而船舶能够快速离开码头。国外研究与开发的这类缆钩同时集合了测力、自动脱钩与绞车功能。快速脱缆钩自从 1959 年开始研制并使用以来，得到了很大的改进和发展。快速脱缆钩主要用于以下情况：由于火、污染或爆炸等，要求系泊船舶能够快速离开码头(此时人员无法靠近系泊船舶)，或为了阻止事故的蔓延或不让船舶在港口沉没而阻塞港口，需要船舶迅速离开泊位。以 Mampaey 公司研发产品为例，其快速释放系泊钩(Quick Release Mooring Hook)可以在紧急情况下自动断开系泊缆绳固定端，即使在满载的情况下也能准确无误，从而消除对码头与环境的破坏。其标准版本的快速释放系泊钩能够安全处理 40～180 t 的工作负载，所有快速释放系泊钩都是在安全工作负载的 150%的标准下单独测试的，具有久经考验的耐用性。其所有的负载测试均获得 LR、BV、DNV、RINA、ABS 等船级社认证。图 6.3 为目前主要的测力缆钩形式与其在码头上实际系泊应用情景。

图 6.3 目前主要的快速脱缆钩与码头应用情景

同时，国外在目前的科技研发水平下，实现智能控制的方式也有新的方案应用，即通过磁力吸盘、弹性减振器和卷扬机等机构，不使用缆绳而使船舶达到系泊的目的，如图 6.4 所示，根据其核心原理也是属于 MLMS 类系统。该类型的磁力系泊装置，结构简单、操作方便，彻底改变了手工系缆和解缆的传统作业方式，使船舶能自动靠离码头，无疑是系泊方式及观念的一次革命性变革和进步。电磁系泊装置的结构见图 6.5，其主要由机械机构系统、液压系统、电控永磁吸盘系统等 3 部分构成。底座、大臂、小臂和电磁吸盘连接在一起构成机械机构系统，底座固定于码头前沿，电磁吸盘在工作时吸附在船体上将船舶系于码头。

这类船舶磁力系泊装置，能将 2～3 人手工系缆靠离泊需要 30～50 min 的时间降低到了只要十几秒钟的时间，而且只需 1 名操作员就能直接操作完成，在节约人力的同时极大地提高了效率，使船舶系靠泊完全实现自动化，在计算机和定位系统控制下，能完全实现船舶的无人化操纵。其中，以 Cavotec 公司的 Moor Master200 为例，其吸力 20 t 的吸附垫在船壳板上的吸力为 10 t/m^2，具有较强的吸附控制能力。同时，吸附方式采用磁力吸盘，其已经广泛应用在冶金、起重、机械加工等行业中，技术已经相当成熟，能产生 600～1 200 kN/m^2 的吸力，且磁力线很短，离开吸盘表面很短的间距（10 cm 左右）就几乎感应不到磁力，在保障船舶安全的同时，不会对船舶电子仪器设备等造成影响。

目前，国外 MLMS 类系统的设备研究发展非常迅速，除了前文所述的 Cavotec 公司之外，TRELLEBORG 公司的 SmartPort 概念下开发的 AutoMoor 系泊系统也是实现智能化系泊作业的一种成功解决方案，如图 6.6 所示。类似系统在船靠船的海上过驳作业实施过程中取得了良好的使用效果，国外也进行了大量的测试研究工作，如图 6.7 所示。

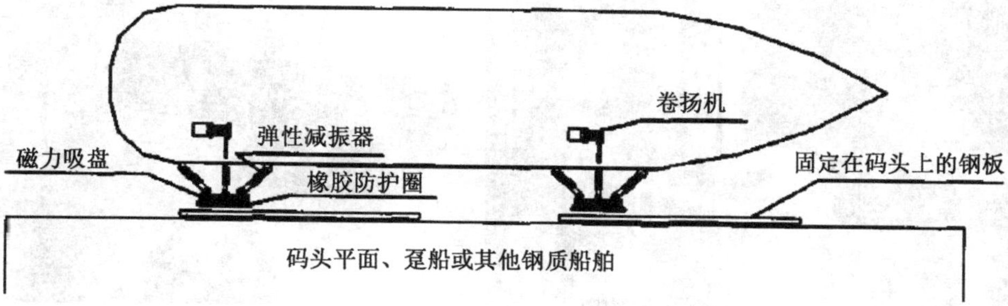

图 6.4　船舶停靠码头或并靠其他船舶上的系统原理

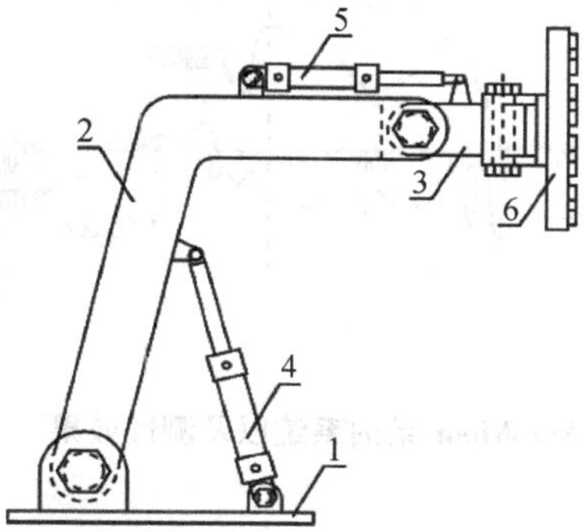

注：1. 为底座；2. 为大臂；3. 为小臂；4. 为液压；5. 为液压；6. 为电控永磁吸盘。

图 6.5　电磁系泊装置的基本结构示意图

另外，还有一种不采用磁力吸盘，继续在传统系缆上做文章的研究方案，通过自动调节缆力实现改善船舶系泊条件。如荷兰 ShoreTension 即一种独立的液压控制系泊系统，它可以吸收在风浪中移动的船舶能量，并在放松系泊缆索时将其存储于内部。当高峰负荷结束时，系统用存储的能量收回缆索，恢复初始状态。该系统不需要任何外部能量，因此能够提供一种有效的、可持续的系泊解决方案。该系统在全球各大港口，包括鹿特丹（Rotterdam）、锡尼什（Sines）和科托努（Cotonou）接受了广泛的测试已取得成功。其原理即通过监测系缆设备的荷载适时调整张力大小以控制系泊船舶的泊稳状态，与之类似的自动系泊装置还包括麦吉佳的 MOOREX 锚泊系统，如图 6.8 所示。

上述这类系统的共同特点是对系泊荷载进行调整，从而实现自动控制系泊状态的目的。码头智能系泊系统要真正实现系泊方式和预张力的优化，必须解决风浪流情况下缆绳张力的计算问题。国外于 20 世纪 70 年代中期开始利用数学模型预报码头系泊船舶在风浪流作用下的运动、系缆力及防护舷的作用力。荷兰 Delft

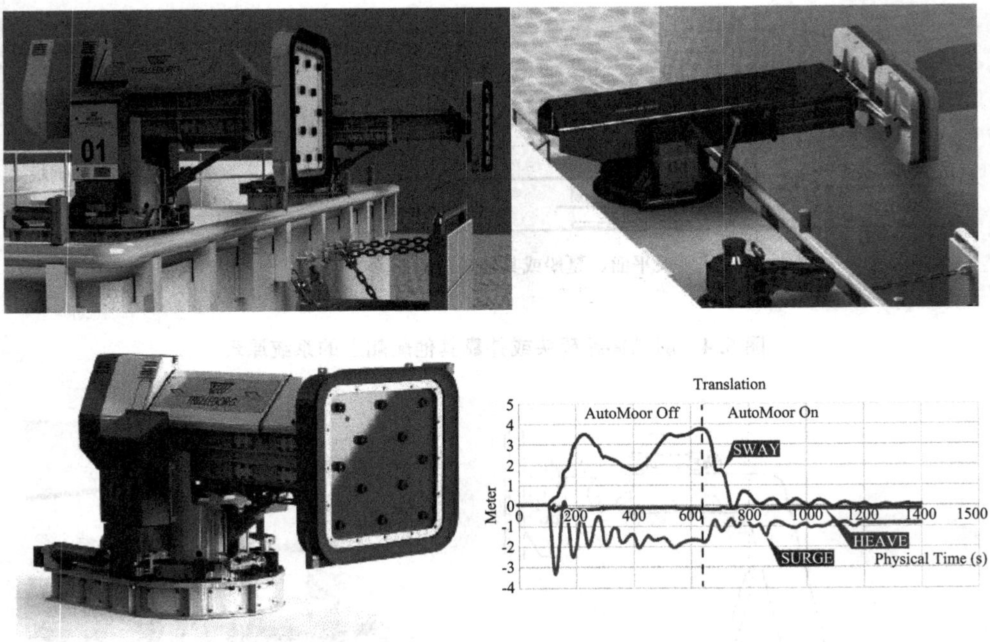

图 6.6　SmartPort 概念下开发的 AutoMoor 系泊系统以及测试效果

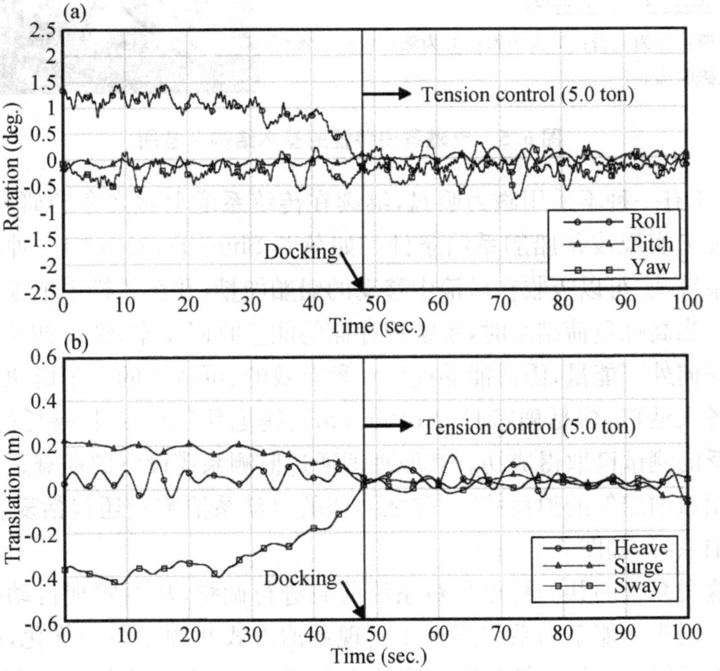

图 6.7　国外某型 MLMS 类自动化系泊系统介入前后的现场测试对比

图 6.8　ShoreTension 独立液压系缆控制系统与 MOOREX 锚泊系统

海工研究所的奥特默森博士比较完整地提出该方面理论和方法，并进行了模型试验。随后，日本港湾技术研究所上田茂等也相继发表了多篇相关论文。国外开发的码头系泊船舶缆绳张力计算的程序主要有 TermSim（荷兰 MARIN），PcSmart（美国 Exxon Research and Engineering）和 Optimoor（美国 Tension Technology International（TTI）），它们的共同特点是均只考虑缆绳静张力，而不考虑波浪的激励作用，因为一般港口波浪是不大的，系泊船舶受力主要来自水流和风。在计算风浪流作用下的缆绳张力以及分析不同系泊方式等对张力的影响方面，美国 TTI 做了许多的工作。目前，法国 BV 船级社开发的 Hydrostar/Ariane、美国 Ultramarine 公司 MOSES、荷兰 Alkyon 公司的 Shipmooring 以及丹麦 DHI 公司的 MIKE 21 MA 等相继引入动力计算，也均是解决大型船舶系泊问题的有效计算模拟平台。在国内，有关单位曾通过模型试验对 2 万～10 万 t 级的船舶进行过一定的研究，并纳入了当时的港工技术规范中作为参考：近年来又对 20 万 t 级的码头进行了船舶荷载模型试验，提出了一些半经验、半理论的建议计算公式。但是，由于码头系泊现象的复杂性，我国对风浪流作用下码头系泊船舶缆绳张力的计算和系泊船舶的运动理论研究比较缺乏。尽管国内一些研究所和大学均能够在一定程度上计算缆绳的张力甚至码头系泊船舶的运动(相应缆绳的动载荷),但是将它们与码头智能系泊系统有机结合起来还存在一定距离。目前我国对大型船舶在水流力作用下的系缆力的计算还没有建立详细的规范,随着港口建设的发展,大型系泊船舶的运动和系缆力的计算问题日显重要。

6.1.3 气象环境监测系统(EMS)

环境监测系统(EMS)主要是通过测量和记录来自各种传感器的气象和海洋数据,获取针对系靠泊作业环境的现场监测,利用环境监测系统的数据,可以预测船舶的行为,为系靠泊作业实施提供参考和依据,引航员及海事人员能够根据实际数据和趋势做出正确的决策,从而创造一个更安全的靠泊作业。环境监测系统一般由以下传感器组成:气象站(风况、湿度、气压、温度、降水等)、水流传感器(流速流向、水温等)以及波浪潮汐传感器(波高、波周期、潮位等)。如图 6.9 所示。

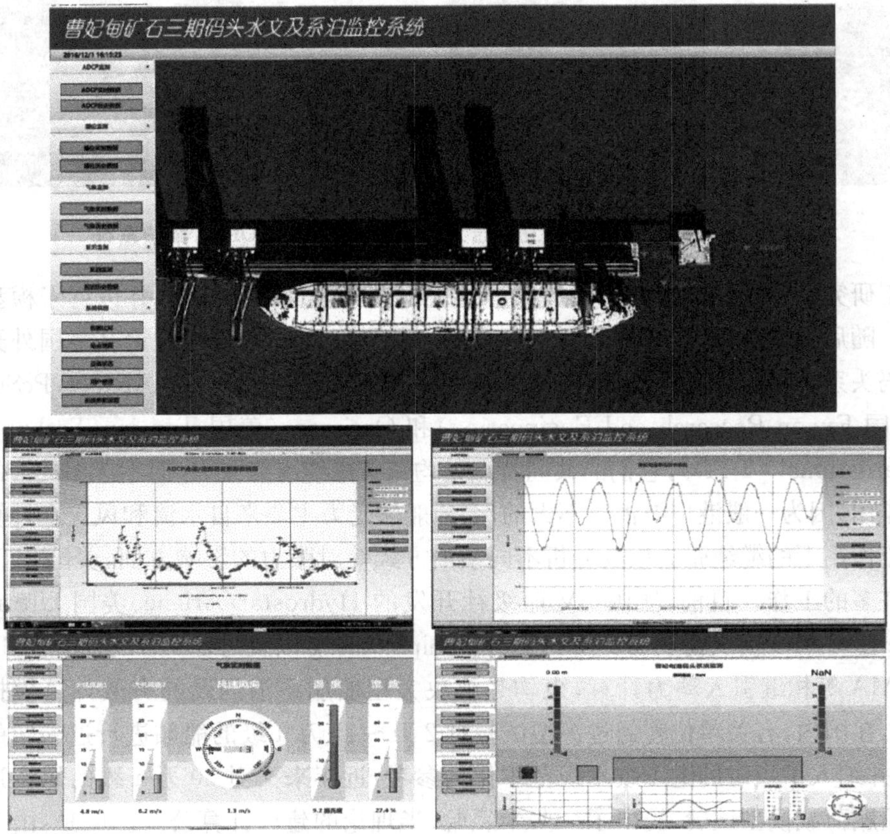

图 6.9 环境监测系统(EMS)

船舶靠泊与系泊期间除受到风力、水流、涌浪的冲击力外，还受到潮汐、压排水、装卸货等外在环境的影响。在外力作用下，船舶靠泊期间的线性运动有横向靠紧或离开码头（沿 X 轴）、前后错动（沿 Y 轴）、垂直涨落（沿 Z 轴）；主要角运动有横摇（绕 Y 轴 rolling）、纵摇（绕 X 轴 pitching）和浮沉（绕 Z 轴 yawing）的转动，从而带动各系缆缆绳的张弛变化，其复杂性不言而喻。我国有关研究院所通过物理模型试验对港口系泊船舶进行了大量试验，并有一定现场原型观测数据，提出了一些半经验性、半理论性的建议计算公式，以估算缆绳拉力。但是由于码头系泊问题本身的复杂性，我国对风浪流作用下的码头系泊缆力的计算和系泊状态运动理论的研究与国外相比，还有一定差距，且现有规范下对大型船舶在风浪流作用下的系缆力计算还未有详细规定，将它们与码头智能系泊系统有机结合起来存在一定距离，这也是国内对于智能化系泊系统的研究一直未能快速发展起来的原因。

纵观国内外智能化码头系泊系统的发展可以看出，这类系统的研发是一个系统工程，综合运用传感器技术、通信技术、自动化控制技术、船舶与海洋工程技术等，能够在很大程度上优化系泊方式，保证系泊安全，在现阶段开展此类研究在国内也是十分必要的。

6.2 双并联机构的波浪补偿与主动减摇机理

6.2.1 研究技术路线

本研究首先基于模型计算与数据分析，构建具备主动减摇能力的自动化系泊系统方案，以此解决传统系泊方式下船舶大幅运动导致的系泊风险问题，并依托自动化并联减摇平台开发具备运动补偿功能的、可为船-岸间的码头作业提供更稳定的智能化装卸作业系泊平台装置（功能性展示样机），实现辅助系泊船舶在风浪流作用下安全作业的目标。基于上述研究目标制定如下技术开发路线，如图 6.10 所示。

首先，确定智能系统方案选型和初步设计需要明确的主要问题，主要包括样机方案结构的驱动方式，如核心运动机构采用液压、电动还是其他形式，为了适应港工试验室水池能力的样机方案最大可能荷载和运动量（以确定量程范围、方案选型等），同时还需兼顾考虑目前技术水平下该样机最小可能尺寸（长、宽、高、吸附盘直径等），以便于适应现有试验水池的船模验证测试。

其次，开展数字建模进行试验模拟与计算，主要分析代表船型在典型风浪流作用下传统系泊方式码头系泊船舶的运动响应参数。结合之前所初步确定的样机方案主尺度，建立船模-码头的系泊系统数学（或物理）模型，测试不同水动力作用下

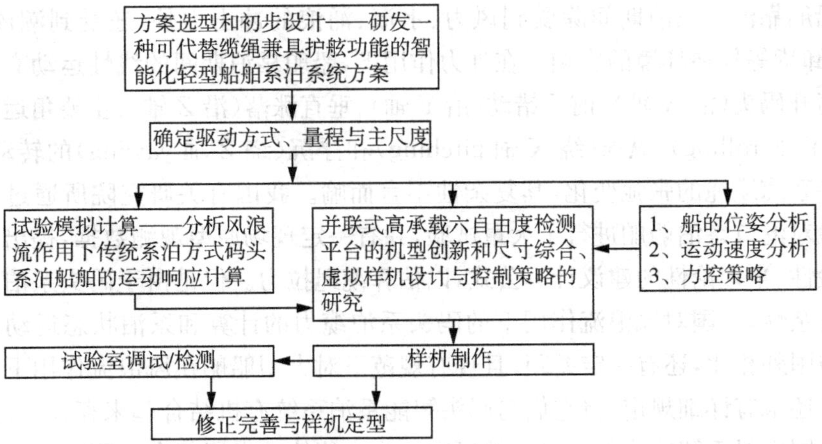

图 6.10　研究技术流程框架图

船舶的六自由度运动量、缆绳拉力以及护舷撞击力，根据船舶运动量标准、系缆力和护舷撞击力标准为系泊智能系统样机的研发提供具体工作范围（运动量、缆力和撞击力）。随之确定样机方案的设计与构件选型，包括驱动形式、吸附方式、控制框架、零件分型定制与采购等。接下来，有针对性地开展姿态控制策略研究，并通过神经网络算法开展离线训练，搭建实时位姿检测系统，编制控制软件，优化调试和实现系统精确的半闭环控制，进一步测试与检验系统方案。

最后，在功能性样机完成后，通过波浪水池进行系泊模型试验检测，主要针对不同波浪条件进行不同工况的测试，以验证与优化控制策略，调整与改进相关机构与软件程序，提交最终样机成果。

6.2.2　系泊机构运动学理论

6.2.2.1　双并联构型

系泊机构需要满足六自由度的要求，又需要具有良好的抗冲击性能与较高的刚度特性，因此选取并联机构中可以实现六自由度运动的经典 Stewart 机构及其衍生机构，采用双并联构型。可以选取的构型为 6 驱动、3 助力的结构形式（简称 6UPS/3UPS）或者 3 驱动、6 助力（简称 3UPS/6UPS）和 3 驱动、3 助力（简称 3UPS/3UPS）等形式，如图 6.11 所示。

经过对比分析，本课题选取的双并联构型是由两个欠驱动的并联机构组成，整体具有 6 个驱动分支和 12 个辅助助力分支，即 2-3UPS/6UPS 构型。基于高等空间机构学理论，从双并联机构的位置正反解、工作空间、运动学和动力学等方面进行研究，确定其满足系泊工况的指标参数，为样机研制和实时控制提供理论基础。

双并联系泊机构在工作时主要分为单并联单元独立控制阶段（即与船模接触

前以及和船模脱离后）和双并联单元同步控制阶段（即双并联单元均与船模吸附）。双并联系泊机构的两个下平台均与岸边固定，可以将其视为一个大平面与岸边固连。当两个并联单元的上平台均与船模侧舷接触时，两个上平台共面，可以将其也等效为一个大平面，这个大平面与船身接触。其等效模型示意图如图 6.12 所示。

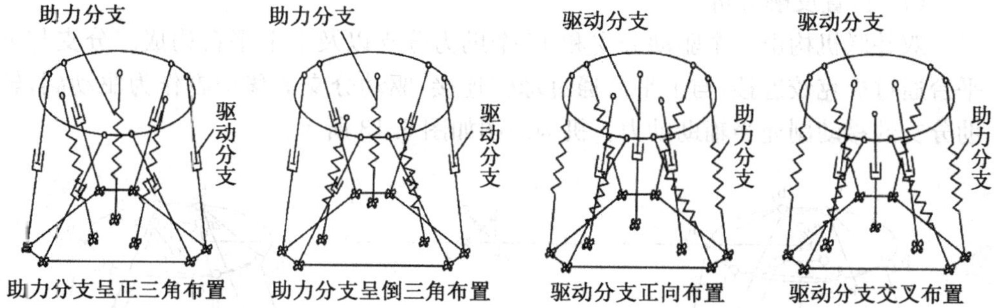

a 6UPS/3UPS 构型　　b 3UPS/6UPS 构型

图 6.11　可以实现六自由度运动的经典 Stewart 机构及其衍生机构简图

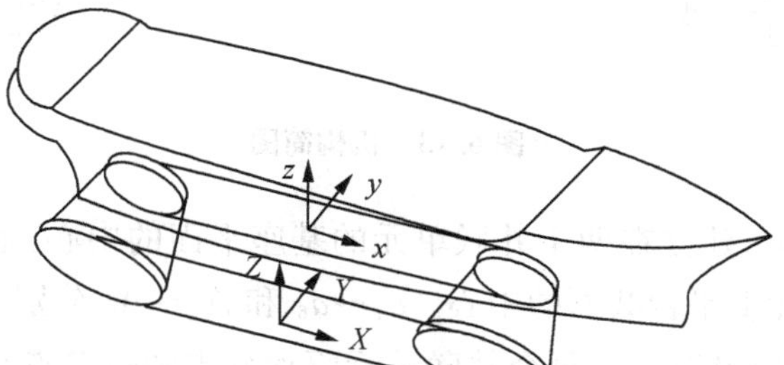

图 6.12　双并联系泊机构等效模型示意图

为了方便描述，在这里将双并联系泊机构的坐标系与船体坐标系进行统一。定系建立在两个并联单元下平台组成平面的中心点，x 轴沿两个并联机构的水平方向，y 轴沿机构的高度方向，z 轴沿竖直方向，两个并联单元下平台的中心到定系原点的距离均为 s。动系建立在两个并联单元上平台组成平面的中心点，初始位置时，动系的坐标轴与定系坐标轴重合，动系坐标原点到两个上平台中心点的距离也为 s。

6.2.2.2　运动学分析

并联机构的运动学分析是对机构位置、速度及加速度进行分析。机构的位置分析可以分为正解分析和反解分析。正解，即已知机构的驱动参数，对机构末端位置进行求解；反解，即已知机构的末端位置参数，对机构驱动进行求解。常用的方法有解析法和数值法。因为并联机构的反解比较容易求得，经常采用解析法进行求解；而并联机构的正解比较复杂，一般不容易求得，常采用数值迭代的方法进行求解。速度分析和加速度分析是基于位置分析后进行的，常用的方法有影响系数法和矢量求导法等。

(1) 位置反解分析

双并联机构由 6 个驱动分支和 12 个助力分支以及上下平台构成。分支与下平台通过虎克铰连接，与上平台通过球铰连接，驱动分支的移动副作为驱动副；辅助分支的移动副充当辅助助力。机构简图如图 6.13 所示。

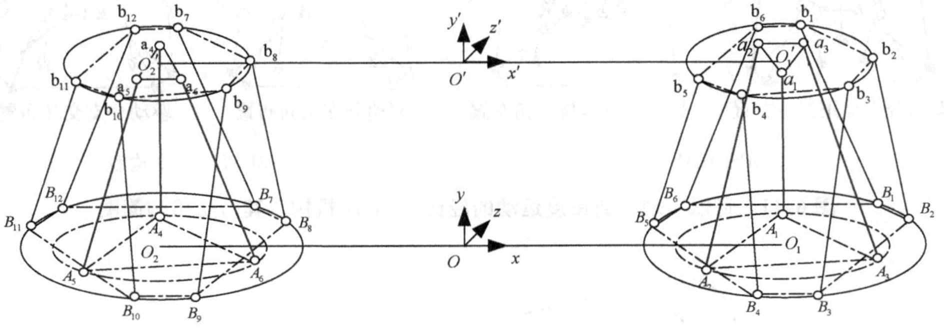

图 6.13 机构简图

固定坐标系$\{O\}$建立在两个并联单元的基座平面的中心，运动坐标系$\{O'\}$建立在两个并联单元上平台共面的中心。$a_1 \sim a_6$ 和 $A_1 \sim A_6$ 分别为双并联机构驱动分支在上下平台的铰链点，且每个并联单元驱动分支的铰链点在各自圆周呈等边三角形分布。$b_1 \sim b_{12}$ 和 $B_1 \sim B_{12}$ 分别为助力分支在上下平台的铰链点，且每个并联单元的六个助力分支在圆周上呈不等边六边形布置，中心夹角为 120°。两个并联单元到坐标系原点的距离为 s。

在机构运动学分析时，通常采用 RPY 角和欧拉角来描述物体的方位姿态，这里采用 Z-Y-X 欧拉角描述上平台相对于下平台的转角姿态，其旋转变换矩阵为：

$$\boldsymbol{R} = \boldsymbol{R}(Z,\alpha)\boldsymbol{R}(Y,\beta)\boldsymbol{R}(X,\gamma) \tag{6-1}$$

即：

$$\boldsymbol{R} = \begin{bmatrix} c\alpha c\beta & c\alpha s\beta s\gamma - s\alpha c\gamma & c\alpha s\beta c\gamma + s\alpha s\gamma \\ s\alpha c\beta & s\alpha s\beta s\gamma + c\alpha c\gamma & s\alpha s\beta c\gamma - c\alpha s\gamma \\ -s\beta & c\beta s\gamma & c\beta c\gamma \end{bmatrix} \tag{6-2}$$

式中：$c\alpha = \cos(\alpha)$，$s\alpha = \sin(\alpha)$，$c\beta = \cos(\beta)$，$s\beta = \sin(\beta)$，$c\gamma = \cos(\gamma)$，$s\gamma =$

$\sin(\gamma)$ 。

双并联机构上平台的任一铰链的坐标均可以通过几何关系动系中求得，并可以通过下式向定平台的固定坐标系中转换

$$\boldsymbol{S} = \boldsymbol{TS}' \tag{6-3}$$

式中：$\boldsymbol{T} = \begin{bmatrix} \boldsymbol{R} & \boldsymbol{P} \\ \boldsymbol{0} & \boldsymbol{I} \end{bmatrix}$，$\boldsymbol{R}$ 为动系到定系的旋转变换矩阵，$\boldsymbol{P}$ 为等效上平台原点在固定坐标系中的位置矢量，并联单元 1 上平台中点的位置矢量 $\boldsymbol{O}_1 = (x_1, y_1, z_1)'$，并联单元 2 上平台中点的位置矢量 $\boldsymbol{O}_2 = (x_2, y_2, z_2)'$，则可以求得等效上平台的中点点位置矢量：$\boldsymbol{P} = \left(\frac{x_1 + x_2}{2}, \frac{y_1 + y_2}{2}, \frac{z_1 + z_2}{2}\right)' = (X_P, Y_P, Z_P)'$ 。

下平台各铰链点在固定坐标系的坐标可以通过给定参数和几何关系求得，上平台各铰链的坐标通过式(6-3)转换到固定坐标系中，在定系中，通过矢量相减可以得到驱动分支的杆长为：

$$\boldsymbol{l}_i = \boldsymbol{a}_i - \boldsymbol{A}_i \ (i = 1, 2, \cdots, 6) \tag{6-4}$$

同理，也可以求得 12 个助力分支的铰链点 b_i 和 $B_i (i=1,2,\cdots,12)$ 的坐标，从而计算出 3 个助力分支的杆长矢量 $\boldsymbol{lx}_i$ 为：

$$\boldsymbol{lx}_i = \boldsymbol{b}_i - \boldsymbol{B}_i \ (i = 1, 2, \cdots, 12) \tag{6-5}$$

通过单个并联单元的正解，可以求得单个并联单元上平台中心点的位姿参数，已知双并联等效上平台的位置姿态参数 $\boldsymbol{T}$ 和 $\boldsymbol{P}$，可以求得双并联机构的反解如下：

$$l_i = \sqrt{l_{ix}^2 + l_{iy}^2 + l_{iz}^2} \ (i = 1, 2, \cdots, 6) \tag{6-6}$$

$$lx_i = \sqrt{lx_{ix}^2 + lx_{iy}^2 + lx_{iz}^2} \ (i = 1, 2, \cdots, 12) \tag{6-7}$$

(2) 位置正解分析

为了实时检测船模的位置姿态，需要通过传感器获取分支的杆长信息，并根据运动学正解不断解算并联单元的上平台位置姿态，进而求得船模的位姿信息。

通过传感器获得分支的杆长信息 $\boldsymbol{U} = (l_1, l_2, l_3, l_4, l_5, l_6)^{\mathrm{T}}$，想要获取上平台的位姿信息，令 $\boldsymbol{P} = (x_0, y_0, z_0, \alpha_0, \beta_0, \gamma_o)^{\mathrm{T}}$ 。通过反解可以建立杆长与上平台位姿的函数关系：

$$\boldsymbol{U} = f(\boldsymbol{P}) \tag{6-8}$$

双并联机构的正解数学模型如下：

$$F(\boldsymbol{P}) = f(\boldsymbol{P}) - \boldsymbol{U}_m = 0 \tag{6-9}$$

可以看出，双并联机构的正解方程组具有非线性，可以采用 Newton 迭代法进行求解。具体求解流程如图 6.14 所示。

采用 Newton 迭代法求正解的过程中，每次迭代都需要重构雅克比矩阵。在实际控制中，对于矩阵求导比较复杂，不断地求导也降低了求解效率。在实际应用中，双并联机构的动系原点并不是固定不变的，随着两个并联单元的运动，两个上平台中心连线的中点也是不断变化的。因此，需要实时对两个并联单元进行位置正解，以确定两个并联单元动平台的中心位置，解算出等效上平台中心点的位置，从而确定船模的位姿信息。

由于实际需要进行大量的正解计算，基于后续控制的简化，可以采用拟 Newton 法进行求解。拟 Newton 法在迭代时对雅克比矩阵 $G(\boldsymbol{P}_k)$ 进行简化，求解过程较 Newton 法更为简便。拟 Newton 迭代法的具体求解流程如图 6.15 所示。经过在 Matlab 中计算验证，拟 Newton 法在迭代次数 $N\approx 14$ 时，可以达到 $\varepsilon\leqslant 0.001$ 的精度，完全可以满足实际控制的需要。

(3) 速度分析

双并联机构的分支较多，其速度分析可以分为驱动分支速度分析和辅助分支速度分析两部分。6 个驱动分支的构型完全相同，其速度可以统一表达为：

$$\boldsymbol{V}_H=[\boldsymbol{G}_{\varphi}^{H}]\dot{\boldsymbol{\varphi}} \tag{6-10}$$

其中，$\boldsymbol{V}_H=\begin{bmatrix}\boldsymbol{\omega}_h\\ \boldsymbol{v}_p\end{bmatrix}=[\omega_{hx},\omega_{hy},\omega_{hz},v_{px},v_{py},v_{pz}]^{\mathrm{T}}$ 表示包含上平台角速度与线速度的矢量，$\dot{\boldsymbol{\varphi}}=[\dot{\phi}_1,\dot{\phi}_2,\dot{\phi}_3,\dot{\phi}_4,\dot{\phi}_5,\dot{\phi}_6]^{\mathrm{T}}$ 表示驱动分支各运动副速度。$[\boldsymbol{G}_{\varphi}^{H}]$ 表示平台转动与移动对分支的综合影响系数。$[\boldsymbol{G}_{\varphi}^{H}]$ 由平台转动对分支运动副变量的一阶偏导数影响系数矩阵 $[\boldsymbol{G}_{\phi}^{h}]$ 和平台移动对分支的一阶影响系数矩阵 $[\boldsymbol{G}_{\phi}^{P}]$ 组成，其具体表示为如下形式：

$$[\boldsymbol{G}_{\varphi}^{H}]=\begin{bmatrix}G_{\phi}^{h}\\ \cdots\\ G_{\phi}^{P}\end{bmatrix}\in\mathbf{R}^{6\times 6} \tag{6-11}$$

$[\boldsymbol{G}_{\phi}^{h}]$ 和 $[\boldsymbol{G}_{\phi}^{P}]$ 具体构造法如下：

$$[\boldsymbol{G}_{\phi}^{h}]_n=\begin{cases}\boldsymbol{S}_n & n\text{ 为转动副}\\ 0 & n\text{ 为转动副}\end{cases} \tag{6-12}$$

$$[\boldsymbol{G}_{\phi}^{h}]_n=\begin{cases}\boldsymbol{S}_n(\boldsymbol{P}-\boldsymbol{R}_n) & n\text{ 为转动副}\\ \boldsymbol{S}_n & n\text{ 为转动副}\end{cases} \tag{6-13}$$

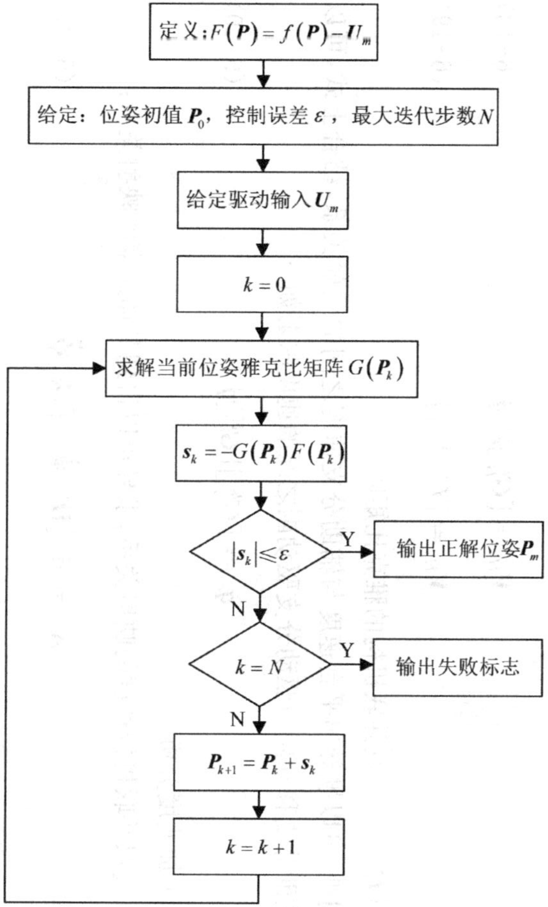

图 6.14　基于 Newton 法求正解流程图

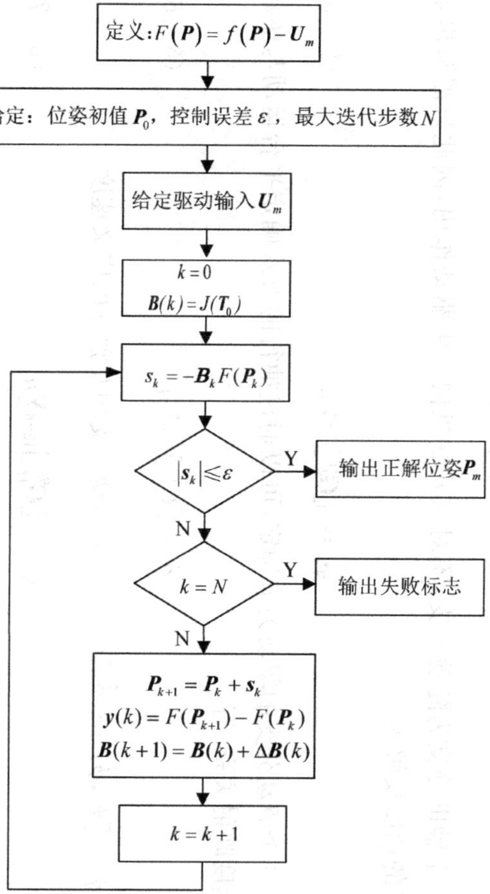

图 6.15　基于拟 Newton 法求正解流程图

由 $\dot{\boldsymbol{\varphi}}$ 求 $\boldsymbol{V}_H$，是双并联机构的速度正解过程；由 $\boldsymbol{V}_H$ 求 $\dot{\boldsymbol{\varphi}}$，是双并联机构的速度反解过程。若 $[\boldsymbol{G}_{\varphi}^{H}]$ 的行列式不为零，即不存在奇异时，则有

$$\dot{\boldsymbol{\varphi}} = [\boldsymbol{G}_{\phi}^{H}]^{-1}\boldsymbol{V}_H \tag{6-14}$$

12 个辅助分支为随动分支，不对双并联机构产生驱动作用，因此只需写出辅助分支的速度反解为

$$\dot{\boldsymbol{\varphi}}_a = [\boldsymbol{G}_{\phi}^{H}]^{-1}\boldsymbol{V}_H \tag{6-15}$$

当 6 个驱动分支的驱动关节确定，可以通过抽行的形式确定平台运动与驱动副的速度映射关系，有

$$\dot{\boldsymbol{q}} = [\boldsymbol{G}_{H}^{q}]_{6\times 6}\boldsymbol{V}_H \tag{6-16}$$

式中：$\dot{\boldsymbol{q}} = [\dot{\phi}_{\alpha},\dot{\phi}_{\beta},\cdots,\dot{\phi}_{\xi}]^{\mathrm{T}}$ ——6 个驱动分支相互独立的广义速度。

$$\dot{\boldsymbol{q}}_a = [\boldsymbol{G}_{H}^{q_a}]_{12\times 6}\boldsymbol{V}_H \tag{6-17}$$

式中：$\dot{\boldsymbol{q}}_a = [\dot{\phi}_{a\delta},\dot{\phi}_{a\varepsilon},\cdots,\dot{\phi}_{a\eta}]^{\mathrm{T}}$ ——12 个辅助分支移动副的随动速度。

当 $[\boldsymbol{G}_{H}^{q}]$ 矩阵的秩等于 6 时，可以得到平台速度与驱动分支速度的映射关系如下

$$\boldsymbol{V}_H = [\boldsymbol{G}_{H}^{q}]_{6\times 6}^{-1}\dot{\boldsymbol{q}} \tag{6-18}$$

$$\boldsymbol{V}_H = [\boldsymbol{G}_{H}^{q}]_{6\times 6}\dot{\boldsymbol{q}} \tag{6-19}$$

式中：$[\boldsymbol{G}_{H}^{q}]$ ——双并联机构的雅克比矩阵。

同理，可以推导出平台速度与辅助分支速度之间的映射关系，结合上式，可以得到辅助分支移动副与驱动分支驱动副之间的速度映射如下

$$\dot{\boldsymbol{q}}_a = [\boldsymbol{G}_{H}^{q_a}][\boldsymbol{G}_{q}^{H}]\dot{\boldsymbol{q}} \tag{6-20}$$

(4) 加速度分析

通过双并联机构速度的映射关系，求导可以得到其加速度的映射关系：

$$\boldsymbol{A}_H = \dot{\boldsymbol{\varphi}}^{\mathrm{T}}[\boldsymbol{H}_{\phi}^{H}]\dot{\boldsymbol{\phi}} + [\boldsymbol{G}_{\phi}^{H}]\ddot{\boldsymbol{\phi}} \tag{6-21}$$

其中，$\boldsymbol{A}_H = \begin{Bmatrix} \boldsymbol{\varepsilon}_h \\ \cdots \\ \boldsymbol{a}_p \end{Bmatrix}$ 为平台角加速度与线加速度矢量，$[H_{\phi}^{H}] \in \mathrm{R}^{6\times 6\times 6}$ 表示为平台加速度对运动关节的加速度映射。

对于辅助分支也有如下映射关系

$$\boldsymbol{A}_H=\dot{\boldsymbol{\varphi}}_a^T[\boldsymbol{H}_{\phi_a}^H]\dot{\boldsymbol{\varphi}}_a+[\boldsymbol{G}_{\phi_a}^H]\ddot{\boldsymbol{\varphi}}_a \tag{6-22}$$

当6个驱动分支的驱动副确定，通过抽取其对应的映射关系，可以组成驱动加速度与平台加速度的映射关系如下

$$\ddot{\boldsymbol{q}}=[\boldsymbol{G}_H^q]\boldsymbol{A}_H-\dot{\boldsymbol{q}}^{\mathrm{T}}[\boldsymbol{H}_H^q]\dot{\boldsymbol{q}} \tag{6-23}$$

式中：$[\boldsymbol{H}_H^q]$——机构的二阶影响系数。

平台加速度对主动分支的加速度映射关系如下

$$\boldsymbol{A}_H=\dot{\boldsymbol{q}}^{\mathrm{T}}[\boldsymbol{H}_q^H]\dot{\boldsymbol{q}}+[\boldsymbol{G}_q^H]\ddot{\boldsymbol{q}} \tag{6-24}$$

式中：$[\boldsymbol{H}_q^H]$——广义坐标的二阶影响系数矩阵。

同理可以写出辅助分支的随动及速度与平台加速度之间的映射关系，进而得到随动加速度与主动加速度之间的映射关系

$$\ddot{\boldsymbol{q}}_a=[\boldsymbol{G}_H^{q_a}]\boldsymbol{A}_H-\dot{\boldsymbol{q}}_a^{\mathrm{T}}[\boldsymbol{H}_H^{q_a}]\dot{\boldsymbol{q}}_a \tag{6-25}$$

$$\ddot{\boldsymbol{q}}_a=[\boldsymbol{G}_H^{q_a}][\dot{\boldsymbol{q}}^{\mathrm{T}}[\boldsymbol{H}_q^H]\dot{\boldsymbol{q}}+[\boldsymbol{G}_q^H]\ddot{\boldsymbol{q}}]-\dot{\boldsymbol{q}}_a{}^{\mathrm{T}}[\boldsymbol{H}_H^{q_a}]\dot{\boldsymbol{q}}_a^{\mathrm{T}} \tag{6-26}$$

6.2.2.3 动力学建模

(1) 机构动力学分析

双并联机构的受力主要为机构的惯性力和负载力等。惯性力计算涉及各构件的加速度，由上文推导的一二阶影响系数这里直接引用。上平台的加速度可以表示为

$$\boldsymbol{A}_H=\dot{\boldsymbol{q}}^{\mathrm{T}}[\boldsymbol{H}_q^H]\dot{\boldsymbol{q}}+[\boldsymbol{G}_q^H]\ddot{\boldsymbol{q}} \tag{6-27}$$

双并联机构中任一构件 K 的加速度可以表示为

$$\boldsymbol{A}_K=\dot{\boldsymbol{q}}^{\mathrm{T}}[\boldsymbol{H}_q^K]\dot{\boldsymbol{q}}+[\boldsymbol{G}_q^K]\ddot{\boldsymbol{q}} \tag{6-28}$$

双并联机构的上平台和任意构建的六维惯性力矢可以表示为

$$\boldsymbol{F}_H^i=-[\boldsymbol{I}_{hs}^0]\boldsymbol{A}_H-\begin{Bmatrix}[w_h]^{\mathrm{T}}[\boldsymbol{I}_{hc}^0][w_h]\\ \cdots\\ [\boldsymbol{0}]\end{Bmatrix} \tag{6-29}$$

$$\boldsymbol{F}_K^i=-[\boldsymbol{I}_{ks}^0]\boldsymbol{A}_k-\begin{Bmatrix}[w_k]^{\mathrm{T}}[\boldsymbol{I}_{kc}^0][w_k]\\ \cdots\\ [\boldsymbol{0}]\end{Bmatrix} \tag{6-30}$$

式中：$[\boldsymbol{I}_{hc}^0]$ 为构件相对定系的3阶惯量矩阵；$[\boldsymbol{I}_{ks}^0]$ 为6阶惯量矩阵。

$$[\boldsymbol{\omega}]=\begin{bmatrix} 0 & -\omega_z & \omega_y \\ \omega_z & 0 & -\omega_x \\ -\omega_y & \omega_x & 0 \end{bmatrix} \tag{6-31}$$

上平台所受的合力可以表示为经过两个并联单元质心连线中点的 6 维力矢量，此矢量包含了 12 个辅助分支的弹簧力，6 维力矢可以表示为

$$\boldsymbol{F}_H=[T_{hx},T_{hy},T_{hz},f_{hcx},f_{hcy},f_{hcz}]^{\mathrm{T}} \tag{6-32}$$

将这个 6 维力矢乘以对应的一阶影响系数，可以得到驱动副的等效力矩

$$\boldsymbol{T}_q^H=[\boldsymbol{G}_H^q]^{\mathrm{T}}\boldsymbol{F}^H \tag{6-33}$$

通过前面推导的分支关节的一阶影响系数，可以得到驱动分支和辅助分支的各构件的惯性力在广义坐标系中的映射关系

$$\boldsymbol{T}_q^k=[\boldsymbol{G}_q^k]^{T(r)}\boldsymbol{F}_k^{(r)} \tag{6-34}$$

$$\boldsymbol{T}_{q_a}^k=[\boldsymbol{G}_{q_a}^k]^{T(r)}\boldsymbol{F}_k^{(r)} \tag{6-35}$$

双并联机构整体的外力和惯性力对 6 个驱动输入的等效力矩为

$$\boldsymbol{T}_q=\sum_{r=1}^{6}\sum_{k=1}^{6}\boldsymbol{T}_q^{k(r)}+\sum_{r=1}^{12}\sum_{k=1}^{6}\boldsymbol{T}_{q_a}^{k(r)}+\boldsymbol{T}_q^H \tag{6-36}$$

其中，$\sum_{r=1}^{6}\sum_{k=1}^{6}\boldsymbol{T}_q^{k(r)}$ 是 6 个驱动分支的惯性力，$\sum_{r=1}^{12}\sum_{k=1}^{6}\boldsymbol{T}_{q_a}^{k(r)}$ 是 12 个辅助分支的惯性力，$\boldsymbol{T}_q^H$ 为上平台的 6 维力矢对 6 个广义坐标的等效力矩列矢量。根据达朗贝尔原理，作用在双并联机构上的所有外力处于平衡状态。可以得到驱动分支的驱动力 $\boldsymbol{T}_q^A$ 为

$$\boldsymbol{T}_q^A=-\left(\sum_{r=1}^{6}\sum_{k=1}^{6}[\boldsymbol{G}_q^k]^{T(r)}\boldsymbol{F}_k^{(r)}+\sum_{r=1}^{12}\sum_{k=1}^{6}[\boldsymbol{G}_{q_a}^k]^{T(r)}\boldsymbol{F}_k^{(r)}+[\boldsymbol{G}_H^q]^T\boldsymbol{F}^H\right) \tag{6-37}$$

(2) 辅助分支受力分析

辅助分支主要由压缩弹簧来实现助力的作用。根据胡克定律可知，分支的弹簧力与压簧的压缩量正相关。压簧的压缩量可以通过在辅助分支安装直线位移传感器测得。辅助分支的弹力主要用于平衡上平台的重力和惯性力。辅助分支的弹力可以表示为

$$\boldsymbol{Fx}=[fx_1,fx_2,\cdots,fx_{12}]^{\mathrm{T}} \tag{6-38}$$

由变换矩阵可以将其表示为上平台的等效受力

$$\boldsymbol{Fx}^H=[\boldsymbol{G}_{q_a}^H]\boldsymbol{Fx} \tag{6-39}$$

把辅助分支的弹力等效为外力，与上平台的外力进行合并表示为

$$F_H = [T_{hx}, T_{hy}, T_{hz}, f_{hcx}, f_{hcy}, f_{hcz}]^T \tag{6-40}$$

辅助分支弹力可以表示成压簧的形变量 Δx_i 与刚度系数 K 的乘积，即

$$Fx_i = K\Delta x_i \tag{6-41}$$

6.2.3 系统工作原理

本课题研发的智能系泊系统拟实现的主要功能是能够代替缆绳和护舷实现船舶的稳定系泊，并且可以探知船舶系泊期间所受到的荷载。在水文条件较好时，即船舶的运动量符合安全作业标准，系泊机构与船模一起随动，并利用阻尼效应对船舶运动进行减摇；当水文条件变得复杂时，船舶的运动量超出安全推荐范围，系泊机构需要进行主动调整，使其恢复在满足要求的范围内运动。系泊系统的具体工作流程如图 6.16 所示。

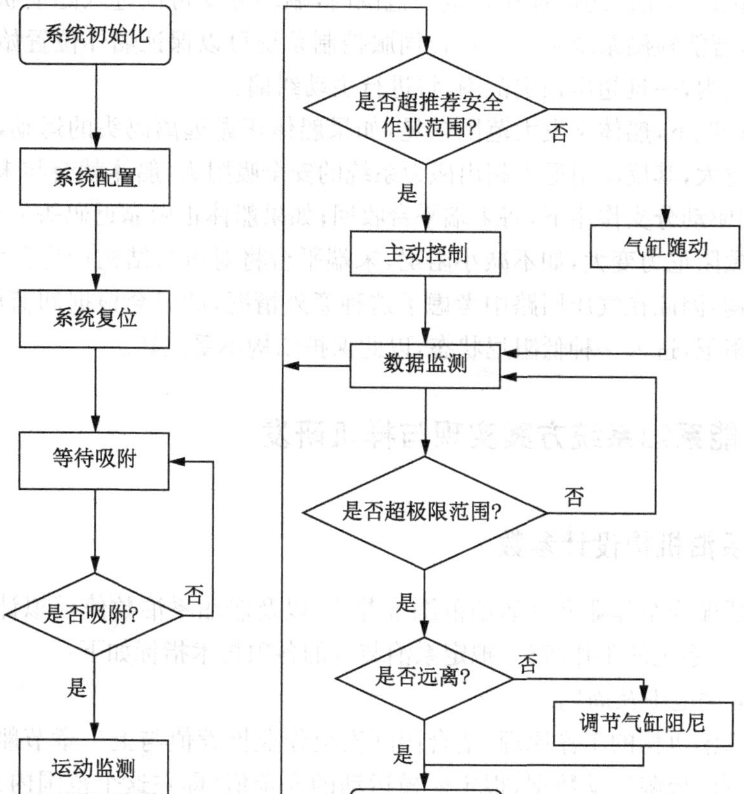

图 6.16 智能系泊系统工作流程示意图

双并联机构的驱动分支带动末端平台向外平缓伸出，驱动分支克服辅助分支的弹簧力做功，由于进给速度很小，驱动分支的阻尼阻力很小。一旦末端平台接触上船体，磁力系统将牢靠地与船体吸附。与此同时，驱动分支进入随动状态。

试验船体相对庞大，并联机构与船体吸附在一起随船运动，此时随动的驱动分支充当阻尼缸，由于驱动分支的阻尼特性，并联平台的动平台将不断产生一个与速度方向相反的阻尼力；整体上船的速度越快，系统的“阻尼力”越大，做负功所消耗的能量就越大，船体的摇晃能量被不断消耗，其晃动的程度也就随之减缓，以此达到减摇的目的；与此同时辅助分支的弹簧也将产生反向的拉力（压力），不断纠正船体的位置，使船体的位置在系统随动时保持在预定的范围内。

此系统包含智能检测系统和力位综合伺服控制系统。当船体前后上下左右的摇晃幅度过大，超过预先设定的范围时，智能检测系统可以检测出来，并通过力位综合伺服控制系统进行补偿。这时，驱动分支不再随动，而是主动干预，进行位置调整和纠正。当船体的位置在设定的范围时，驱动分支再次进入随动状态。在正常海况下，智能检测系统和力位综合伺服控制系统可以保证船体位置始终保持在预定的范围内，一旦超出预定范围，将进行主动纠偏。

意外情况下，船体突发大范围摇晃，如果船体正做远离码头的运动，由于末端平台速度过大，其反向阻尼力超出磁力系统的安全吸附力，船体就会与末端平台分离，在中间驱动分支作用下，将末端平台收回；如果船体正做靠近码头的运动，速度的突增导致阻尼力变大，如不减小阻尼，末端平台将对机械结构产生巨大的力，将会破坏结构，因此在气压回路中考虑了这种意外情况，此时会根据卸荷放气，并调节气缸的阻尼，进入一种低阻尼状态，以此保护结构不受破坏。

6.3 智能系泊系统方案实现与样机研发

6.3.1 系泊机构设计参数

结合船舶安全作业允许运动范围推荐值，以及船舶系泊数值模拟计算试验结果，根据系泊系统的工作流程，拟定系泊装置的各项技术指标如下：

（1）运动范围及周期

按照系泊机构的工作原理，结合国际安全作业推荐值与上一章节船舶系泊数值模拟得到的极限运动数据，拟定船模运动的安全值（即在这个范围内系泊随动）和极限值（超出这个范围释放船模离港）。

（2）承载能力

船模试验所得表中的力值均为单根缆绳的受力，实际系缆是按照 4∶4 的方式布置的。所有缆绳的最大力也并非同时出现，由上一章节数模计算得到的系缆力值，可以估算系泊机构承载达到 100 N 即可满足样机试验要求。

(3) 驱动方式

根据设计指标，制定了电动、气动、液动以及气-液联动四种驱动方式。电动方案精度高，采用大导程滚珠丝杠副在末端平台随船运动过程中尽最大可能地减小了自身的惯性对船体惯性的影响，位置伺服可靠，方便维护；但其随动效果可能不好。气动方案的启动控制方便，气源容易获得，清洁无污染，成本低廉，根据系缆力比较小的情况，气动出力小反而成为其驱动的优势，同时，气缸的气动摩擦力可以充当阻尼作用；但是由于气体的可压缩性，会导致控制精度不足，这里可以通过控制方式尽可能使其满足要求。液动方案在随动时，液压缸还可以充当阻尼器，给系统提供阻尼力，能起到消耗能量的作用；但液压驱动力较大，可能远远大于试验比例样机的承载力，会造成无法随动，同时，液动方案存在系统庞大，管路复杂，而且存在泄漏污染的可能，不利于水池试验展示。若在后期进行码头试验，可以考虑采用液动方式。气-液联动的方案结合了气动方式能源供给方便和液压阻尼缸阻尼效果好的优点，适用于出力不大，要求速度平稳的工况；但是气-液联动的柔顺力控制比较复杂。

由于是属于试验比例样机的预研阶段，而且需要满足的承载力较小，驱动系统在满足控制需求的前提下，系统简单、方便控制、容易实验室维护等是搭建驱动系统的关键点。综合上述的几种驱动方案，选用气动的驱动方式，其控制精度要求不高，可以通过后期的控制策略来实现。

6.3.2 系泊机构选型

6.3.2.1 双并联机构构型分析

(1) 两个完全相同的并联机构构型

两个相同构型的双并联机构可以有 2-6UPS/3UPS 和 2-3UPS/6UPS 两类构型。6UPS/3UPS 机构是运动完全确定的 6 自由度机构，两个此类机构组合在一起，机构整体具有 12 个驱动，驱动个数大于自由度数，机构存在冗余驱动，控制实现比较复杂。3UPS/6UPS 机构是属于欠驱动的 6 自由度机构，两个组合在一起，机构整体具有 6 个驱动，驱动个数等于自由度数，机构自由度完全可控，不存在欠驱动的情况，控制实现比较容易。而且，12 个助力分支可以提高机构整体的刚度。通过改变铰链点不同位置，可以衍生出 4 种不同的布置形式，其俯视简图如图 6.17 所示。

通过对这 4 种形式进行排列组合，可以得到 6 种不同的组合方式(前后置换和绕中心旋转 180°后相同的组合方式为一种)，具体的构型如图 6.18 所示。

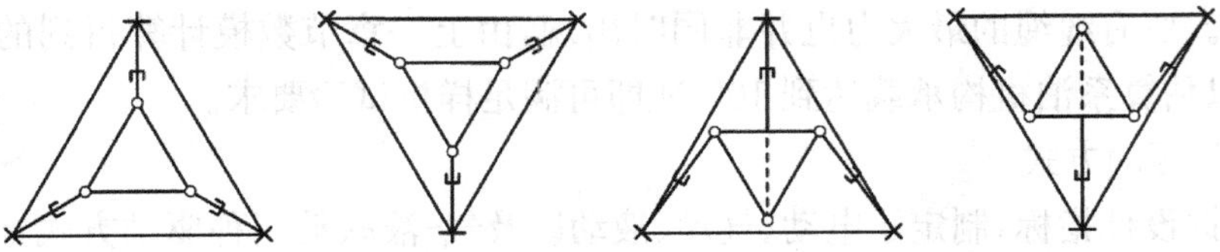

(a) 正向顺次　(b) 反向顺次　(c) 正向交叉　(d) 反相交叉

图 6.17　3UPS/6UPS 驱动分支的不同布置形式

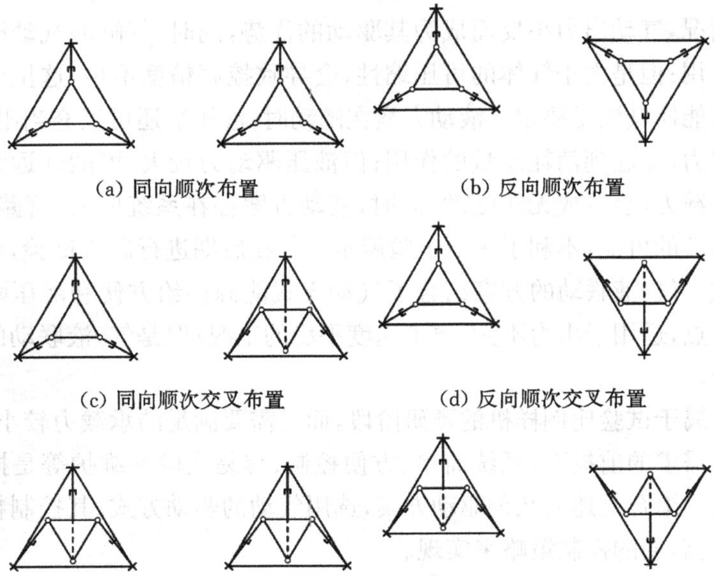

(a) 同向顺次布置　(b) 反向顺次布置

(c) 同向顺次交叉布置　(d) 反向顺次交叉布置

(e) 同向交叉布置　(f) 反向交叉布置

图 6.18　3UPS/6UPS 驱动分支的不同布置形式的不同组合方式

(2) 两个不同的并联机构构型

根据上述分析，两个不同构型的机构可以选取 3UPS/6UPS 和 6UPS/3UPS 进行组合的构型。组合后的机构整体具有九个驱动和九个助力分支，不仅存在冗余驱动的情况，而且由于驱动和助力分支的分布不均，控制起来更为复杂。

6.3.2.2　奇异性分析

机构的奇异性普遍存在且不可回避，空间多自由度机构的奇异位形更加复杂。针对几种构型进行简要分析，舍弃不合理的构型方案。2-3UPS/6UPS 构型的双并联机构，根据其铰链点位置布置不同，衍生出 6 种构型。研究奇异的方法主要有代数法和线几何法。并联机构的雅克比矩阵可以由其分支杆的线矢量构成，通过计算雅克比矩阵的秩，可以快速判定机构是否处于奇异位形。另其雅克比的行列式等于零，即可以求解机构的奇异位形。线几何法是用线矢量描述机构所受到的约束力。由于并联机构的分支均为二力杆，约束力沿分支杆。若约束力线性相关，根据矩阵知识，力雅克比的秩小于6，行列式等于零。代数法与线几何法本质相似。

通过这两种方法进行判别，可以发现2-3UPS/6UPS的六种组合构型中，有5种形式在如图的初始状态下驱动分支的约束力线矢线性相关，仅有图6.18中的(c)中构型满足初始位置不发生奇异，因此下文研究提到的2-3UPS/6UPS构型主要就是指这种形式。

辅助助力分支的存在可以增加系统的隔振和减摇能力，结合建模、控制、成本以及隔振等方面的因素，经过对比分析，最终系泊机构拟采用2-3UPS/6UPS的构型。

6.3.3 样机研制与系统构建

系泊机构系统是基于双并联六自由度机构构型的机电气一体化系统。整体系统主要由机械本体、传感检测部分、气动系统及电控系统等组成。双并联机构分别编号1号机和2号机，在整体布置上，沿水平方向，可以根据系缆点间距要求沿轨道可滑动调整，沿垂直方向上可以根据水位、船舶型深和吃水沿轨道滑动调整，系统试验样机整体造型图如图6.19所示。

图6.19 双并联系泊系统试验样机整体效果图

6.3.3.1 机构整体布局

系泊机构的试验样机按照前文的选型比较采用了2-3UPS/6UPS的构型，机构整体包括两个3UPS/6UPS并联单元，具体构型如图6.20所示。为了避免初始位置的奇异，系泊机构一个并联单元的驱动分支交叉布置，另一个并联单元的驱动分支呈正三角布置。每个并联单元除了驱动分支位置不同以外，其他结构完全一致。单个并联单元由下平台、双层上平台、驱动分支、辅助分支以及上下铰链等构成。

按照接下来水池测试的码头模型布置，整个装置将沿岸水平方向安装，两个并联单元也沿着水平方向布置，下平台与水池中的桥墩通过L型连接架固定，上平台通过吸附单元与船模接触。单个机构的承载力拟定为120 N，可以保证，即使在系泊时船模没有同时与两个并联单元接触，也不会因为撞击力集中在一个并联单元上而造成系统的损坏。根据船模的干舷高度，以保证机构不浸水为原则，下平台直径取520 mm。在满足运动指标的情况下，完成对系泊机构整体的试验样机设计、工程图绘制、零件加工及装配等任务。

图6.20　双并联机构构型

6.3.3.2　机械结构设计

双并联系泊机构单个并联单元的机械系统如图6.21所示。其中，结构设计部分主要包括：下平台、双层上平台、吸附单元以及辅助分支。下平台与万向节铰座之间用螺钉连接，并通过止口实现精确定位。万向节与气缸底座的伸出轴和辅助

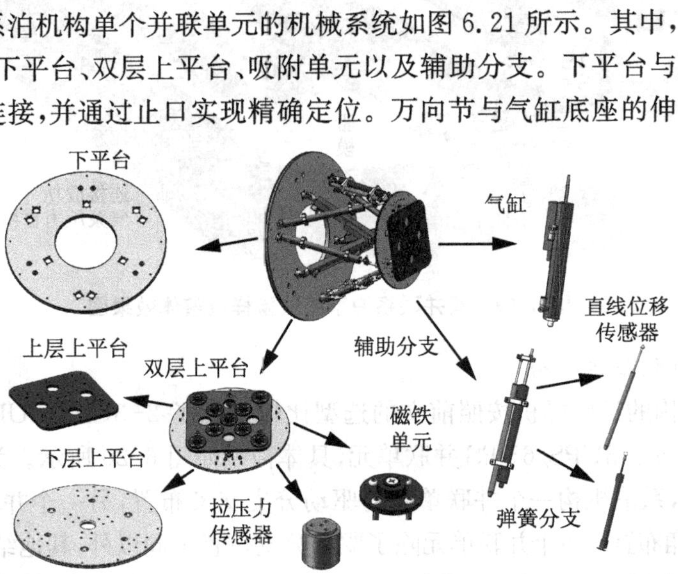

图6.21　并联单元机械系统结构图

分支下端盖的伸出轴均采用过盈配合，并通过紧定螺钉固定。气缸及辅助分支通过螺纹与球铰连接，并通过锁紧螺母锁紧。球铰座与双层上平台的下层平台通过止口定位，以螺钉及锁紧螺母拧紧。

6.4 系泊模型验证与测试分析

6.4.1 测试目的

为了解不同波浪动力条件下的智能系泊辅助系统的实际工作能力，通过模拟实际码头的布置形式，建立码头船舶系泊物理模型，对试验船型在不同波浪条件下进行模拟测试，以此检验智能系泊系统功能性展示样机的实际效果，并根据研究成果对设计方案与控制策略进行优化调整，并为后续进一步研究开发提供科学依据。

6.4.2 比尺选择

在研究之初，即确定了智能系泊功能性展示样机将在我院波浪试验水池中进行。因此，验证测试工作将遵照规范采用正态整体物理模型试验方法，在保证模型尺度与测量精度要求下，结合试验场地和设备性能，特别是样机的尺寸要与船模相匹配，故最终模型几何比尺取 1∶60，试验中均按照该比尺进行模型设计与试验。

6.4.3 试验条件

6.4.3.1 试验船型

试验根据智能系泊系统样机的尺度，匹配合适的试验船模，目标船型为 LNG 船，考虑需要留有足够的干舷以满足装置吸附，因此船模装载状态仅考虑压载一种状态。为便于对比，选择两种不同尺度的船模，分别对应原型 26.6 万 m^3 和 8.0 万 m^3 .两试验船型的原型船舶主尺度见表 6.1 和表 6.2。

表 6.1 试验船型尺度一览表

序号	船型	总长(m)	型宽(m)	型深(m)	压载吃水(m)
1	80 000 m^3 LNG 船	239	40.0	26.8	9.8
2	266 000 m^3 LNG 船	345	55.0	27.2	8.0

6.4.3.2 试验波浪

在本次试验中，试验波浪包括规则波与不规则波，试验波浪条件从小到大依次如表 6.2 所示。

表 6.2 试验波浪参数表

波型	模型值		原型值	
规则波	平均波高(cm)	平均周期(s)	平均波高(m)	平均周期(s)
	0.012	0.8	0.8	6.0
	0.02	0.8	1.2	6.0
不规则波	有义波高(cm)	谱峰周期(s)	有义波高(cm)	谱峰周期(s)
	0.016	0.8	1.0	6.0
	0.024	1.16	1.5	9.0

6.4.4 物理模型设计与制作

6.4.4.1 相似准则

对于正态波浪定床物理试验，一般应满足几何相似、重力相似和阻力相似等条件，其各物理量的比尺分别按下列公式计算：

$$长度比尺：\lambda = \frac{l_p}{l_m} \tag{6-42}$$

$$波高比尺：\lambda_H = \lambda \tag{6-43}$$

$$周期比尺：\lambda_T = \lambda^{\frac{1}{2}} \tag{6-44}$$

$$时间比尺：\lambda_t = \lambda^{\frac{1}{2}} \tag{6-45}$$

$$速度比尺：\lambda_v = \lambda^{\frac{1}{2}} \tag{6-46}$$

$$力比尺：\lambda_F = \lambda^3 \tag{6-47}$$

$$角度比尺：\lambda_\theta = 1 \tag{6-48}$$

$$能量比尺：\lambda_E = \lambda^4 \tag{6-49}$$

对于系泊试验，还应满足船舶几何、静力和动力相似，具体要求如下。

6.4.4.2 船舶模拟

船模按重力相似设计需要满足以下条件，比尺关系如表 6.3 所示：

(1) 几何相似：模型船与原型船保持线性尺度相似。

(2) 静力相似：采用配重方法，在适当位置放置适当的重物，使其符合不同载重时的重量及其分布要求。

(3) 动力相似：船舶的重心、横摇及纵摇周期符合相似条件。

表 6.3　船模试验主要尺度相似关系

名称	比尺	名称	比尺
长度比尺	λ	惯性矩	λ^5
排水量	λ^3	力	λ^3
线速度	$\lambda^{1/2}$	动量矩	$\lambda^{4.5}$
角速度	$\lambda^{-1/2}$	时间	$\lambda^{1/2}$

试验船模的制作以原型船舶型线图按 $\lambda=60$ 的比例缩小，并严格按上述相似条件模拟。其准确度符合规范标准，船模的排水量、重心位置以及纵向、惯量等也均在试验室校验架上进行调节，满足相似规律。26.6 万 m^3、8 万 m^3 两种船模的模拟结果见表 6.4，船模照片如图 6.22 所示。

表 6.4　试验船型主要模拟参数

物理量	266 000 m^3 LNG 船型		80 000 m^3 LNG 船型		单位
	实船	模型	实船	模型	
船总长	345	5.75	239	3.98	m
柱间长	330	5.50	226	3.77	m
船型宽	53.8	0.90	40	0. 67	m
型深	27	0.45	26.8	0.45	m
吃水	9.8	0.163	8.0	0.13	m
排水量	137 360.3	0.64	49 195.9	0.23	t
重心高	19.8	0.33	15.1	0.25	m
浮心高	5.24	0.09	4.36	0.07	m
稳心半径	25.75	0.43	16.43	0.27	m
纵稳心半径	764.09	12.73	443.24	7.39	m
横惯性矩	43 512 388.81	0.056	10 427 289.84	0.0134	t·m^2
纵惯性矩	733 047 795.5	0.943	147 092 383.1	0.189	t·m^2
稳性高	11.19	0.19	5.69	0.09	m
纵稳性高	749.53	12.49	432.5	7.21	m
横摇周期	11.82	1.53	11	1.42	s
纵摇周期	10.34	1.33	8.17	1.05	s

(a) 266 000 m^3 LNG 船型

(b) 80 000 m^3 LNG 船型

图 6.22　测试船模照片

6.4.5　试验设备和仪器

6.4.5.1　试验水池

测试在我院水工厅波浪宽水槽(图 6.23)中进行，该水池主尺度 65 m(长)×13 m(宽)×1.2 m(深)。采用的造波系统推板式不规则造波机，该系统由 3 个造波单元组成，每个单元造波宽度为 4 m，其主要参数和特点为：a. 可模拟规则波与单向不规则波，满足各种试验谱型；b. 采用交流伺服电机驱动，滚珠丝杠、直线导轨传动；c. 试验周期：0.4～5 s；最大试验波高 0.35 m。

图 6.23 波浪试验水池

6.4.5.2 采集仪器

(1) 波高:SG2000 型波浪试验测试系统

该波高测量系统包括波高传感器、采集仪和数据采集处理软件,由北京水利水电科学研究院和交通运输部天津水运工程科学研究所共同研制,广泛应用于国内的波浪物理模型试验中。其波高传感器安装在测架上。可根据试验观测需要,放置于模型水域中所关心的位置进行测量。

(2) 六自由度运动量:非接触式船模运动量测试系统

该系统利用电磁定位原理来测量船舶的运动量,由电磁发射器、电磁传感器、采集仪及采集软件组成,为非接触式测量。

6.4.6 试验结果分析

6.4.6.1 26.6 万 m^3 船模测试结果

试验过程中开启造波机进行以横浪为主的规则波测试,首先智能系统未介入工作,仅是吸附在船模干舷上,以随动模式牵拉船体,随后开启智能系统的介入干预系泊,使船模的大幅度运动量受到限制。如图 6.24～图 6.27 所示,不同波高、周期组合下,智能系统介入工作前后对于系泊船模的运动量产生了一定的影响,相对于转角,水平方向的位移改善更为明显。

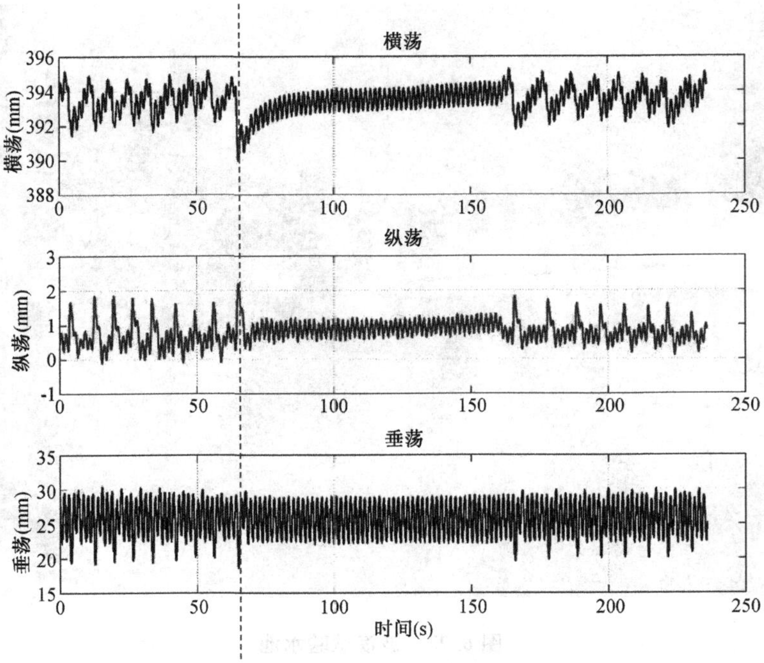

图 6.24　智能系泊系统干预前后水平方向运动量测试效果

($H_{平均}=1.2$ cm, $T_{平均}=1.16$ s)

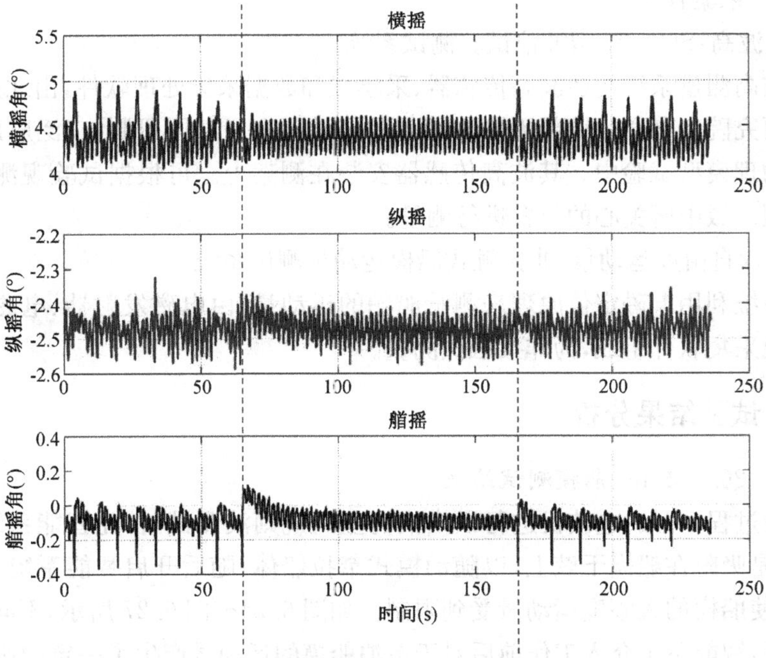

图 6.25　智能系泊系统干预前后的转角运动量测试效果

($H_{平均}=1.2$ cm, $T_{平均}=1.16$ s)

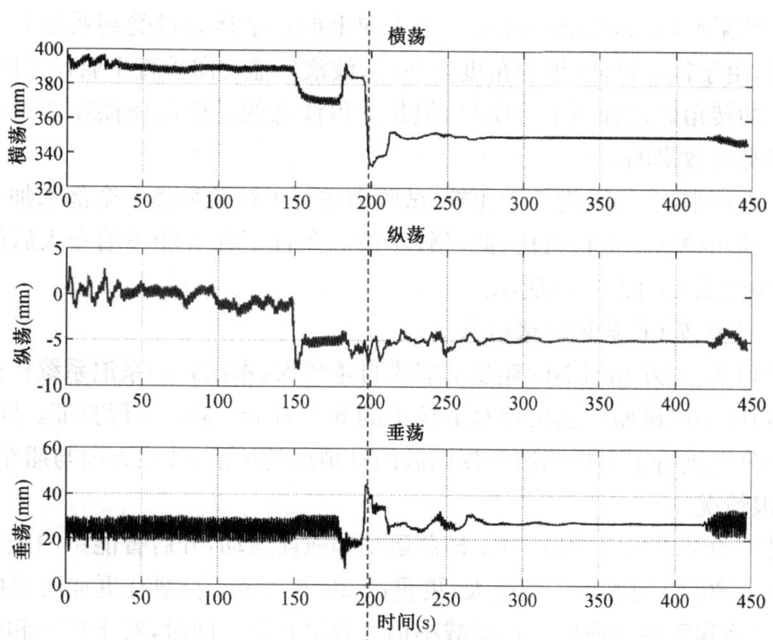

图 6.26　智能系泊系统干预前后水平方向运动量测试效果

($H_{平均}$=2.0 cm, $T_{平均}$=1.16 s)

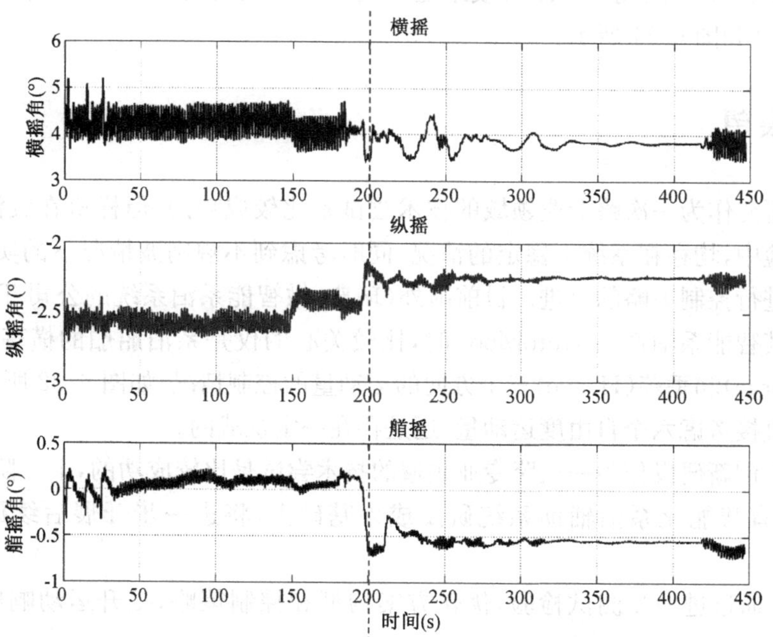

图 6.27　智能系泊系统干预前后的转角运动量测试效果

($H_{平均}$=2.0 cm, $T_{平均}$=1.16 s)

上述结果反映出，智能系统在三个方向上的水平运动量受到系统介入干预后产生效果，由于横浪试验(浪向角度为 90°)，波浪传播方向垂直于船长方向，因此各个自由度的转角效果并不十分明显，但是值得注意的是船舶横摇在受到系泊干预的影响还是有效果的。

对于不规则波试验，为便于比较，试验中进行了试验采集中全部未加干预和全部施加干预两种情况进行对比，此时较小波高条件下在智能系泊介入后的效果较为明显，如图 6.28、图 6.29 所示。

6.4.6.2　8.0 万 m^3 船模测试结果

考虑到 26.6 万 m^3 LNG 船型的船模自重较大，本次智能系泊系统样机功率相对有限，因此测试试验还选用排水量较小的 8.0 万 m^3 船模进行验证。同样，在本次试验中分别进行了不规则波和规则波两种情况的波浪，波浪方向与船艏成 90°夹角，即横浪情况。

通过试验结果可以看出，对于横荡运动和横摇运动，开启智能系泊能够使船的运动量减小 30%，相比于体型更大、更重的 26.6 万 m^3 船型有更加明显的测试效果，但在纵荡和垂荡方向的运动量减小仍然效果有限。同时，对于纵摇和艏摇运动的控制，由于试验中波浪垂直船长方向入射，而这两个方向上的该船型运动转角本身都很小($<1°$)，因此系泊改善效果也不明显。不规则波两种波高条件下的结果如图 6.30 和图 6.31 所示。

6.5　展望

本研究作为一次跨专业领域的技术尝试是比较成功的，但样机在波浪水池的各组试验中，均存在系统不稳定的情况，同时考虑到不规则波情况下的实际效果，有必要进行控制策略的改进。目前国外(瑞典)做智能系泊系统的公司 Trelleborg 在宣传其智能系泊产品 AutoMoor 时，比较关心的仅是系泊船舶的横荡(Sway)、纵荡(Surge)和垂荡(Heave)三个方向的运动量的控制情况，如图 6.32 所示。我们的研究直接考虑六个自由度运动量，还是存在一定挑战的。

本次创新研发作为一次跨专业领域的技术尝试是比较成功的，下一阶段(2020 年)在已有智能化系泊辅助系统研发成果基础上，将进一步开展后续研究内容如下：

(1) 通过进一步测试检验，优化方案构型和控制策略，提升运动响应速度与效果；

(2) 成果鉴定与相关机构认证；

(3) 智能化系泊的理论体系建立与完善；

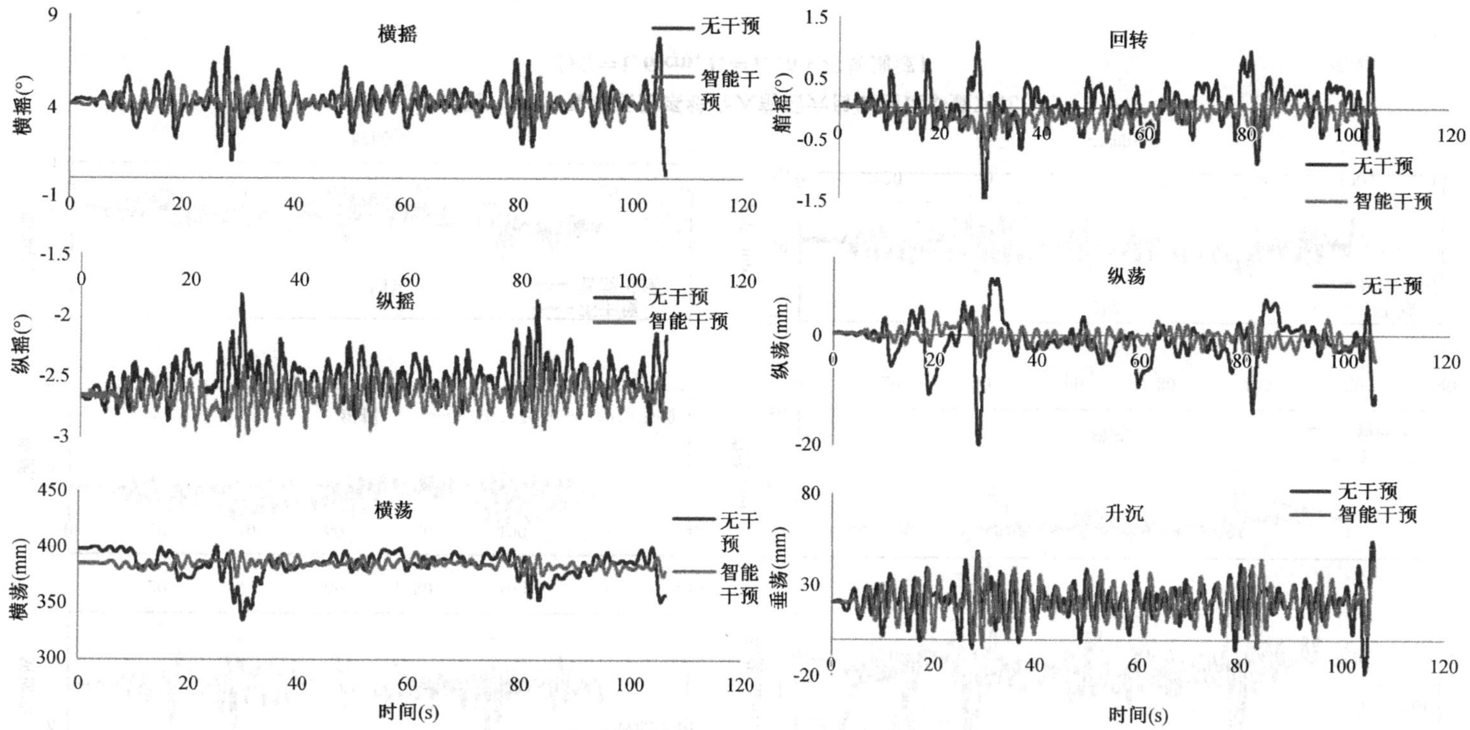

图 6.28　智能系泊系统介入前后六自由度运动量对比

（H_s=2.4 cm，T_s=1.16 s 不规则波）

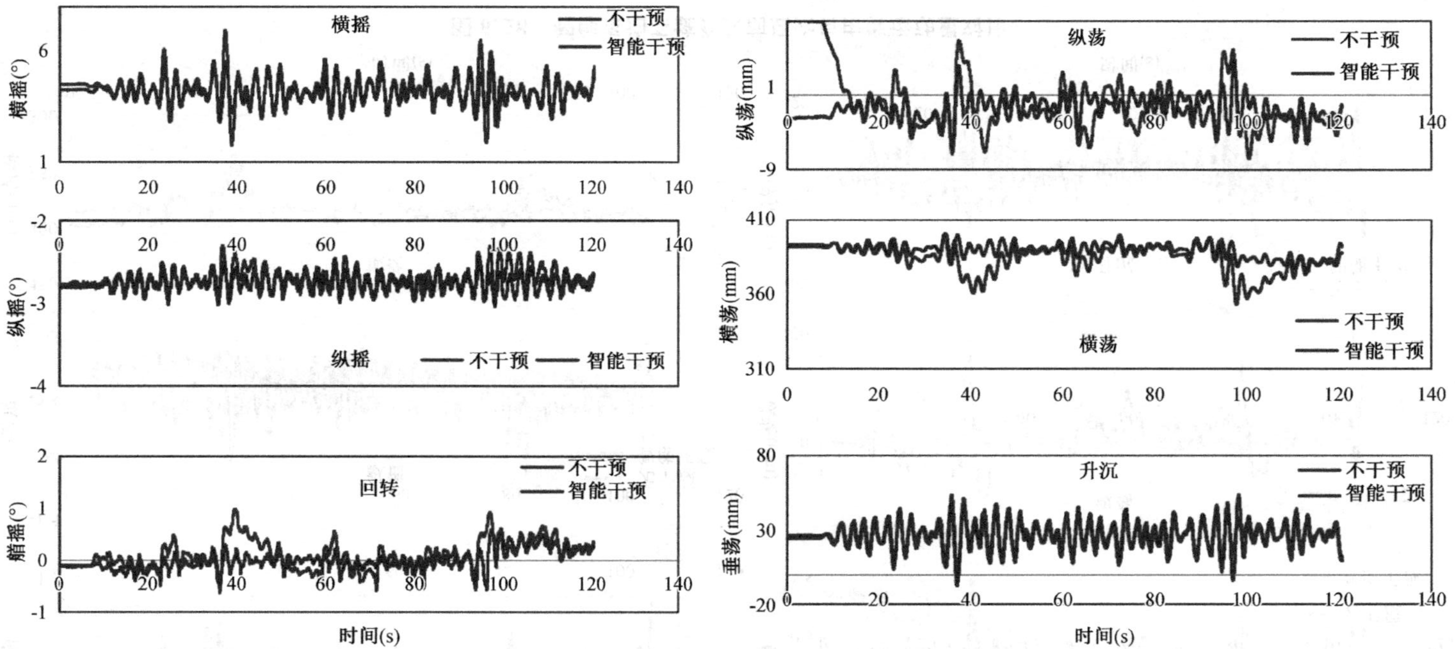

图 6.29　智能系泊系统介入前后六自由度运动量对比

(H_s=1.6 cm, T_s=1.16 s 不规则波)

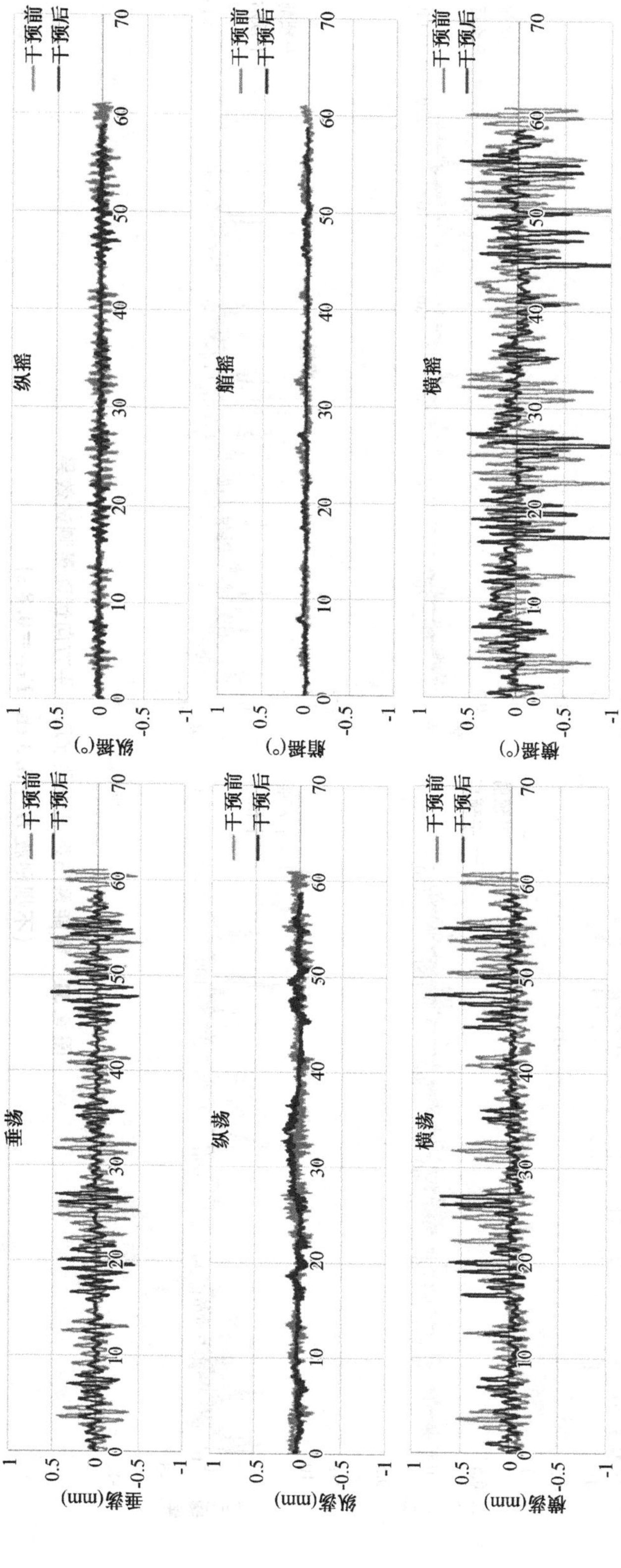

图 6.30　智能系泊系统干预前后水平方向运动量测试效果

(不规则波 $H_s=2.4$ cm, $T_{平均}=0.8$ s)

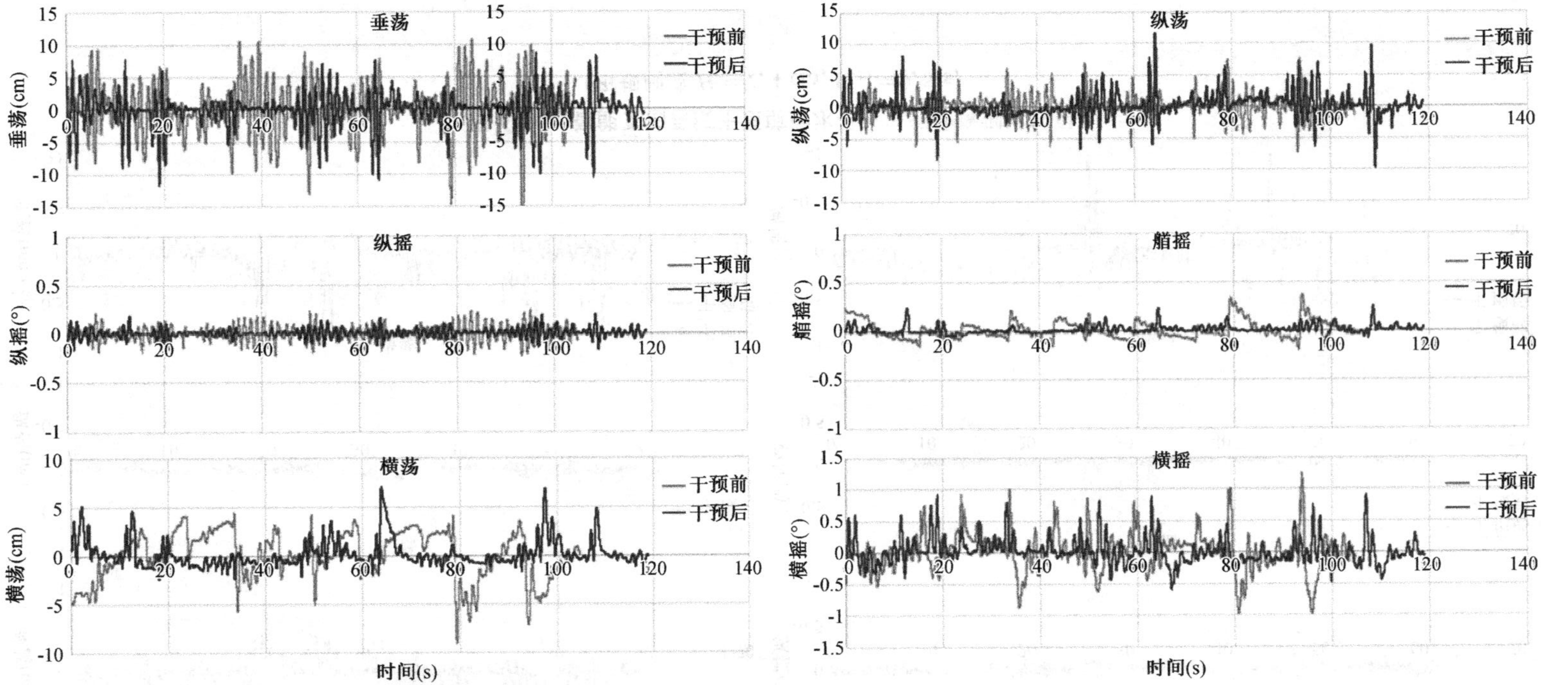

图 6.31 智能系泊系统干预前后水平方向运动量测试效果

(不规则波 $H_s=3.3$ cm, $T_{平均}=0.8$ s)

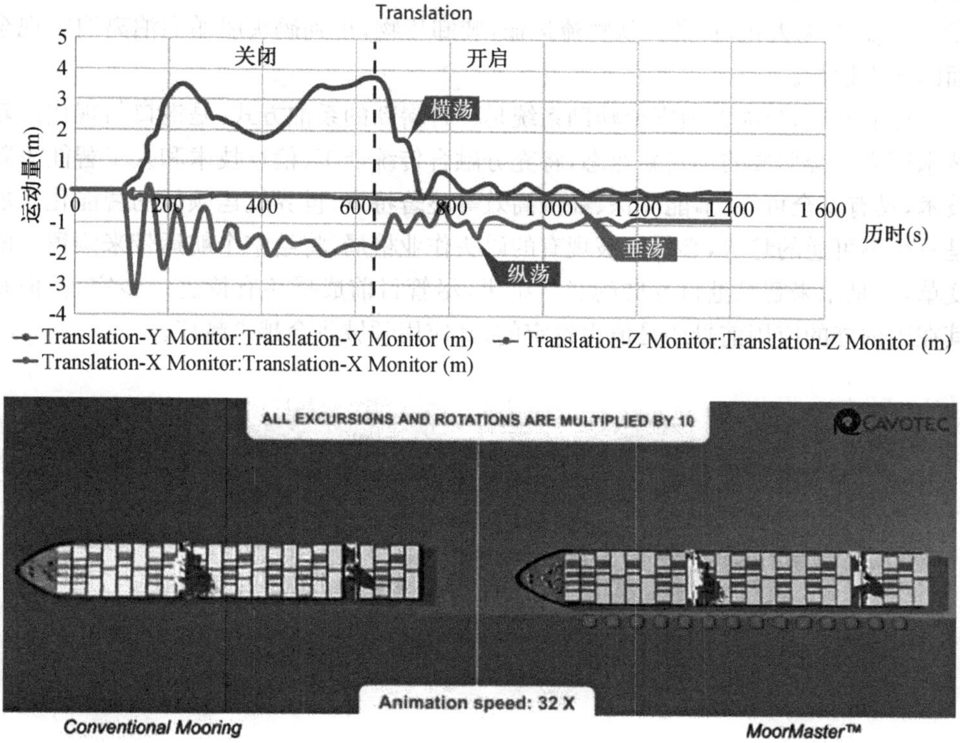

图 6.32　AutoMoor 智能系泊在三个自由度上的智能系泊干预效果

（4）相关计算方法与规范标准修编；

（5）面向原型机的现场应用实践。

展望未来，我国港口的智能化程度普遍不高，可以进行推广的现代化港口还有很多。目前该系统可以进一步投入研发和未来推广的主要优势体现在可以冲破传统的关键问题：① 降低基础投入：进一步优化码头长度，可减少甚至省略首尾缆系缆柱布置，从而降低码头建造费用，节省工程投资；② 控制运营成本：自动化系泊装置的运行维护人员数量从整体上低于传统系揽所需用人数量；③ 布置灵活、适应性强：可用于已有码头的辅助加强，也可用于新建码头的装备创新，更适用于真正无人化码头的实现。

同时，在解决港口作业自动化问题上的核心优势，即：① 节能增效：智能化自动系泊靠泊过程的实现可以大幅度缩短人工操作时间，从港口引航-靠泊-系泊实现全过程自动操作，增加码头有效营运时间，提高作业效率，减少碳排放；② 提升安全：实现无缆绳、无人化作业，可以降低人为收放缆和船舶靠泊离岸过程中的操作失误导致的事故，特别对于危险品船（主要包括化学品船和 LNG 船）码头，自动化设备还可以减少现场操作人员数量，从而远离危险源，大幅减少人命财产损失；③ 实现码头无人化，将港口从物流运输，装卸货物，再到码头船舶靠泊离泊实现全面的无人运行。

综上所述，智能系泊安全辅助系统是一种崭新的系泊方式，是港口与现代高新技术深度融合形成的现代新业态，将充分融合传统港工、信息技术和人工智能等新技术，具有安全可靠、节能环保、经济高效等显著特点，世界航运领域的智能化发展是一个不可逆的趋势，必将突破现有的码头作业格局，将给整个航运带来颠覆性的变革，也是未来智慧港口发展的必然结果，尽管目前成果还有待进一步完善，但是其在国内外的应用前景还是值得肯定的，其应用领域将会越来越广。

7 结语

本项目研究属公益性的应用研究类项目，相关技术可以应用于港口工程建设及运营维护，将产生明显的经济、社会效益。研究成果已应用于具体实际工程之中，如通过码头长度对船舶作业和系泊的影响试验，优化缩短了漳州 LNG、山东 LNG 和天津 LNG 原设计的码头长度，节省了工程投资，并节约了岸线资源。同时也可加快前期工作进度，节省前期工作量和费用，提高设计工作效率和质量，节省工程投资。已先后在大连新港、天津液化天然气码头、青岛港董家口矿石码头、黄骅港散货港区原油码头、漳州 LNG 项目、宁波-舟山鼠浪湖矿石中转码头、厦门后石港区、山东液化天然气码头、漳州港、浙江 LNG 接收站码头、北燃天津 LNG 码头、茂名 LNG 码头、日照 LNG 等得到应用，并取得了很好的工程效果。同时，相关研究也对推进国家“一带一路”倡议，尤其是海上丝路关键港口建设具有科技支撑作用，如巴基斯坦胡布电厂煤码头工程、印尼芝拉扎电厂码头、缅甸 LNG 电厂码头等常年处于长周期波作用下的码头工程，其系泊船舶运动特性的研究更需要引起重视。

开展此类研究对提高我国沿海港口码头设计技术水平、保证工程建设和运营安全以及推动港口智能化等意义重大，为港口建设的发展提供了新的经验，可为今后的类似工程提供参考和借鉴，并为修订相关规范积累技术资料和经验，对推动科研成果转化为现实生产力，推动港口工程建设技术创新和技术进步具有重要意义，社会效益显著，也值得未来进一步深入开展研究工作。

参考文献

[1] 江文铂. 国内外运输船舶发展趋势对湛江港的启示[J]. 中国水运，2011，11(12)：23-24.

[2] 罗跃华. 集装箱船舶的大型化发展趋势[J]. 水运管理，2011，33(7)：37-39.

[3] 魏昌理. 在大型开敞式码头建立缆绳拉力、护舷压力监控预警系统的必要性[J]. 水运工程，2007(09)：115-118.

[4] 杨宪章，刘毅，李文玉. 波流联合作用下的船舶系泊[J]. 中国港湾建设，2006(1)：8-11.

[5] 陈宏. 船舶断缆预防和应急措施[J]. 天津航海，2017(1)：1-2.

[6] 夏贤斌. 大型船舶安全系泊断缆原因分析与预防[J]. 中国水运，2016，16(10)：9-10.

[7] 南京水利科学研究所船舶荷载试验小组. 关于波浪作用下码头船舶荷载问题的探讨[J]. 水利水运科技情报，1976(1)：1-39.

[8] 大连理工学院港工专业科研组. 涌浪作用下的油轮撞击力[J]. 大连理工学院学报，1977(06)：78-84.

[9] 海港总体规范水域观测组. 某港泊稳条件的观测及分析报告[J]. 港工技术通讯，1978(1)：1-20.

[10] 第一航务工程局设计研究院总体规范水域观测组. 八所港泊稳条件的观测及分析[J]. 水运工程，1978(9)：11-15.

[11] 洪承礼. 大连鲇鱼湾油码头的规划与平面设计[J]. 水运工程，1978(3)：2-13.

[12] 廖智明. 红海大桥船舶撞击力选用[J]. 交通科技，2015，(3)：71-22.

[13] 杨希宏. 对海港码头泊稳及作业条件的初步探讨[J]. 港工技术通讯，1980(4)：1-10.

[14] 李玉成. 不规则波作用下的船舶撞击作用[J]. 海洋学报(中文版)，1980，2(3)：123-136.

[15] 李玉成. 大型油轮系泊时撞击能量的估算[J]. 水运工程，1980(3)：28-30.

[16] 刘衍荣. 波浪作用下船舶撞击力计算公式的探讨水运工程[J]. 1980(7)：51-53.

[17] 中华人民共和国交通运输部. 港口工程技术规范(1987)上卷[M]. 北京：人民交通出版社，1988.

[18] BS6349-4：2014，Maritme works-Part4：Code of pactice for design of fendering and mooring systems.

[19] 中华人民共和国交通运输部. 海港总体设计规范：JTS 165—2013[S]. 北京：人民交通出版社，2013.

[20] 中交水运规划设计院有限公司. 离岸深水港码头泊稳条件关键技术研究专题一：以船舶运

动量表示的作业标准研究[R]. 北京：中交水运规划设计院有限公司，2009. 12.

[21] 张福然，赵军，张学勤. 水流对系泊船舶作用力的试验研究[R]. 天津：交通运输部天津水工程科学研究所，1990.

[22] 高峰，郑宝友，陈汉宝，等. 不同系缆方式下的系泊条件分析[J]. 水运工程，2007(3)：48-52.

[23] 郭剑锋，高峰，李焱，等. 浙江 LNG 接收站船舶系泊试验研究[J]. 水道港口，2010(1)：7-11.

[24] 李焱，王志勇，郑宝友. 大型开敞式原油码头船舶作业和系泊安全条件试验研究[J]. 水道港口，2015，36(3)：185-190.

[25] 吴澎，姜俊杰，张廷辉，等. 开敞式蝶形码头墩位平面布置的优化研究[J]. 水运工程，2009(1)：175-182.

[26] Lee S. K.，Choi H.，Surendran S. Experimental Studies on the Slowly Varying Drift Motion of a Berthed Container Ship Model [J]. Ocean Engineering，2006(33)：2454-2465.

[27] Ligteringen H.，Moes J. Motions of Moored Ships in Long Waves [C]. International Conference on Port and Maritime and Technology，Singapore，2001.

[28] Charles Fournier，Dave Anglin. The Use of Moored Ship Response Modelling Coupled withPianc Vessel Motion Criteria for the Estimate of Port Downtime the Case of ComplejoPortuario de Mejillones，Chile[C]. Canadian Coastal Conference，2003.

[29] Sakakibara Shigeki，Kubo Masayoshi. Effect of Mooring System on Moored Ship Motions and Harbour Tranquility[C]. Int. J. Ocean System Management，2008，1(1)：84-99.

[30] Robert Grant，Monica Holboke，et al. Shallow Water Effects on Low—Frequency Wave-Excitation of Moored Ship[C]. Presentation at the Offshore Techology Conference，Houston U. S. A.，2004.

[31] Van der Molen W.，Ligteringen H. J.，Van der Lem C.，et al. Behavior of a Moored LNG Ship in Swell Waves [J]. Journal of Waterway，Port，Coastal and Ocean Engineering，ASCE，2003，129(1)：15-21.

[32] Sakakibara Shigeki，Kubo Masayoshi. Characteristics of low-frequency motions ofships moored inside ports and harbors on the basis of field observations[J]. MarineStructures，2008，21：196-223.

[33] Sakakibara Shigeki，Kubo Masayoshi. Initial Attack of Large—scaled Tsunami on ShipMotions and Mooring Loads[J]. Ocean Engineering，2009(36)：145-157.

[34] 邹志利，Bowers E C. 港口内靠码头系泊船运动的计算[J]. 海洋工程，1995(3)：25-36.

[35] 刘必劲，张亦飞，徐伟，等. 波浪作用下大型开敞式码头系泊船舶系缆力研究[J]. 中国水运，2010(11)：5-7.

[36] 王翔，孙克俐，王东凯. 开敞式码头船舶系缆力数值分析[J]. 港工技术，2012(4)：16-18.

[37] 舒斌，焦磊. 超大型船舶试验时系缆力分析[J]. 中国水运，2012(12)：9-11.

[38] 任增金. “一”字形码头带缆方式的应用[J]. 水运工程，2011(6)：85-89.

[39] 汪周红，邹英，韩国松. 开敞式码头系泊缆绳的优化研究[J]. 水运工程，2012(2)：66-68.
[40] 杨兴晏，刘进生. 大型液化大然气码头的系缆分析[J]. 港工技术，2009(3)：5-7.
[41] 孟祥玮，高峰，李焱. 波周期对系泊条件影响的数学模型研究[C]. 第十五届中国海洋(岸)工程学术讨论会论文集，2010(2)：107-113.
[42] 美国公路和运输工作者协会(AASHTO). 美国公路桥梁设计规范厂[S]. 1994.
[43] Ueda，S：Study on Berthing lmpact force of very large Crude Oil carriers[R]. Report of port and Harbour Research lnstitute，1981，20(2)：169-209.
[44] 中华人民共和国交通运输部. 港口工程荷载规范：JTS 144—1—2010[S]. 北京：人民交通出版社，2010.
[45] British Standard BS 6349，Maritime structures. Part I：Code of Practice for General Criteria [S]. London：BSI，2000.
[46] OCIMF(Oil Companies International Marine Forum). Mooring Equipment Guidelines：MEG3[R]. United King：OCIMF，2008.
[47] John W. Gaythwaite. Design of Marine Facilities for the Berthing，Mooring，and Repair of Vessels-2nd edition[M]，Published by The American Society of Civil Engineers，2004.
[48] 柏艳红. 气动伺服系统分析与控制[M]. 北京：冶金工业出版社，2014：3-4.
[49] 杨兴晏. 船舶风荷载算法的比较研究[J]. 港工技术，2005(2)：12-13.
[50] 杨兴晏，陈敏. 关于船舶受风面积计算方法的探讨[J]. 港工技术，2013(1)：19-21.
[51] 叶银苗. 码头设计中船舶风荷载中英规范标准研究[J]. 水运工程，2014(7)：46-50.
[52] 韩亚男. 国内外码头工程的船舶荷载设计计算方法比较研究[D]. 大连：大连理工大学，2015.
[53] 李叶兴，陈国平，严士常，等. 大型油轮水流力试验研究[J]. 水运工程，2012(9)：12-17.
[54] 陈际丰，刘强，牛恩宗. 波浪作用下船舶撞击力计算参数的选择[J]. 水运工程，2007(11)：6-8.
[55] 牛恩宗，张成刚，张昊. 系泊船舶在波浪作用下撞击力研究[J]. 水运工程，2007(11)：162-164.
[56] 藤斌，李玉成，刘昌凤. 系泊船舶在横浪作用下的撞击能量专题研究报告[R]. 大连：大连理工大学，2007.
[57] PIANC(Permanent International Association of Navigation Congresses). Criteria for movements of moored ships in harbours：a practical guide[R]. Belgium：PIANC，1995.
[58] Alkyon. SHIP-MOORINGS Introduction [R]. The Nederlands：Alkyon Hydraulic Consultancy&Research，2001.
[59] Optimoor Users Guide. Oil Companies InternationalMarine Forum[M]. London：Tendon Technology International Ltd，2012.
[60] Bureau Veritas. Hydrostar For Experts User Mannual[R]. 2014.
[61] Bureau Veritas. Ariane 8 Uder Guide[R]. 2015.
[62] 周丰，张志明，杨国平，等. 码头系泊船舶系缆力及运动量数值模拟[J]. 中国港湾建设，2010(增刊1)：60-63.

[63] 聂鸿鹏. 40 万吨级超大型油轮船舶系泊动态响应的试验研究[J]. 中国港湾建设,2010(5):28-30.

[64] Shi X Y, Zhang N C, Yang Y. Experimental Study of the Motion Responses of a Large Mooring(LNG) Ship in the Waves with Grand Period[J]. Journal of Ship Mechanics, 2012(9):980-988.

[65] 王长利,黄宣军,蒋冰,等. 45 万吨超大型油轮系缆方式及安全作业试验研究[J]. 中国港湾建设,2014(12):30-33.

[66] 李焱,高峰,耿宝磊. 天津液化天然气(LNG)项目码头及陆域形成工程船舶泊稳物理模型试验研究报告[R]. 天津:交通运输部天津水运工程科学研究所,2012.

[67] 李焱,沈文君,谭忠华. 青岛港董家口港区原油码头工程船舶系泊物理模型试验研究报告[R]. 天津:交通运输部天津水运工程科学研究所,2013.

[68] 王宣军. 喀麦隆克里比深水港工程船舶系泊物理模型试验研究报告[R]. 中交天津港湾研究院有限公司,2013.

[69] 王宣军. 中石油深圳 LNG 应急调峰站项目项下码头工程(含陆域形成)船舶系泊物理模型试验研究报告[R]. 天津:中交天津港湾研究院有限公司,2014.

[70] 李焱,沈文君,高峰. 印尼 KARANG TARAJE 码头工程船舶系泊数学模型试验研究[R]. 天津:交通运输部天津水运工程科学研究所,2014.

[71] 李焱,沈文君,高峰. 漳州 LNG 项目码头工程 LNG 船舶系泊数学模型试验研究报告[R]. 天津:交通运输部天津水运工程科学研究所,2017.

[72] 左东启,等. 模型试验的理论和方法[M]. 北京:水利电力出版社,1984.

[73] 中华人民共和国交通运输部. 波浪模型试验规程:JTJ/T 234—2001[S]. 北京:人民交通出版社,2002.

[74] 中华人民共和国交通运输部. 海岸与河口潮流泥沙模拟技术规程:JTS/T 231—2—2010[S]. 北京:人民交通出版社,2010.

[75] 吴秀恒. 船舶操纵性与耐波性[M]. 北京:人民交通出版社,1999.

[76] 郝亚平. 船舶性能试验技术[M]. 北京:国防工业出版社,1991.

[77] 大连理工学院水利系港工科研组. 鼓型橡胶防冲护舷的模拟问题[R]. 大连:大连理工学院,1957.

[78] 中华人民共和国交通运输部. 海港水文规范:JTS 145—2—2013[S]. 北京:人民交通出版社,2013.

[79] 倪建斌. Matlab 在 Stewart 平台正解中的应用[J]. 机械工程师,2005(11):92-94.

[80] 孟祥玮,高学平. 船模六自由度运动量的接触式测量[J]. 船舶力学,2010,14(4):379-384.

[81] Cummins W E. The Impulse Response Function and Ship Motions[J]. Schiffstechnik, 1962(9):101-109.

[82] 信书. 码头前系泊船舶运动响应的数值模拟[D]. 大连:大连理工大学,2005.

[83] 邹志利,Bowers E. C. 港口内靠码头系泊船运动的计算[J]. 海洋工程,1995,13(3):

25-36.

[84] 董艳秋. 船舶波浪外荷和水弹性[M]. 天津:天津大学出版社,1988:24-80.

[85] 蒋学炼,李炎保. 波浪作用下系泊船舶运动计算[J]. 水动力学研究与进展,2005,20(6):793-801.

[86] Babu b v, Nagar a k. Reference Manual for Moses[R/OL]. (2017-02-25). http://www.ultramarine.com.

[87] Oortmerssen,G. van. The motions of a moored ship in waves[M]. Delft University of Technology. 1976.

[88] 李怀亮,徐慧,谢维维,等. MOSES 软件在系泊浮体运动计算中的应用研究[J]. 海洋工程,2013,31(6):16-21.

[89] 孙玉柱,任小伟. 利用 MOSES 软件进行施工船系泊分析[J]. 中国水运,2016,16(3):13-15.

[90] 中交水运规划设计院有限公司. 离岸深水港码头泊稳条件关键技术研究专题一:以船舶运动量表示的作业标准研究[R]. 北京:中交水运规划设计院有限公司,2009. 12.

[91] 中华人民共和国交通运输部. 液化天然气码头设计规范:JTS 165—5—2016)[S]. 北京:人民交通出版社,2016.

[92] 中华人民共和国交通运输部. 开敞式码头设计与施工技术规程:JTJ 295—2000[S]. 北京:人民交通出版社,2000.

[93] The International Society of Gas Tanker and TerminalOperators(SIGTTO). Site Selection and Design for LNG Ports and Jetties[M]. Witherby Publishing. LTD,2004.

[94] 胡昕,吕锐. 大型开敞式油码头泊位长度的探讨[J]. 水运工程,2006(9):79-82.

[95] 吴澎,姜俊杰,张廷辉,等. 开敞式蝶形码头墩位平面布置的优化研究[J]. 水运工程,2006(10):120-127.

[96] 蔡长泗. 开敞水域蝶形码头泊位的长度[J]. 中国港湾建设,2007(5):36-37.

[97] 蔡长泗. 蝶形短泊位系泊效果[J]. 水运工程,2009(4):80-82.

[98] 李绍武,张志明,杨国平,等. 开敞海域中液体散货泊位长度探讨[J]. 水运工程,2015(2):197-201.

[99] 陈万佳. 港口水工建筑物[M]. 北京:人民交通出版社,1989.

[100] 雍新,史宏达. 我国码头新结构型式综述[J]. 海岸工程,2013,32(1):35-42.

[101] 李焱,曹玉芬,陈汉宝. 大连港新港区改扩建工程物理模型试验报告[R]. 天津:交通部天津水运工程科学研究所,2002.

[102] 李焱,陈汉宝. 秦皇岛港煤一期扩容工程波浪整体物理模型试验报告[R]. 天津:交通部天津水运工程科学研究所,2002.

[103] 莫建新,吴黎红. 防城港钢铁基地 20 万吨级矿石码头结构选型[J]. 中国港湾建设,2013,(1):1-4.

[104] 刘针,栾英妮. 大连港太平湾港区波浪物理模型研究[J]. 水道港口,2014,35(2):130-134.

[105] 李焱,刘海源. 大连港新港 18#~21#泊位工程船舶系泊物理模型试验研究报告[R]. 天

津:交通部天津水运工程科学研究所,2010.
[106] 刘昌凤,滕斌,张俊生,等.码头前系泊船舶撞击速度研究[J].水道港口,2011,32(3):161-167.
[107] 李焱,陈汉宝,戈龙仔,等.漳州港古雷港区古雷作业区南2#液体化工码头工程船舶泊稳物理模型试验研究报告[R].天津:交通部天津水运工程科学研究所,2010.
[108] 李焱,高峰,马隽.山东液化天然气(LNG)项目码头及陆域形成工程船舶系泊物理模型试验研究报告[R].天津:交通运输部天津水运工程科学研究所,2010.
[109] 高峰,李焱,孟祥玮.浙江LNG接收站项目LNG船舶系泊试验研究报告[R].天津:交通运输部天津水运工程科学研究所,2009.
[110] 李焱,姜云鹏,沈文君.黄骅港散货港区原油码头一期工程船舶系泊物理模型试验报告[R].天津:交通运输部天津水运工程科学研究所,2017.
[111] 褚广强,彭玉生,胡家顺,等.大连港矿石专用码头工程设计优化与创新[J].水运工程,2006,(10):64-69.
[112] 何小林,张震雄.宝钢马迹山矿石码头二期工程总体布置[J].水运工程,2008(10):62-67.
[113] 刘洪路,孙密,林金利.马迹山港及VLOC安全系泊注意事项[J].航海技术,2009(6):24-25.
[114] 高峰,李焱,陈汉宝.武钢舟山凉谭岛矿石中转码头工程系泊船舶运动物理模型试验研究报告[R].天津:交通部天津水运工程科学研究所,2006.
[115] 张福然,赵军,张学勤.水流对离岸海港码头系泊船舶作用力的研究[J].水道港口,1995,(1):1-10.
[116] 陈中一,陈基成,赵颖.在潮汐流作用下25万吨级油轮系缆力模型试验研究[J].海洋工程,1998,16(3):45-53.
[117] 高峰,李焱,陈汉宝.青岛港董家口港区矿石码头工程船舶系泊、系缆物理模型试验研究报告[R].天津:交通部天津水运工程科学研究所,2010.
[118] 李焱,高峰,耿宝磊,等.宁波-舟山港衢山港区鼠浪湖岛矿石中转码头工程船舶系靠泊试验研究[R].天津:交通部天津水运工程科学研究所,2012.
[119] 耿宝磊,李焱,沈文君.印尼芝拉扎电厂扩建水工工程模型试验研究—船舶系泊物理模型试验研究报告[R].天津:交通运输部天津水运工程科学研究所,2016.
[120] 李焱,耿宝磊,高峰.厦门港后石港区中利石化5万吨级化工码头及护岸工程船舶系泊物理模型试验研究报告[R].天津:交通部天津水运工程科学研究所,2012.
[121] 李焱、郑宝友、陈汉宝.高峰大型LNG船舶系泊条件试验研究[J].中国港湾建设,2011(6):21-25.
[122] Unified Facilities Criteria(UFC),Design:Mooring(UFC 4-159-03) Department of Defense[M]. Unitei States Of America, 2005.
[123] 邹志利,张日向,张宁川,等. 风浪流作用下系泊船系缆力和碰撞力的数值模拟[J]. 中国海洋平台, 2002(02).
[124] 齐佩玉.起锚/系泊绞车的模块设计[J].机电设备,1989(4).

[125] 秦子君. 缆绳载荷监测系统在开敞式码头的应用与分析[J]. 水运工程,2007(9).
[126] 肖铭岩,应忠于. 固定码头船舶系泊自动化系统初探[J]. 电子制作,2015(10).
[127] 郭伟明. 实现船舶自动靠离码头的磁力系泊装置[J]. 中国舰船研究,2006(4).
[128] 畅沛,包雄关. 基于电控永磁吸盘的新型船舶系泊装置[J]. 中国航海,2015(3).
[129] 齐立平. 码头自动化系泊系统及其适用性分析[J]. 天津航海,2012(2).
[130] 宋后定. 永磁材料及其应用[M]. 北京:机械工业出版社,1984.
[131] 齐凤春. 永磁起重技术的发展概况[J]. 磁性材料及器件,1999(4).
[132] Yong Yook Kim, Kook-Jin Choi, Hyun Chung. A ship-to-ship automatic docking system for ocean cargo transfer[J]. J Mar Sci Technol(2014)19.
[133] Kim H, Moon J Y, Kim H, et al. Antioxidant and antiproliferative activities of mango flesh and peel[J]. Food Chemistry, 121:429-436.
[134] 温过路. 大型船舶系缆力影响因素的试验研究[D]. 大连:大连理工大学, 2006.
[135] 黎泉. 马迹山港区卸船码头系泊安全研究[D]. 大连:大连海事大学, 2012.
[136] 刘春玲. 码头系泊实时监控可视化系统的设计[D]. 大连:大连交通大学,2008.
[137] 卢西伟. 开敞水域系泊船舶运动及动力响应的研究与泊位优化[D]. 大连:大连理工大学, 2009.
[138] 孙明坤. 系泊系统分析计算软件概述[J]. 中国科技论文在线(http://www.paper.edu.cn),2006.
[139] 高峰,孟祥玮,郑宝友,等. 船舶系泊问题的试验研究技术[J]. 水道港口,2012(4).
[140] 王浩杰. 风浪作用下码头系泊船数值模拟研究[J]. 武汉理工大学,2015(4).
[141] 范自明,周志权. 系泊船舶在横浪作用下的泊稳条件和撞击能的计算[J]. 华东水利学院学报, 1983(4).
[142] 赵新暖,吴先文,农燕花,等. 对于系泊系统设计的一些思考[J]. 科学家,2017(10).
[143] 文树吉,曾晓光,郎舒妍. 散货码头装卸智能化发展建议[J]. 港口科技,2019(01):47-49.
[144] 宁宇. 天津港危险品码头安全管理评价研究[D]. 大连:大连海事大学,2017.
[145] 贾德君,李范春,赵天宇,等. 高海况下船舶停靠过程安全研究[J]. 大连海事大学学报, 2016,42(01):21-26.
[146] 陈奇. 长周期波浪作用下的大型船舶系泊特性研究[D]. 舟山:浙江海洋学院,2014.
[147] 刘满娜. 基于 AIS 的港口监控与分析系统的设计与实现[D]. 北京:北京邮电大学,2014.
[148] 祝可以,代文亮,刘虎,等. 船缆实时受力监测与预警系统的设计研究[J]. 机械工程师, 2018,327(09):56-58.
[149] 赖志兴. 大风浪中拖带的风险及防控[J]. 物流工程与管理,2017,39(09):146-148.
[150] 齐赟鹏. 液化天然气船货物装卸安全操作关键技术研究[D]. 大连:大连海事大学,2016.
[151] 王维,何志伟,汪超. 2 000 t 级化学品运输船液货装卸速率计算分析[J]. 船海工程,2013, 42(05):34-36.
[152] 向溢,谭家华. 一种智能系泊缆钩的强度分析[J]. 海洋工程,2001,19(3):68-71.
[153] 张庆兵,李国红,秦鹤年. 天然气发电的重要性及其发展趋势[J]. 中小企业管理与科技

(中旬刊),2018(02):155-157.
[154] 天工. 我国天然气对外依存度突破45%[J]. 天然气工业,2019,39(02):8.
[155] 李远朋. LNG船的分类及相关技术问题[J]. 内蒙古石油化工,2013,39(19):114-116.
[156] 赵宇欣. LNG船储罐种类及关键技术研究[J]. 船舶物资与市场,2016(04):53-55.
[157] 黄郑华. LNG船火灾爆炸危险性评估与事故预防[J]. 油气储运,2011,30(05):340-342.
[158] 刘轶华,杨小军,肖英杰. Q-Max型LNG船舶靠离江苏洋口港模拟[J]. 上海海事大学学报,2014,35(03):1-6.
[159] 郭显亭. 世界LNG运输船发展全景图[J]. 中国船检,2018(06):90-97.
[160] 刘玉丰,张晓瑞. LNG接收站蒸发气(BOG)的产生和计算[J]. 化学工程与装备,2019(02):131-161.
[161] 杨晶,刘小丽. 2018年我国天然气发展回顾及2019年展望[J/OL]. 中国能源,2019,41(02):13-18.
[162] 薛丁源,邵昌浩,杨婷. 长周期涌浪作用下码头船舶系缆稳定性研究[J]. 水运工程,2017(03):80-83.
[163] 王欣,吴根勇,潘东浩,等. 基于风速预测的风电机组自动解缆优化方案研究[J]. 机电工程,2017,34(05):533-537.
[164] 孟凡龙. 探讨危化品码头装卸作业中预防、控制事故的方法[J]. 化工管理,2018(33):46-47.
[165] 左卫,包志勇,张闻宇. 系留缆绳的应用特点与发展趋势[J]. 光纤与电缆及其应用技术,2013(06):1-3.
[166] 周宇. 船舶建造工艺发展现状分析及对策分析[J]. 科技与创新,2019(04):79-80.
[167] Garzarios LO,Bernitsas M M. Analytical expressions of the bifurcation boundaries for symmetric spread mooring systems[J]. Applied Ocean Research,1995,17(6):325-341.
[168] 向溢. 码头智能系泊系统研究[D]. 上海:上海交通大学,2001.
[169] 郭伟明,郭晓晓,丁驿帆. 实现船舶自动靠离码头的磁力系泊装置[J]. 中国舰船研究,2006,1(2):42-44.
[170] HondaK,Matsuki S,Inoue K . Experimental Study on Quay Mooring of a Ship in Waves[J]. Journal of Japan Institute of Navigation,1977(57):107-118.
[171] Yong Y K,Choi K J,Chung H,et al. A ship-to-ship automatic docking system for ocean cargo transfer[J]. Journal of Marine Science & Technology,2014,19(4):360-375.
[172] Jin H Z,Xiao-Yu S U,An-Cai Y U,et al. Design of automatic mooring positioningsystem based on mooring line switch[J]. Electric Machines & Control,2014,18(5):93-98.
[173] 张凤伟,匡晓峰,齐向阳. LNG-FSRU在软刚臂系泊下水动力特性研究[J]. 海洋工程,2018,36(06):38-45.
[174] 潘小殷,龚也君,詹杰民,等. 波浪作用下弹性系泊风机模型实验与数值模拟[J]. 广西大学学报(自然科学版),2019,44(01):260-268.
[175] 曲昭宇,窦培林,韩晓晨. 大型船舶码头并排系泊水动力特性[J]. 造船技术,2019(01):

14-20.

[176] 连宇顺,刘海笑. 海洋系泊工程中合成纤维系缆研究述评[J]. 海洋工程,2019,37(01):142-154.

[177] 朱忠显,尹勇,神和龙. 新型深水绷紧式系泊系统动力特性分析[J]. 船舶力学,2019,23(02):180-181.

[178] 樊哲良. 基于现场监测的软刚臂失效分析与风险预警[D]. 大连:大连理工大学,2015.

[179] Díaz-Ruiz-Navamuel Emma,Ortega Piris Andrés,Pérez-Labajos Carlos A. Reduction in CO 2,emissions in RoRo/Pax ports equipped with automatic mooring systems[J]. Environmental Pollution,2018,241:879-886.

[180] Figueroa A,Sandea J,Peñaa E. Operational thresholds of moored ships at the oil terminal of inner port of A Coruña(Spain)[J]. Ocean Engineering,2019,172:599-613.

[181] Watai RA,Ruggeri F,Tannuri E A,et al. An analysis methodology for the passing ship problem considering real-time simulations and moored ship dynamics: Application to the Port of Santos,in Brazil[J]. Applied Ocean Research,2018,80:148-165.

[182] Rosa-Santos P,Taveira-Pinto F,Veloso-Gomes F. Experimental evaluation of the tension mooring effect on the response of moored ships[J]. Coastal Engineering,2014,85:60-71.

[183] Paulauskas V. Ship and Quay Wall Mooring System Capability Evaluation[J]. Transportation Research Procedia,2016,14:123-132.

[184] Sakakibara S,Kubo M. Characteristics of low-frequency motions of ships moored inside ports and harbors on the basis of field observations[J]. Marine Structures,2008,21(2-3):196-223.

[185] 刘晓. 并联 6-PUS 舰载稳定平台机构学基础理论与实验研究[D]. 秦皇岛:燕山大学,2014.

[186] 李积德. 船舶耐波性[M]. 北京:国防工业出版社,1981.

[187] 黄真,赵永生,赵铁石. 高等空间机构学[M]. 北京:高等教育出版社,2006.

[188] 耿明超,赵铁石,王唱,等. 基于拟 Netwon 法的并联机构位置正解[J]. 机械工程学报,2015,51(5):28-36.

[189] J. F M,Ciret C,Ducharne A,et al. Determination of the workspace of planar parallel manipulators with joint limits[J]. Robotics and Autonomous Systems,1996,17(3):129-138.

[190] 王力. 结构参数可调的方舱稳定平台系统研制[D]. 秦皇岛:燕山大学,2016.